언어와 이미지의 심리학자들

언어와 이미지의 심리학자들

개정판 1쇄 인쇄 1996년 10월 20일
개정판 3쇄 발행 2023년 5월 25일

저 자 니콜라스 웨이드
역 자 이상훈 · 이병택
교 정 이 동 영
제 작 에이치씨 프랜드
디자인 EG 기획
인 쇄 LIVE PLANNING
제 본 동신제책(주)
발행처 도서출판 **새길아카데미** 판매처 **중원문화**
주 소 서울특별시 마포구 서강로 11길 24
(서울시 마포구 서강로 11길24)
주문처 02-325-5534 FAX 02-324-6799

❄ **잘못된 책은 구입하신 서점에서 바꾸어 드립니다.**
(파손된 책은 반품되지 않습니다.)

언어와 이미지의
심리학자들

Psychologists in Word and Image

니콜라스 웨이드 지음/이상훈·이병택 옮김

2023

도서출판 중원문화

Psychologists in Word and Image

by

Nicholas Wade

3rd printing 2023 by JUNGWONMUNHWA Publishing Co.

■ 저자 서론

심리학은 심리학의 문제들에 하나의 렌즈만을 들이대지 않는다. 심리학의 눈에 맺히는 것은 하나의 이미지가 아니다. 많은 눈을 가지고 있어 여러 곳을 동시에 바라보는 곤충과 같이, 심리학의 눈은 마음과 행동의 성질을 다양한 관점에서 비추어 본다. 이들 다양한 관점들은 처음에 서로 독립하여 작동하며 더 깊은 수준에 이르러 통합된다. 심리학이 지닌 다면적 성질은 심리학이 태동되는 과정에서 이미 엿볼 수가 있으며, 그후 여러 학문들을 다양하게 껴안아 온 심리학의 역사도 이를 잘 말해주고 있다. 이 책은 여러 주제들과 그러한 주제들을 만들어 낸 과학자들을 통해 다양한 관점을 제시하고 있다. 즉, 이 책은 오늘날 심리학이라는 커다란 방앗간에서 재료처럼 쓰이고 있는 여러 이론과 절차들을 글로 소개하고, 그것들을 등장시킨 사람들의 이미지를 초상화로 그려내고 있다. 흔히 사람들은 예술을 심리학의 한 측면이라 여기지 않지만, 이 책은 과학의 도움을 빌어 심리학에 예술을 끌어들였다. 심리학의 역사에서 중요한 인물들이 초상화를 통해 간접적으로 묘사되었는데, 각 초상화는 한 인물이 심리학에 공헌한 바가 무엇인지를 시각적으로 넌지시 드러내 준다. 초상화를 바라보는 사람에게 이러한 지각적 초상화는 그 자체로 수수께끼이다. 그림 속에서 한 인물의 모습이 쉽게 식별되지 않는 경우도 있다. 그림을 지각하기 어렵게 만드는 시각적인 방해 요소들은 그 자체로 매우 중요한 의미를 지니는데, 이러한 방해 장치들이 만들어 놓은 수수께끼를 푸는 과정을 통해 독자들은 한 인물의 업적을 전달하려는 그림의 모티프를 이해하게 되기 때문이다. 그림과 더불어, 인물들과 그들의 생각이 짤막하게 소개되어 있다. 독자들에게 먼저 심리학의 주요한 아이디어의 기원을 시각적으로 표현해 보임으로써 심리학사 전반에 걸쳐 흥미를 불러일으키고자 하는 것이 나의 바램이다.

심리학의 역사는 매우 흥미진진하다. 심리학은 다양한 학문들로부터 아이디어를 받아들여 융합해 내고 있기 때문이다. 이 책에 소개된 주요 인물들 중 많은 사람들이 심리학에 심오한 영향을 준 연구를 했음에도 불구하고, 이제는 더 이상 심리학자로 분류되지 않기도 한다. 이 책에서 그 가치를 음미하고 기념하려는 대상은 바로 이들 다양한 학문들로부터의 영향이다. 직업적 심리학자들은 흔히 과거를 삐딱한 눈으로 바라본다. 이들은 애써 알아내야 될 만한 가치가 있는 것들이란 모두 현재에 있거나 임박한 미래에 있다고 여긴다. 그러나 현재에 대한 지나친 몰두는 우리로 하여금 과거로부터 얻어낼 수 있는 통찰에 눈을 감게 할 수 있다. 오늘날 우리가 지니고 있는 생각들은 결코 아무런 결점 없이 잉태된 것이 아니다. 그것들은 몇 십 년, 몇 백 년, 혹은 몇 천 년에 걸친 사고와 논쟁을 통해 진화되어 왔다. 특정한 아이디어를 겉으로 표현하는 언어는 자주 바뀌어 왔으나, 그 핵심은 변하지 않은 채 남아 있다. 심리학의 역사를 다룬 뛰어난 교과서들이 많이 있으며, 심리학의 역사 또한 그 자체로 변형과 확장을 거듭하고 있는 연구 영역이다. 나의 의도는 심리학의 역사에 대한 대안을 제시하는 것이 아니라 그 역사를 제시하는 방법에 대한 대안을 제시하려는 것이다.

17세기 이후로 과학자들은 물리학과 화학에서 매우 성공적인 것으로 증명된 연구 방법이 생명 과정을 다루는 연구에도 적절하다고 보았다. 이들은 감각 기관과 뇌의 해부 구조를 점차 밝혀 내고 각 해부 구조가 담당하는 기능이 무엇인지를 연구하였다. 비정상인들의 행동이 관찰되고 분류되었으며, 철학은 과학의 발견들을 흡수하여 그것들을 교훈으로 삼기에 이르렀다. 데카르트는 신체와 마음을 기계적인 것과 비물질적인 것으로 구분하긴 했지만, 감각 과정을 이해하는 데 과학적인 엄격성을 적용시켜 심리학을 탄탄한 길 위에 올려놓았고, 그후 심리학은 좀처럼 이 길로부터 이탈하지 않았다. 감각을 통해 세계와 상호 작용한다는 발상은 현대 심리학을 이끈 두 선구자들, 즉 철학과 생리학에 튼튼한 반석을 제공하였다. 이러한 생각에 바탕을 두고 그 동안 실제로 미치광이가 아니었음에도 미치광이로 여겨져 온 대다수의 사람들을 실제 미치광이와 구별할 수 있게 되었는데, 그러한 사람들의 대표적 특징은 바로 감각 기능에서만 장애를 보인다는 점이다. 19세기에 들어와 심리학은 철학과 자연과학의 중개자로 자리잡았다. 심리학은 철학의 오래된 질문들에 말이 아닌 행동으로 다가갔다. 즉, 심리학은 과학의 방법론을 받아들여 경험적 틀 안에서 철학의 문제들을 다루었던 것이다. 심리학은 처음에 다른 과학의 방법들을 들여와 변용했는데, 그것들은 대부분 물리학과 생리학으로부터 받아들인 것들이었다. 19세기 중반부터 지각과 수행을 연구하기 위해 새로운 방법들이 개발되었는데, 이로써 심리학은 철학과 생리학 모두로부터 구별되는 독자적 학문으로 자리잡게 된다. 이러한 방법론의 측면에서 보자면, 다소 인위적이긴 하나 독자적인 학문으로서 심리학의 출발을 알리는 사건으로 1879년 분트가 라이프치히에 실험 심리학 연구소를 세운 것이 자주 언급된다. 베버, 페크너, 헬름홀츠 등이 심리학을 설립한 아버지로 일컬어지는데, 이들 모두 분트에게 많은 영향을 주었다. 이들은 지각 과정을 연구하였으며, 이들이 심리학에 기여한 폭넓은 공로 또한 자신들의 지각 연구를 통해서였다. 토마스 리드는 다음과 같이 말하고 있다. "자연에 관해 또는 존재에 관해 우리가 알고 있는 모든 지식은 하나의 나무에 비유될 수 있다. 나무에 뿌리, 줄기, 가지가 있듯이, 지식의 나무는 뿌리로서 지각을, 줄기로서 공통된 이해를, 그리고 가지로서 과학을 가지고 있다." 이에 따라 나는 심리학의 역사에서 중요한 자리를 차지하는 인물들을 지각적으로 그려 보일 것이며, 이에 더하여 심리학의 여러 아이디어들이 발달해 가는 과정을 소개할 때 특히 지각 연구 분야를 강조할 것이다.

지금으로부터 백년 전, 에빙하우스는 심리학이 긴 과거(past)를 가졌지만 그 역사(history)는 짧다고 말했다. 그는 긴 과거를 말하면서 심리학의 주제가 인간들이 오래 전부터 끊임없이 던져 왔던 질문들이라고 생각한 것이며, 짧은 역사를 말하면서 심리학이 그러한 질문들을 이제는 전에 없이 새로운 절차와 방법으로 다루고 있음을 지적하고자 한 것이다. 에빙하우스의 말은 오늘날에도 여전히 유효하다. 지난 백년 동안 심리학은 인상적인 연구 방법들을 많이 개발해 왔지만, 심리학은 여전히 같은 질문들을 던지고 있다. 세상에 관한 지식은 어떻게 생겨나는가? 마음과 몸의 관계는? 정신 질환의 원인은? 개인들은 왜 서로 다른가? 과거를 거슬러 올라가자면 인간 최초의 활동에서 이미 심리학은 시작되었지만, 그 주제는 오늘날과 같이 매우 현대적인 것이다. 심리학은 분명히 철학도, 의학도 아니지만, 긴 과거를 돌이켜 보면 심리학이 이들 두 학문 모두로부터 유래했음을 알 수 있다. 철학은 종교와 과학 사이를 잇는 버팀목을 제공한다고 볼 수 있다. 즉, 철학은 종교와 과학 모두에 관계된 질문을 던지고 있다. 그 질문에 대해 종교는 권위로 응답하나 구체적 증거를 내놓지 못하는 반면, 과학은 그러한 질문은 답해질 수 없을 것이라 시사하는 증거를 제시한다. 그런가 하면 의학은 마법과 과학을 연결하는 다리를 놓는다고 볼 수 있다. 의학은 물론 질병 치료와 관련된 마술적 의식들(ritual)이 줄어들게 하긴 했지만, 다른 한편으로 여전히 출처가 모호한 개념들을 계속 사용하고 있다.

과학적 계몽 운동이 일어나기 전, 2천년 동안 서구 세계에서 심리 과정에 대한 이해를 주도한 것은 그리스 철학자들의 지혜였다. 비록 그들은 매우 다양한 생각들을 표현하긴 했지만, 이들로 인해 마음의 연구에 어느 정도 질서가 잡히게 된다. 여기서는 그리스 사상가들의 많은 견해들 중 단지 두 가지 큰 줄기, 즉 플라톤의 철학과 아리스토텔레스의 철학만을 언급할 것이다. 이들 두 줄기가 주로 심리학에 지속적인 영향을 미쳐 왔기 때문이다. 플라톤(BC 427~347)은 감각을 불신하고 추상적 추리를 통해 진리를 추구했지만, 아리스토텔레스는 감각을 외부 세계에 관한 지식의 중요한 원천으로 보았다. 플라톤은 겉으로 드러난 세계는 환상이며, 이와 대립하는 관념의 세계 속에 이상적인 형상이 존재한다고 믿었다. 형상은 감각으로 느껴질 수 있는 특징들이 아니라 대상들의 보편적인 질을 반영했다. 추상적인 형태는 관찰보다는 추리로 탐구될 수 있었고, 이것은 경험론적 질문보다 합리론적 질문을 선호하는 결과를 낳았다. 플라톤의 입장은 언어가 철학적 사유에 미치는 영향에 대해 이야기한다. 즉, 한 범주 내의 특정 성원들에게 하나의 단일한 이름(예를 들어, 말)이 주어지지만, 개개의 성원들이 보편적인 특징을 반영하는 것은 아니다. 감각은 보편적인 것보다는 특정한 것과 관계된 것이며, 따라서 쓸모 있는 지식을 제공한다고 볼 수 없다. 플라톤은 신체와 영혼을 구분하였다. 신체는 물질 세계의 일부인 반면, 영혼은 비물질적인 것이었다. 그는 정서와 욕망이라는 서로 경쟁하는 두 말을 조정하는 기수의 자리에 합리적 영혼을 두었다. 합리적 영혼은 정서나 욕망보다 도덕적으로 우위에 있으며, 그것들의 행위를 통제해야 한다고 생각했다. 이러한 구분은 매우 중요한 의미를 가지는 것으로, 이후의 철학과 기독교 신학 모두에 이러한 구분이 스며들게 된다. 데카르트 철학의 핵심부에 심신 이원론(心身二元論)이 있었고, 또한 심신 이원론은 기독교 신학의 일관된 경향이기도 했다. 또한 기독교 신학은 비합리적 감정과 열정에 대한 이성의 도덕적 우월성을 매우 강조하였다.

플라톤이 철학자이자 시인이었다면, 아리스토텔레스는 과학자이자 뛰어난 선생이라 할 수 있다.

아리스토텔레스(BC 384~322)는 원래 플라톤의 제자였으나, 자신의 철학을 키워 나가면서 자연스럽게 스승으로부터 떨어져 나왔다. 아리스토텔레스는 감각의 역할을 결코 폄하하지 않으면서 여러 현상들을 더 자연스럽게 설명할 수 있는 방식을 취했다. 그는 보편적인 것에 흥미가 있었지만, 구체적인 것의 연구를 통해 보편적인 것이 가장 잘 이해될 수 있다고 믿었다. 따라서 그는 합리론적 접근보다 경험론적 접근을 더 선호했다. 그는 종종 최초의 심리학자로 불리기도 하는데, 관찰을 강조하고 현상을 체계적으로 정리하려 했기 때문이다. 그의 자연 현상 분류법 중 많은 것들이 오늘날에도 여전히 사용되고 있으며, 그의 연구 범위는 식물학에서 행동에 이르기까지 매우 폭넓었다. 그는 생물체의 연속선상의 한 끝에 인간을 두었고, 다른 한쪽 끝에는 식물을 두었다. 다른 존재와 구별되는 것으로서 인간이 지닌 특징은 마음, 즉 이성적인 능력을 소유하고 있다는 것이었다. 아리스토텔레스의 영혼 개념은 플라톤의 것과 전혀 달랐다. 아리스토텔레스의 영혼은 육체에 생명을 불어넣는 것이며, 신비로운 것도 마음에 대한 은유도 아니었다. 세 유형의 영혼이 있었다. 식물적 영혼은 식물, 동물, 인간이 공유하는 것이고, 동물적 영혼은 동물과 인간에게만 제한된 것이며, 이성적 영혼은 오직 인간만이 지닌 것이다. 영혼은 사물(thing)이 아니라, 유기체의 움직임을 통제할 수 있는 하나의 과정(process)으로 이해되었다. 물질 세계의 운동과 변화는 아리스토텔레스가 다루었던 기본적인 문제로, 그는 운동과 변화의 원인을 밝히고자 했다. 그는 자연이 네 가지의 원인들로 기술될 수 있다고 제안했다. '질료인'(material cause)은 물체들을 구성하고 있는 재료와 관계된 것이고(예, 대리석), '효과인'(efficient cause)은 그 재료를 변형시키는 것이고(예, 대리석을 깎는 조각가), '형상인'(formal cause)은 그렇게 변형되어 얻어진 것을 가리키며(예, 조각상), '최종인'(final cause)은 그 대상의 목적 또는 목표를 지칭하는 것이다(예, 어떤 신적 존재에 대한 경배). 모든 물질은 목적을 가지며, 모든 변화는 '제1운동인'(prime mover)에 의해 결정된다고 여겨졌다. 그러나 아리스토텔레스의 영향력이 가장 컸고 가장 오랫동안 지속되었던 분야는 바로 논리학이었다. 그는 삼단 논법 추리에 기초하여 명제들의 진위를 증명할 수 있는 연역 논리의 규칙을 고안하였다. 삼단 논법은 두 개의 진술문(대전제와 소전제)과 하나의 결론으로 이루어진다. 친숙한 예로 다음과 같은 것을 들 수 있다. 모든 사람은 죽는다. 아리스토텔레스는 사람이다. 그러므로 아리스토텔레스는 죽는다.

광범위하게 감각을 연구했던 아리스토텔레스는 감각들이 한데 모여 '감각 공동체'(sensus commune)를 이루며 이것이 심장에 있다는 의견을 내놓았다. 그는 잔상, 잔효 효과, 양안 이중시 등의 시각 현상을 발견하여 기술하였다. 당시의 사람들은 대부분 빛이 눈에서 방출된다고 믿었는데, 아리스토텔레스는 눈이 빛을 받아들인다고 주장했다. 그는 또한 기억, 사고, 꿈, 발달을 포함한 많은 심리 현상들에 관해 논의했다. 플라톤과 아리스토텔레스 모두 기억 이론을 정교화하였다. 플라톤은 기억을 마치 밀랍판에 흔적을 남기는 것과 같은 과정으로 이해하였다. 따라서 기억은 흔적으로 남아 유지되고 나중에 다시 회상될 수 있게 된다. 기억 능력에서 나타나는 개인들 사이의 차이는 밀랍이 얼마나 일관성 있게 흔적을 유지하느냐에 혹은 흔적이 얼마나 쉽게 밀랍에 기록되느냐에 달려 있다. 아리스토텔레스는 기억에 관해 훨씬 더 폭넓은 글을 남겼으며, 밀랍판의 은유를 더욱 정교하게 만들었다. 그는 또한 유사성과 시공간 상에서의 근접이라는 개념으로 관념들 사이의 연합에 대해 분명하게 언급하였다. 결국 플라톤과 아리스토텔레스가 최초로 행동 관찰에 근거하여 여러 심리학적 현상들을 검토하고 자연적인 과정으로 해석하기 시작했던 것이다.

이처럼 심리학이 많이 진보하긴 했지만, 여전히 이상 행동은 당시에 유행하던 마술, 의학, 종교 등의 견해를 좇아 해석되고 있었다. 이상 행동을 보이는 사람들은 어떤 정령(spirit)이 지배하고 있다고 생각되었다. 이때 정령은 대개 악령으로 간주되었고, 그러한 경우에 치료는 잔인했고 야만적이었다. 가끔 정령들이 선한 것으로 여겨지기도 했는데, 이러한 경우 괴로움을 받는 사람들의 입을 통해 흘러나온 중얼거림은 현자의 말로서 예언적 능력을 지닌 것으로 받아들여졌다. 플라톤은 광기를 자연적인 것과 신적인 것으로 구분하였다. 정신 질환을 앓는 사람들은 당시의 의료술이 적용될 만큼 뚜렷한 외상이나 질병을 보이지 않았으며, 치료에 관한 기록을 살펴보면, 최근까지도 이들에 대한 치료 행위가 매우 잔인하고 억압적이고 비인간적인 것이었음을 알 수 있다. 이상 행동을 정상으로 되돌리려는 시도라곤 거의 찾아 볼 수 없었다. 그리스 의학은 기질적 질병 치료에 많은 공헌을 했지만, 상대적으로 정신 장애에 관한 문헌은 거의 남기지 않았다. 아리스토텔레스와 같은 철학자에 이해 발달된 영혼 개념이 심리 의학으로 편입되었다. 즉, 식물이나 동물, 이성 모두 나름의 특질을 가지고 있는데, 이것이 교란되면 이상 행동을 낳는다고 해석되었다. 실제로 철학적 사유는 그리스 의료술의 추진력이었으며, 따라서 철학이 다양한 만큼 의료술 역시 다양했다. 철학과 의학 모두 자명한 진리로 여겨진 것에 바탕을 두고, 그것으로부터 결론을 연역적으로 도출하였다.

아리스토텔레스가 살았던 시대는 그리스와 그리스의 도시 국가들이 전성기에서 쇠락기로 접어들던 무렵이었다. 플라톤과 아리스토텔레스의 사상은 그후 몇 백년 동안 계속 유지되어 다듬어졌으며, 그리스 과학과 의학은 고대 로마 시대를 거쳐 거의 답보 상태에 머물렀다. 로마 제국의 기술과 법은 크게 진보하였지만, 철학과 과학은 상대적으로 혁신적이라 할 만한 변화를 가져오지 못했다. 로마 약탈이 일어나기 전, 기원 후 4세기 무렵에 철학과 유일신적 기독교 신학은 서로 뒤엉켜 합쳐지고 암흑기라 불리는 시대로 접어든다. 그리스의 저작은 지중해 동부와 북아프리카 지역에서 보존되어 발전했는데, 그곳의 이슬람 학자들에 의해 아랍어로 번역되어 알렉산드리아의 방대한 도서관에 보관되었다. 수학과 광학 등의 분야는 상당히 발달했으나, 중세 기독교 철학자들은 더 이상 고대 그리스 사상의 대부분을 직접 접촉할 수 없게 되었다. 고대 그리스 사상은 13세기부터 점차 남부 유럽을 통해 다시 되돌아와서 아랍어에서 다시 라틴어로 번역되기 시작했는데, 이렇게 되돌아온 그리스 사상은 르네상스를 이끌 강력한 원동력의 하나가 된다. 그 외에 15, 16세기에 이르러 르네상스를 불러일으킬 많은 다른 요인들이 등장하기 시작한다. 이러한 요인들로는, 종교 개혁과 프로테스탄티즘의 확립으로 대표되는 로마 카톨릭 교회의 세력 실추, 인쇄기의 발명, 지구를 더 큰 우주의 주변 부분으로 보게 한 코페르니쿠스 혁명을 들 수 있다.

르네상스 동안에 자연은 다시 검토되는데, 이번에는 신의 눈을 통해서가 아니라 인간의 눈을 통해서였다. 인간의 잠재력을 재발견한 최초의 분야는 바로 예술이었다. 물리적 광학과 생리학적 광학을 함께 다루었던 중세의 『원근법』(*Perspectivas*)이라는 책이 라틴어로 번역되자, 이의 영향으로 15세기 초에 선형 원근법이 발명되었다. 눈앞에 펼쳐진 표면과 이미지 형성의 관계를 다룬 이론들로 인해 그림은 실제 세계의 광학적 구조를 한층 더 정확하게 반영하게 되었고, 우화적인 장면뿐만 아니라 사실적 장면도 담아 내기 시작했다. 이로부터 두 세기가 넘게 지나서야 비로소 선형 원근법과 눈에서 형성된 이미지 사이의 연결 관계를 제대로 파악하기 시작했다. 이처럼 오랜 시간이 걸린 까닭은 안구에 대한 정확한 해부학적 지식이 없었기 때문이다. 중세 의료술은 철저히 그리스-로마의 권위를 교조적으로 추종했다. 심지어 신체 해부조차도 클라우디우스 갈렌(138~201)이 기술한 구조를 엄격하게 따랐다. 안드레아스 베살리우스(1514~1564)에 이르러서야 비로소 사람들은 다시 자신의 눈을 통해 인간의 해부 구조를 직접 관찰하기 시작했다. 눈의 해부 구조에 관한 새로운 지식에 힘입어 요하네스 케플러(1571~1630)는 광학 기구에 비유하여 눈의 작용을 설명하였는데, 망막에 맺힌 이미지는 실제 대상을 앞뒤로 그리고 좌우로 역전시킨 것이라고 주장하였다. 데카르트는 케플러의 발견에 토대를 두고 눈의 해부학적 구조에 대한 이해를 한층 더 확장시켜 시각 능력에까지 연결시켰다. 그에 따르면, 눈은 렌즈의 볼록한 정도를 변화시켜 각각 다른 거리에 있는 물체들에 초점을 맞출 수 있으며, 각 망막의 서로 상응하는 곳들로부터 나온 신경은 뇌의 동일한 장소로 향한다. 윌리암 하비(1578~1657)도 동일한 경험적 원리를 따라, 즉 신체의 해부 구조에 관한 지식에 바탕을 두고 신체 기관의 기능을 파악했는데, 심장이 동맥과 정맥을 통해 피를 몸 전체로 순환시키는 펌프와 같은 구실을 한다고 보았다. 이처럼 해부학적 구조로부터 그 생리학적 기능을 추정하는 방법은 처음에는 감각 기관의 연구에 적용되었고, 나중에는 지능 연구에도 적용되기 시작하였다.

아리스토텔레스의 논리적 추론 체계는 '기관론'(organon), 즉 철학적 탐구를 위한 도구로 지칭되었다. 13세기에 와서 아리스토텔레스의 저작이 서구에 다시 소개되자 아리스토텔레스의 논리 체계는 다시 부흥하기 시작했다. 그러나 그것은 과학적 탐구를 질식시키는 도그마가 되고 말았다. 결론은 '자명한 전칭 명제로부터 시작하여 특칭 명제로 완결되는' 연역적 추리의 구조를 통해 얻어졌다. 베이컨은 이런 삼단 논법 논리의 도그마에 반발하고, 그 대신 과학적 실험에 의존할 것을 제안했다. 즉, 논리 규칙들에 의존하여 도망가지 말고 실험을 통해 직접 증거들을 축적하여 자연 현상을 해석해야 한다는 것이다. 베이컨이 제안한 귀납 과학의 방법 그 자체는 널리 받아들여지지 않았다. 그러나, 그것이 지닌 중요성은 그로 인해 과학의 절차가 논리적인 것에서 경험적인 것으로 이동했다는 데 있다. 그는 실험을 강조하여 17, 18세기의 경험주의 철학자들에게 큰 영향을 미쳤다. 바로 이 지점이 심리학의 역사가 시작된 시점이며, 이 책의 출발점이다.

니콜라스 웨이드

Preface

This book grew out of an exhibition at the International Congress of Psychology, held in Brussels during July 1992. The aim of the exhibition was to encapsulate the history of psychology graphically, by presenting portraits of eminent students of mind and behavior in an unconventional way: portraits were combined with motifs which reflected their contribution to psychology. Fifty portraits were exhibited, and it was during the exhibition that I met Harry and Betty Stanton of The MIT Press. The seeds of the present book were sown during our conversations, and I am very grateful to them for their subsequent enthusiastic support.

I refer to these illustrations as "perceptual portraits" and over one hundred are presented here, some of which were among the original fifty exhibited in Brussels. The aim of the perceptual portraits is both artistic and historical. The illustrations generally consist of two elements—the portrait and some appropriate motif. The nature of the latter depends upon the endeavors for which the portrayed person was known. In some cases the motif is drawn specifically to display a phenomenon associated with that person; in others it is derived from a figure or text in one of his or her books, or on apparatus which the person invented. The portraits and motifs have themselves been manipulated in a variety of ways, using graphic and photographic procedures involving high-contrast film (as described in my book *Visual Allusions: Pictures of Perception).* The illustrations often require some effort on the part of the reader to discern the faces embedded in them. I have found that such perceptual portraits both attract attention and engage the spectator's interest to a greater degree than do conventional prints or photographs. It is hoped that this visual intrigue will enhance the reader's desire to discover why particular motifs have been adopted, and in turn to learn more about the persons portrayed: it is intended to be an instance of art serving science.

The historical starting point is taken at the onset of the scientific Renaissance as it applied to the study of mind—with Francis Bacon, Thomas Hobbes, and René Descartes. All the men and women were chosen because of their importance in shaping the present state of psychology. Reducing the history of psychology to about a hundred prominent contributors has necessarily involved some arbitrary decisions, but they have been informed by several criteria. The first was that those selected should be deceased. There are so many living psychologists who have made and are continuing to make valuable additions to our knowledge that it would have been invidious to select some but not others; moreover, the filter of time has not had a chance to sift through contemporary ideas to determine those which will last. The second criterion was that the subjects should reflect the wide range of ideas affecting psychology. That is, they were not selected for their individual merits alone but also for the areas they examined and the issues they exposed. Even though this approach might seem to bypass current theories or techniques, it is seldom the case: the precursors of the ideas are likely to be included and so the current ideas can still be introduced. Third, the emphasis is on those who have made psychology an empirical discipline. Despite these criteria there are still personal choices. Indeed, it is difficult to see how it could be otherwise.

The history of psychology is typically described in terms either of the great contributors or in the context of the Zeitgeist—the spirit of the time. In reality, these two approaches are so intertwined that they cannot be separated in any simple way. The spirit that is reflected at any time is not impersonal—it is distilled from the wisdom of those individuals addressing fundamental questions about the nature of human endeavor. Here, the passage of time is reflected in the chronological sequence of portraits: they are arranged in order of birth date. By so doing, the differing viewpoints become enmeshed, as they were historically—the British empiricists did not present their ideas en masse nor were the early behaviorists a group isolated from their opponents. The convenience of recapitulation has encouraged many historians to adopt an approach in terms of topic rather than time.

It is of interest to note that conventional portraits are used increasingly in histories of psychology, and in textbooks generally. Why are we so interested in the portraits of people long dead who are known for their thoughts rather than their appearance? When we do recognize a portrait it is only by association with others we have seen of that person. There is rarely evidence concerning the accuracy of resemblance of a particular portrait, and in some cases there may be very few portraits from which to select. (This sidesteps the issue of whether a static two-dimensional representation can adequately resemble a dynamic three-dimensional face—the perennial problem of the portrait artist, whether painter or photographer.) The subjects of portraits are usually portrayed when they are old and established, whereas their important work was mostly carried out when they are young. This book is intended to engage the widespread interest in the characteristics, both intellectual and physiognomic, of the pioneers of psychology.

The format adopted is of one page of text facing a full-page perceptual portrait. The text presents details about the persons portrayed and their ideas, and also includes a title of the picture. The titles are often intentionally cryptic. The source of the portrait and of the motif is appended; when no details of the motifs are given they have been drawn specifically for the portrait. Interrelations between the people portrayed are stressed, so that common threads running through the work of particular groups will be apparent; this provides the deeper level at which the many facets are integrated. I have avoided citing references in the text, but a list of references consulted is given in the Bibliography. In all cases the quotations are taken from works of the person under discussion. The sources of the quotations are listed in an appendix in the order in which they appear.

The history of any discipline involves social as well as intellectual dimensions, and the same applies to the writing of histories. Many friends and colleagues have encouraged me in this enterprise and are due my gratitude, most particularly Mike Cowles, Ross Day, Malcolm Macmillan, Mike Swanston, and Alan Wilkes, all of whom have offered their sober perspectives on this history of psychology. Despite their best efforts the responsibility for the errors that remain rests with me alone. My greatest debt is to my wife, Christine, who has provided constant encouragement and inspiration.

Introduction

The eye of psychology does not have a single lens to focus the problems it addresses; it does not form a single image. Rather, it reflects many viewpoints concerning the nature of mind and behavior, more like the facets of an insect eye: these operate independently of one another at first and then are integrated at a deeper level. The multifaceted nature of psychology is evident both in its origins and in the disciplines it has embraced since its inception. These many viewpoints are here presented in terms of its subject matter and the subjects that mattered. That is, the theories and procedures that are now grist to psychology's mill are described in text relating to perceptual portraits of those who have generated them. Art is rarely considered to be one of the facets of psychology, but here it is applied in the service of science. The significant figures in the history of psychology are portrayed in an indirect manner—allusions to their contributions are made visually. The perceptual portraits themselves pose puzzles for the perceiver; the portrayed person might be difficult to discern, and the source of the visual distraction is itself significant because the motif molded with a portrait speaks to the endeavors of the person portrayed. In addition, brief descriptions of the subjects and their ideas are presented. It is my hope that a visual introduction to the origins of ideas in psychology will engage the reader's interest in the history of psychology generally.

Psychology has a fascinating history because it conflates ideas from diverse disciplines. Many of the major figures presented in this book would not now be classified as psychologists even though their work has had a profound impact on what we call psychology. It is these multiple influences that are celebrated here. Psychologists often pursue their profession with scant regard for the past: all that is worth knowing is seen as in the present or lies ahead. The preoccupation with the present can blind us to insights from the past. Our current ideas were not conceived immaculately; they have evolved over decades, centuries, or millenia of thought and debate. The language surrounding particular ideas has often changed, but the kernel remains constant. There are many excellent texts on the history of psychology, and this is itself an area of research that is undergoing both transformation and expansion. It is not my intention here to present an alternative history of psychology, but rather an alternative way of presenting that history.

From the seventeenth century, the scientific methods that had proved so successful in the physical and chemical sciences were seen as relevant to life processes. The anatomy of the senses and the brain were gradually elucidated, and these anatomical structures were related to function; the behavior of the insane was observed and classified, and the lessons of science were absorbed into philosophy. Descartes did distinguish between the mechanical body and the immaterial mind, but his application of scientific rigor to understanding the senses set psychology on a course from which it has seldom wavered. Interaction with the world through the senses provides the basis for much in philosophy and physiology, the twin precursors of modern psychology. Disturbances of sensory function are features that distinguished the majority from those who were called mad. In the nineteenth century psychology emerged as the interface between philosophy and the natural sciences. It addressed the eternal questions of philosophy by deed rather than by word: it embraced scientific methods to frame the questions empirically. The methods adopted initially were adapted from other sciences, most notably from physics and physiology. From the mid-nineteenth century new methods were developed for studying perception and performance that distinguished psychology from both philosophy and physiology, and the arbitrary birth of the independent discipline is often taken as the founding by Wundt of the Institute of Experimental Psychology at Leipzig in 1879. Among the founding fathers of psychology were Weber, Fechner, and Helmholtz—who all influenced Wundt. They were students of perception, and their more general contributions were based firmly on their perceptual research. In the words of Thomas Reid "All that we know of nature, or of existence, may be compared to a tree, which hath its root, trunk, and branches. In this tree of knowledge, perception is the root, common understanding is the trunk, and the sciences are the branches." Thus, in addition to presenting perceptual portraits of the principal figures in psychology's past, I emphasize the perceptual dimension in the development of ideas in psychology.

When Ebbinghaus said, a century ago, that psychology has a long past but a short history, he was reflecting upon the age-old questions of human existence that were being addressed by novel procedures. The same statement could be made today. The armory of methods amassed by psychology in the last century is impressive, but the questions remain much the same. How do we derive knowledge about the world? How is the mind related to the body? What are the causes of mental illness? Why do individuals differ? While psychology's past reaches back to the first records of human endeavor, the subject as it is now constructed is much more modern. Psychology is neither philosophy nor medicine, but it has drawn on both disciplines in its long past. Philosophy can be thought of as providing a buttress between religion and science—asking questions that the former answers with authority but without evidence and to which the latter provides evidence suggesting there are no answers. Medicine can be considered as building a bridge between magic and science—reducing the ritual associated with the treatment of disease while often retaining mystical concepts concerning their genesis.

For two thousand years, prior to the scientific Enlightenment, the interpretation of mental processes in the western world was dominated by the wisdom of Greek philosophers. They brought some degree of order to the study of mind, although the ideas they expressed were widely divergent. Of the plethora of opinions associated with Greek thinkers only two strands will be mentioned—those associated with Plato and with Aristotle—because they have continued to impinge on psychology. Plato (427–347), distrusted the senses and sought truth through abstract reasoning whereas Aristotle viewed the senses as an important source of knowledge about the external world. Plato believed that the world of appearances was one of illusion, as opposed to the world of thought in which ideal forms existed. The forms reflected the universal qualities of objects rather than the features which can be sensed. The abstract forms could be investigated by reasoning rather than observation, and this resulted in a preference for rational rather than empirical inquiry. Plato's position demonstrates the influence that language has had on philosophical thought: particular members of a category that are given a single name (e.g., horse) do not reflect their universal characteristics. The senses are concerned with particulars rather than universals and so were not considered to furnish useful knowledge. Plato distinguished between the body and the soul: the body was part of the material world, whereas the soul was immaterial. He likened the rational soul to a charioteer steering the competing horses of emotion and appetite; the rational soul was considered to be morally superior to the others and should guide their actions. These distinctions were to have considerable significance because they later permeated both philosophy and Christian theology. A simlar mind-body dualism was at the heart of Descartes's philosophy as well as a constant current in Christian theology. The latter also placed great emphasis on the moral superiority of reason over irrational feelings and passions.

Plato was a philosopher and a poet, whereas Aristotle was a scientist and a systematic teacher. Aristotle (384–322 B.C.), who was one of Plato's students, displayed detachment from his mentor in developing his own philosophy. Aristotle adopted more naturalistic explanations of phenomena which did not denigrate the senses. He was interested in universals but believed that they could best be understood by the study of particulars. Therefore he preferred an empirical approach to a rational one. He is often considered to be the first psychologist because of his emphasis on observation and because he tried to order phenomena in a systematic manner. Many of his classifications of natural phenomena are still used, and he studied a broad range, from botany to behavior. He placed humans at one end of a continuum of living things that extended to plants. The distinguishing feature was the possession of mind—the ability to reason. Aristotle's conception of the soul was quite different from that espoused by Plato. He considered that soul imbued the body with life and it was neither mystical nor a metaphor for mind. There were three types of soul. The vegetative soul was shared by plants, animals, and humans; the animal soul was restricted to animals and humans; and the rational soul was confined to humans. The soul was not a thing but a process that could control the movements of the organism. Movement and change in the material world were cardinal problems Aristotle addressed as he wanted to determine their cause. He proposed that nature could be described in terms of four causes. Material cause relates to the substance of which objects are composed (e.g., marble); efficient cause transforms the substance (as with a sculptor chiseling the marble); formal cause reflects the transformation (a statue); and the final cause refers to the aim or purpose of the object (reverence to some deity). All material was considered to have a purpose and all change was determined by a prime mover. However, it was in the area of logic that Aristotle's influence was greatest and longest lasting. He devised rules of deductive logic based on syllogistic reasoning that would permit proofs of propositions. A syllogism consists of two statements (a major and a minor premise) and a conclusion. A familiar example is: All men are mortal, Aristotle is a man, therefore, Aristotle is mortal.

Aristotle's studies of the senses were extensive and he suggested that sensations were brought together to form a "sensus commune," which he located in the heart. He added to the phenomena of vision by describing afterimages, aftereffects, and binocular double vision. He argued that light was received by the eyes rather than emitted from them; the latter view was held by most of his contemporaries. He discussed many other psychological phenomena including remembering, thinking, dreaming, and development. Both Plato and Aristotle elaborated theories of memory. For Plato memory was like making an impression in a wax tablet—the impression would be retained and recollection from it could later be made. Individual differences could be related to the different consistencies of the wax and the ease with which impressions could be made in it. Aristotle wrote much more extensively on memory and elaborated the wax tablet metaphor. He also made a clear reference to the association of ideas by similarity and contiguity. Thus, for the first time a range of psychological issues were examined by observations of behavior and their interpretations were in terms of natural processes.

Despite this progress in general psychology, explanations of abnormal behavior were influenced by the prevailing views of magic, medicine, and religion; some of those displaying the behavior were described as being possessed by spirits. The spirits were mostly considered as demonic, in which case the treatments were cruel and barbaric; occasionally they were thought of as benign, in which case the utterances of those afflicted were taken as sage and prophetic. Plato distinguished between natural and divine madness. The mentally ill did not have any obvious injury or disease to which the medicine of the day could be applied, and the history of their treatment until recent times is mostly a record of cruelty, oppression, and inhumanity. Molding abnormal behavior back toward the normal was seldom undertaken. While Greek medicine did much to assist in the treatment of organic diseases, relatively little was written about mental disorders. Concepts of the soul developed by philosophers like Aristotle were incorporated into psychological medicine: the vegetative, animal, and rational all had their own properties, disturbances of which could lead to abnormal behavior. Indeed, philosophical speculations were the driving force of Greek medical practices, which were as diverse as their underlying philosophies. Both philosophy and medicine were based on what were taken to be self-evident truths, from which conclusions could be reached by deduction.

Aristotle lived during the declining years of the golden age of Greece and of the Greek city states. Both Platonic and Aristotelian ideas were elaborated in the next centuries and Greek science and medicine were retained throughout most of the classical Roman period. While there were great technological and legal advances in the Roman Empire, there was relatively little innovation in philosophy and science. Philosophy and monotheistic Christian theology became enmeshed in the fourth century A.D., prior to the sacking of Rome and the descent into what are called the Dark Ages. Greek writings were preserved and advanced in the eastern Mediterranean and in North Africa, where Islamic scholars translated them; many were housed in the vast library at Alexandria. Certain areas, notably mathematics and optics, were developed considerably, but much of the ancient Greek thought was no longer available to medieval Christian philosophers. It returned to southern Europe gradually from the thirteenth century onward when the works were translated from Arabic into Latin, and it was one of the principal factors leading to the Renaissance. There were many other factors that fashioned the Renaissance during the fifteenth and sixteenth centuries. These included the decline in the power of the Roman Catholic Church, as evidenced by the Reformation and the establishment of Protestantism; the invention of printing machines; and the Copernican revolution that placed Earth as a peripheral part of a larger universe.

During the Renaissance nature was examined again, with a human rather than a divine eye. Art was one of the first areas in which this rediscovery of human potential was expressed. The invention of linear perspective in the early fifteenth century was influenced by translations into Latin of medieval *Perspectivas,* which described both physical and physiological optics. Theories of image formation on a surface in front of the eye resulted in paintings that mirrored more precisely the optics of the real world, and actual as well as allegorical scenes were portrayed. It took two more centuries before the link between linear perspective and image formation in the eye was appreciated. Much of the delay was occasioned by the absence of an accurate anatomy of the eye. Medieval medicine was practiced according to the tenets of Greco-Roman authorities. Even anatomical dissections rigidly followed the structures described by Claudius Galen (ca 138–201). It remained to Andreas Vesalius (1514–1564) to observe human anatomy through his own eyes. With the newly found knowledge of ocular anatomy Johannes Kepler (1571–1630) elucidated the workings of the eye as an optical instrument, describing the formation of an inverted and reversed image on the retina. Descartes built upon Kepler's discoveries and extended the anatomical understanding of the eye and its relation to vision: he suggested that the eye can focus on objects at different distances by changing the curvature of the lens, and that the nerves from corresponding points on each retina project to a single site in the brain. William Harvey (1578–1657) applied the same empirical principles to function, describing the heart as a pump which circulated blood through the body via the arteries and veins. Anatomical structure was related to physiological function, and both were applied initially to the study of the senses and later to the intellect.

Aristotle's system of logical reasoning was referred to as the *organon* or instrument for philosophical investigation. It achieved ascendency from the thirteenth century when Aristotle's works were reintroduced to the West. However, it became dogma that stifled scientific inquiry. Conclusions were reached by deductive reasoning, starting from self-evident universals and culminating in particulars. Bacon reacted against this dogma of syllogistic logic and suggested in its stead a reliance on scientific experiment. That is, the interpretation of natural phenomena should be based on the accumulation of evidence from experiments rather than by recourse to the rules of logic. Bacon's method of inductive science was not widely adopted, but its significance lies in the shift from logical to empirical procedures. His emphasis on experiment was to influence the empirical philosophers of the seventeenth and eighteenth centuries. It is at this point that the present history commences.

NICHOLAS WADE

■ 역자 서문

근래 우리는 주변에서 인지 과학이라든지 소프트 사이언스(soft science), 또는 감성 공학과 같은 말을 많이 듣는다. 이러한 학문은 기본적으로 사람에 관한 또는 더 구체적으로 사람의 마음에 관한 앎 그 자체를 목적으로 하는 동시에 생활의 편의를 목적으로 그러한 지식을 사용하기도 한다. 근래의 이러한 학문의 흐름 덕분에 국내에서 타학문에 비해 소홀히 대접받아 왔다고 할 수 있는 심리학, 특히 실험 심리학이 주목받기에 이르렀다. 이렇게 된 데에는 이전의 철학적 사유를 통한 마음에 대한 탐구가 심리학으로 말미암아 경험적인 자연 과학적 방법을 통하여 이루어지게 되었다는 데에서 그 이유를 찾을 수 있을 것이다. 그러나 막상 실험 심리학 기저의 사상이라든지 그 뿌리에 관해서 우리에게 말하여 주는 책은 주변에 그리 많지 않다. 이 책의 가치는 실험 심리학의 성립에 기여한 여러 학자들을 소개하는 형식을 빌어서 실험 심리학의 기저 사상을 기술하고 있다는 점에서 찾을 수 있을 것이다.

이 책은 니콜라스 웨이드의 *Psychologists in word and image*를 완역한 것이다. 저자도 해외 서문에서 언급했듯이, 심리학이라는 학문은 다양한 학문들로부터 아이디어를 받아들여서 그 아이디어를 나름대로 소화해 내고 있다. 그렇기 때문에 심리학 성립에 기여한 인물들을 소개하려 할 때, 그 인물들의 범위는 과학적 심리학이 성립되기 이전의 철학자들로부터 인류학자, 생물학자, 물리학자에 이르기까지 다양한 학문 영역에 속하는 학자를 포함할 수밖에 없다. 저자는 특히 과거 경험론 철학의 대표적인 인물들부터 시작해서 과학적 심리학의 토대가 형성되기 이전에 활동했던 여러 정신 물리학자들을 소개하고 있다. 심리학 성립에 있어서 정신 물리학의 위치가 특히 중요한 것은 이전까지 철학자들이 사유에 의존해서 마음을 연구한 데 반해서 정신 물리학자들은 환경과 마음의 관계를 수량화하려 시도했기 때문인데, 이러한 시도는 현대의 과학적 심리학 성립에 큰 공헌을 했다고 할 수 있다.

이 책의 구성은 누가 보더라도 쉽게 알 수 있다. 그럼에도 불구하고 서문이라는 형식을 빌려 먼저 소개한다면, 우선 시대순으로 인물이 나열되어 있으며 각 인물마다 그 사람의 주요 이론을 대표하는 상징물이 초상화에 녹아 있다. 이와 같은 형식으로 그림을 구성한 것이 이 책의 개성을 잘 드러내

■ 역자 서문

주는 점이다. 그렇다 하더라도 그림만 보고 지문의 내용을 미리 파악한다는 것은 퍽 어려운데, 이것은 그림 속에 담긴 상징을 쉽게 이해하기 위해서는 그 인물이 주장한 이론이나 사상들에 관한 다양한 배경 지식을 아는 것이 필요하기 때문이다. 상식 심리학이 아닌 현대의 과학적 심리학에 관해 별다른 지식이 없는 일반 독자라면 책의 내용을 먼저 살펴보고 그림을 다시 보아야 그림이 상징하고 있는 바를 좀더 정확하게 이해할 수 있을 것이고, 그렇게 하는 것이 또한 이 책의 저자가 의도했던 바일 것이다. 배경 지식을 갖추고 있는 심리학 전공생이라면 그림을 보고 내용을 짐작해 보는 것도 재미있게 책을 읽는 한 가지 방법일 것이다. 단순하고 명료한 구성이 주는 장점만큼이나 단점도 크게 눈에 띄는데, 대표적인 점이 줄거리를 만들기가 어렵다는 것이다. 내용을 읽고 그림을 보면서 재미를 느꼈지만 줄거리를 만드는 데 어려움을 느낀 독자라면 Duane Schultz의 *A history of modern psychology*를 읽도록 권한다.

이 책은 어느 한 사람의 힘으로 번역되어 나온 것은 아니다. 별로 많지 않은 분량의 책을 무려 두 명의 역자가 맡았다. 또한 여러 동학들이 원고 검토에 시간을 할애해 주었는데, 특히 이정희, 여정하 두 사람에게 지면을 빌어서 고마움을 표한다. 역자들은 가급적 원문에 충실하게 번역이 이루어지도록 하였으며 용어의 통일에 만전을 기하려 하였지만 혹 빈틈이 있었을지도 모르겠다. 또한 오역이 있을 수 있는데, 이러한 부분에 대해서는 전적으로 역자들의 책임이다. 독자들의 넓은 양해를 구할 뿐이다.

1996년 9월

역자 대표

언어와 이미지의 심리학자들

■ 차례

언어와 이미지의 심리학자들

■ 차례

■ 차 례

Atqui opus est ad Scientias Inductionis formâ tali,
Duplex autem est Sensûs culpa: Aut enim destituit

귀납의 과학자

프랜시스 베이컨(Francis Bacon, 1561~1626)은 자연 현상을 과학적으로 다루기 시작한 시대를 대표하는 인물이다. 이른바 자연에 대한 과학적 접근의 선두 주자로 그를 꼽는 이유는 그가 이성에 의존하기보다는 관찰을 강조했기 때문이다. 그는 지적·사회적으로 혼란한 시대를 살았는데, 당시의 종교와 정부 그리고 자연에 관한 새로운 시각은 전통적 지혜를 존중하던 낡은 질서를 대체해 나가고 있었다. 또한 그가 살았던 시대는 새로운 대륙의 발견과 정복의 시대이기도 했다. 나중에 베룰럼 경으로 불리기도 했던 베이컨은 법률을 공부하고 높은 관직에 올라 1618년에 대법관이 되었다. 그러나 그는 1621년 뇌물 수수 혐의로 갑자기 실각하였다. 베이컨은 전 생애에 걸쳐 자연 철학은 물론 법, 역사 그리고 학습 등 많은 분야에 글을 남겼다. 『신 기관론』(*Novum Organum*, 1620)■에서 그는, "귀납 과학이란 경험을 해체하고 사물들을 분리한 다음, 우연적인 것만을 제거하여 필연적인 결론을 이끌어 내는 형식이다"라고 하였다. 그의 주장에 따르면, 우리는 보편적 원리들로부터 특수한 사건들을 연역해 낼 것이 아니라 경험적 자료를 모으고 서로 견주어 바탕을 이루는 원인들을 귀납적으로 이끌어 내야 한다. 그는 젊은 시절부터 줄곧 아리스토텔레스 논리학에 적극 반대했다. 베이컨의 철학적 입장은 일찍이 『知의 진보』(*The advancement of learning*, 1605)에서 대략적 윤곽을 드러냈는데, 경험 과학의 방법론을 옹호하는 베이컨에서 비롯된 실험적 탐구 정신은 1662년에 창설될 왕립 학회의 기본 정신에 깊이 스며들면서 그 절정을 이룬다. 이처럼 베이컨은 새로운 실험의 철학을 그 누구보다 앞서 주장했지만, 정작 자신은 이를테면 케플러의 행성 운행의 법칙이나 하비의 혈액 순환설과 같은 그 당시의 위대한 과학적 발견들을 몰랐거나 심지어 반대하기까지 하였다(그 자신이 바로 하비의 환자였는데도!). 귀납의 방법 그 자체는 사실 널리 수용되지는 않았다. 그러나 그것이 지니는 중요한 의미는 사변적 추론이 아니라 실험을 강조한 데 있다. 사후에 출판된 『신 아틀란티스』(*New Atlantis*)에서 그는 자연 세계의 신비를 탐구해 볼 수 있는 이른바 "살로몬의 집"(a house of Salomon)을 다음과 같이 묘사하고 있다. "이곳에는 안쪽을 들여다 볼 수 있도록 만들어진 집들이 있는데, 여기서 온갖 불빛과 방사하는 광선 그리고 여러 빛깔들이 전시되며…… 감각 기관을 속이는 집들도 있는데, 이것들은 손으로 하는 온갖 방식의 마술 묘기, 거짓 환영과 속임수를 보여주고 착각을 일으키게 하는 곳이다." 이는 신비한 자연 현상을 관찰하고 조작해 보는 많은 현대적 자연 탐사 박물관의 모델이 되었다.

베이컨의 초상화가 『신 기관론』에서 발췌한 텍스트 속에 담겨 있다. 『신 기관론』은 미완성의 대작 『대혁신』(*Instauratio Magna*)의 일부로, 이 책에서 베이컨은 신 기관을 아리스토텔레스의 형식 논리학을 대체하는 새로운 인식 도구로 제시하고 경험 과학의 핵심적 특성을 기술해 놓았다. 또한 이 책에서 그는 경험 자료가 중요한 지식의 원천이긴 하지만 오관을 통해 느껴지는 감각 정보들에 지나치게 의존하지 말 것을 경고하고 있다. 그것은 감각 정보들이 두 가지 오류, 즉 정보가 부족해서 생길 수 있는 오류라든지 또는 정보가 충분하더라도 감각 정보의 독특한 특징으로 인해 우리가 실수하게 되는 것과 같은 종류의 오류를 생각할 수 있기 때문이다. 베이컨에 따르면 이러한 오류들은 실험을 통해 극복될 수 있는데, 실험은 감각 정보가 부족하거나 감각 정보가 우리를 속일 때 이를 보충하고 교정하여 참된 정보를 제공하는 유용한 수단이 된다. ☑

■ 오르가논(그리스 어로 Organon)은 기관, 도구의 뜻으로 논리학을 철학의 한 부분으로서가 아니라 철학의 도구로 파악하는 견해를 바탕으로 아리스토텔레스 학파가 논리학에 대해 사용한 명칭이다. 6세기경에 와서 이것은 아리스토텔레스의 논리학 저작의 총괄적인 명칭이 되었다. 베이컨은 아리스토텔레스의 논리학에 대비하여 자신의 저작을 『신 기관론』이라 불렀다.

LONDON
PRINTED FOR JOHN BOHN
MDCCCXXXIX

리바이어던

토마스 홉스(Thomas Hobbes, 1588～1679)는 정부의 기능을 잘 이해하려면 인간의 본성을 아는 것이 필수적이라고 주장한 정치 철학자였다. 홉스는 잠시 베이컨의 비서로 일했으나 베이컨이 옹호한 귀납 과학의 방법론을 따르지는 않았다. 오히려 그는 당시 천문학 연구에 성공적으로 적용되고 있던 연역적 방법론을 선호하였다. 유물론자였던 홉스는 모든 자연이 끊임없이 운동하고 있는 물질들로 이루어져 있으며, 자연의 일부인 인간 역시 하나의 기계일 따름이라고 생각했다. 그는 『리바이어던』(*Leviathan*, 1651)의 서문에서 다음과 같이 질문하고 있다. "우리는 팔, 다리와 같은 사지를 가지고 지신이 가진 내부의 힘으로 스스로 움직이는 어떤 것을 볼 때 그것을 하나의 생명체라고 판단한다. 그럴진대 왜 자동 기계(태엽 감는 시계처럼 스프링과 바퀴들로 스스로 움직이는 기계) 역시 하나의 인공 생명체라고 말하지 않는가? 심장, 신경, 관절 따위는 생명체라 하면서 왜 스프링, 연결선, 바퀴들은 생명체라 하지 않는가? 그들 모두 그것들을 만든 창조자 또는 제작자가 의도한 대로 자신의 몸을 잘 움직여 간다는 점에서 전혀 다를 바 없지 않은가?"

홉스는 인간 본성을 염세적인 시선으로 바라보았다. 인간들은 항상 사리사욕에 따라 행동하며 권력을 쟁취하고자 싸움을 일삼는다. 그가 보기에, 개인들은 각자의 이익을 위해 투쟁하고 매일매일 전쟁 속에 살 수밖에 없다. 따라서 "인간은 항상 두려움에 휩싸여 있고 무자비한 죽음을 당할 위험에 처해 있다. 인간의 삶이란 고독, 가난, 더러움, 역겨움, 짧음……. 인간들이 겉으로는 평화를 갈구하는 것처럼 보일 때도 있지만, 이는 실은 죽음을 두려워해서 벌이는 짓거리일 뿐이다. 편안하게 살려면 필연적으로 물질에 대한 욕구가 생길 수밖에 없으며, 인간들이 부지런히 일해서 바라는 것이란 다름 아닌 물질을 얻는 것이다." 홉스는 이러한 인간들의 욕구를 통제하기 위해 정부가 필요하다고 보았으며, 가장 적절한 정치 형태로 절대 군주제를 주장했다.

홉스는 경험론 철학에 초석을 마련하였다. 그는 감각을 모든 지식의 근원이라 여겼다. "인간 마음의 여하한 관념도 그 시초에서 감각 기관을 거치지 않고 생겨난 것은 없다. 어떠한 관념이라도 그 일부는 반드시 감각 경험에 의존한다." 이러한 경험론의 주장은 데카르트의 이원론과 정면으로 대립하는 것이다. 홉스는 또한 초보적인 수준이긴 하나 연상(association) 이론을 제안했다. 마치 기차의 여러 객실들을 잇는 연결처럼 "여러 생각들 사이에 생겨나는 연결"은 그 생각들이 서로 밀착해 있거나 동시에 발생하여 비롯된 것으로, 그 연결 방식은 제멋대로인 경우도 있고 아주 규칙적일 때도 있다. 마음이 뚜렷한 욕구와 습관에 지배당할 때 생각들 사이의 연결은 규칙적인 형태를 띠며, 연상 곧 사고들 사이의 연결은 자주 되풀이되어 연결될수록 점점 더 강해진다.

홉스는 옥스퍼드에서 공부했고 생애의 대부분을 네본서 지방의 귀족들을 가르치는 교사로 일했다. 그는 귀족 제자들의 도움으로 세 차례나 유럽 여행을 떠날 수 있었는데, 이 여행들을 통해 프랑스의 유명한 철학자들뿐만 아니라 갈릴레오와 데카르트를 만나기도 했다. 장수한 홉스는 런던에 왕립협회가 창설되는 것을 자기 눈으로 볼 수 있었다. 그러나 그는 왕립 학회의 회원이 될 수는 없었는데, 주된 이유는 그의 정치적·종교적 신념이 전통적 견해를 고소석으로 따르지 않은 데 있다.

홉스는 리바이어던의 일부로 그려져 있는데, 그에게 "리바이어던"은 국가라는 대우주■이며, 인간이라는 소우주와 분리할 수 없는 것이다. "이리하여 다수는 하나의 인간 안에서 통일을 이루며, 이러한 통일된 다수가 바로 복지(Commonwealth)이다……. 이것이야말로 위대한 리바이어던의 건설인 것이다." ☑

■ 원자나 전자의 운동처럼 눈에 보이지 않는 현상이나 운동을 소우주(Microcosm)라 하며, 대우주(Macrocosm)는 이와 구별하여 천체를 지칭한다.

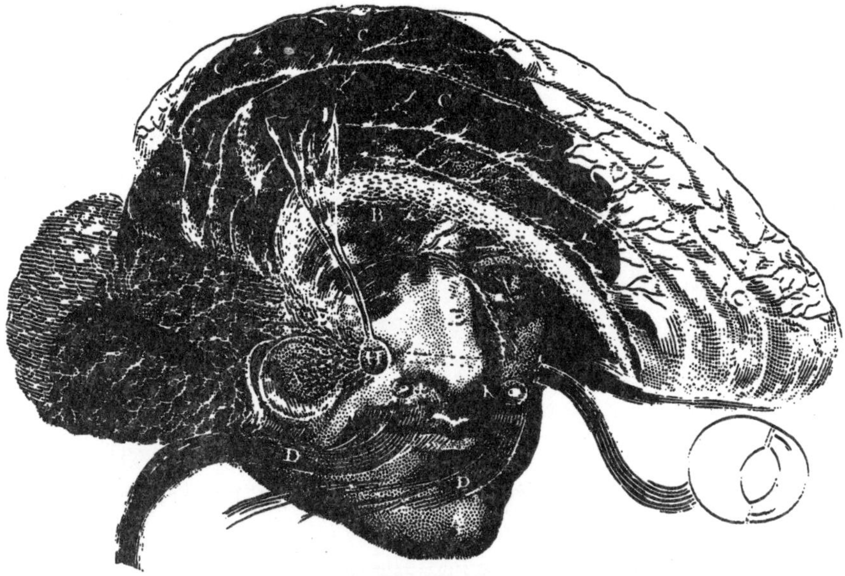

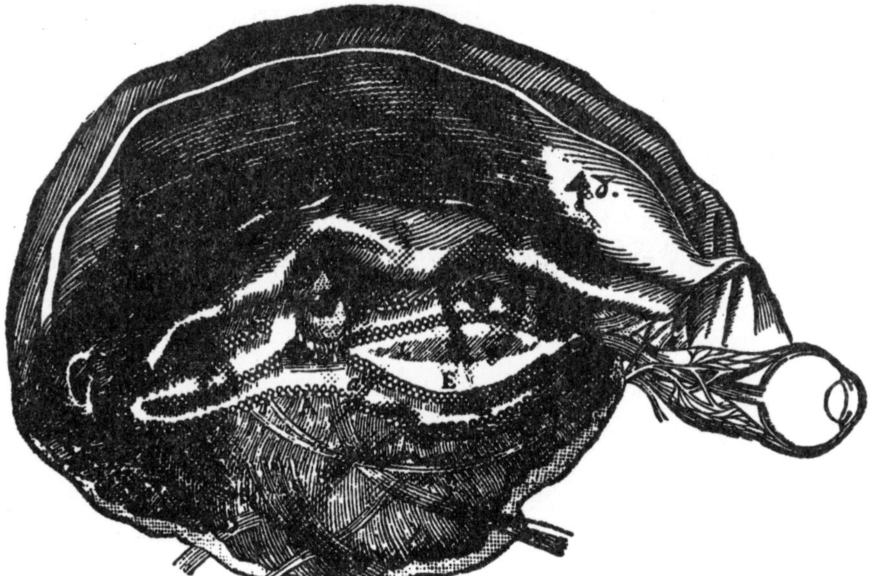

데카르트의 심신 이원론

르네 데카르트(René Descartes, 1596~1650)는 근대 과학의 선구자였다. 그는 신체 안에서 벌어지는 여러 과정들을 기계론적으로 해석하면서도 마음은 비물질적인 것이라는 관점을 견지하였다. 따라서 데카르트에게 영혼과 몸을 구분하는 플라톤의 이원론은 여전히 살아 있었다. 그는 베이컨처럼 법률을 공부했지만, 수학에서도 탄탄한 기초를 닦았다. 젊은 시절 파리 생 제르맹 가에 있는 왕립 공원에 갔을 때 그는 수압으로 움직이는 조각 작품들에 매료당했다. 그 조각 작품들은 수력으로만 작동되었는데도 움직임이 너무나 자연스러워 마치 살아 움직이는 듯했다. 독일에서 군복무를 하던 1619년, 데카르트는 여러 차례에 걸쳐 꿈을 꾸었는데, 이 꿈들이 이후 그의 사상의 골격을 이루었다고 한다. 이 꿈들에 자극 받은 데카르트는 기존의 철학자들의 방법을 답습하기보다는 그것들과 다른 새로운 탐구 방법을 찾아 나섰다. 지난 몇 세기에 걸친 철학적 질문과 탐구들은 인간의 본성에 관해 어떠한 보편적 설명도 이끌어 내지 못했다고 여겼기 때문이다. 그의 새로운 방법이란, 모든 관념 혹은 생각들에 대해 거짓일 가능성은 없는지 질문해 보고 조금이라도 의심스러우면 부정해 버리는 것이다. 이러한 방법적 회의를 거듭하여 데카르트는 더 이상 의심할 수 없고 다른 것으로 환원될 수 없는 하나의 분명한 사실에 이르렀는데, 그것은 바로 자기 자신이 분명히 존재한다는 사실이었다. ── '나는 생각한다, 고로 존재한다'■. 데카르트가 방법적 회의를 통해 도달한 결론은 오직 '사고'와 '이성'만이 회의를 넘어서 있으며 진정한 철학의 근거가 되는 것이고 인간에게만 부여된 영역이라는 것이다. 한편 몸은 기계적 원리들에 따라 작동하는데, 데카르트는 이 원리들을 발견하기 위해서 많은 노력을 기울였다. 이러한 노력의 하나로서 그는 '신경 반사'라는 개념을 도입했다. 그에 따르면, 신경이란 근육에 명령을 내리는 뇌와 감각 수용기들을 서로 연결하는 기능을 하는 수도관 같은 것이었다. 이렇듯 서로 다른 원리를 지니고 분리된 마음과 몸은 뇌 속에 있는 어떤 구조물을 통해 연결되는데, 데카르트는 이를 송과선이라고 불렀다. 이러한 생각들은 『인간학 논설』(*Treatise of Man*)에 잘 나타나 있다. 이 저서는 원래 프랑스어로 씌어졌으나, 초판은 그가 죽고 12년 뒤 라틴어로 ***De homine***란 제목으로 출판되었다. 라틴어판은 번역이 조잡하였으나, 그림만큼은 1664년에 목판본으로 간행된 프랑스어 판 *Traite de l'homme*보다 더 정교하여 자주 복사되어 이용되고 있다.

프랜스 할스가 그린 데카르트의 초상화를 왼쪽 페이지에 두 번 실어 보았다. 위에 있는 것은 라틴어판 『De homine』에 실린 뇌 그림과 합친 것이고, 아래는 프랑스어판 『Traite de l'homme』에 실린 목판 인쇄본 삽화와 합친 것이다. 이 삽화들은 다음과 같은 텍스트와 함께 실려 있다. "움푹 패인 구멍 EE와 마주한 표면 AA는 다소 촘촘한 그물 같은 것인데, 거기에 있는 작은 여러 개의 고리들로 영혼의 기가 들어가며, 송과선 H로부터 영혼의 기가 흘러나온다." 데카르트는 마음에 의해 조절되는 송과선의 운동이 동물적인 영혼의 기가 근육으로 흐르도록 조정한다고 생각했다. ☑

■ Cogito, ero sum. 이 명제는 '내가 생각하므로 나는 존재한다'와 같이 추론된 명제로 오해되어선 안 된다. 이 명제의 참된 뜻은 오히려 '생각하는 내가 존재한다'에 더 가까운 것으로, 일체의 의식 내용은 의심할 수 있어도 의심하는 행위를 하고 있는 의식 그 자체, 즉 의식하는 '나'의 존재는 의심할 수 없다는 뜻이다. 따라서 이 명제는 추론이 아니라 '생각하는 나'의 존재에 대한 직관이라 해야 옳다. 데카르트의 철학에서 이러한 명석 판명한 자아의 확실성이 중요한 이유는 그것이 바로 일체의 인식을 확실히 할 수 있는 거점이기 때문이다.

경험이 기록될 백지, 타불라 라사■

존 로크(John Locke, 1632~1704)는 데카르트의 주요 개념들 중의 하나인 생득 관념설을 부정했는데, 이로써 이후에 계속된 생득론자와 경험론자 사이의 논쟁이 시작되었다. 로크는 통일이나 신과 같은 관념들이 생득적이라는 것을 받아들이지 않고, 대신에 모든 지식은 경험으로부터 나온다고 제안하였다. 『인간 오성에 관하여』(*An Essay Concerning Humane Understanding*, 1690)에서 그는 다음과 같이 썼다. "이제 마음을 아무런 특징이나 그 어떠한 관념도 없는 하나의 백지라고 가정해 보자. 반드시 이러한 백지에 무엇인가가 처음부터 있었다고 가정할 이유는 없지 않은가? 그런데 어떻게 하여 마음은 인간의 분주하고 끝없는 다양한 종류의 공상으로 가득 차게 되는가? 인간의 마음속에 있는 이성과 지식의 재료들은 과연 어디서 오는가? 이에 나는 다음과 같이 한마디로 대답한다. 경험으로부터라고! 경험 속에 우리 지식의 모든 기초가 있고 경험으로부터 지식은 계속 확대되어 나간다.…… 우리는 밖으로는 감각될 수 있는 대상들을 관찰하고, 안으로는 우리 마음의 내적인 활동을 관찰, 즉 지각하거나 혹은 반성한다. 이러한 경험적 관찰이 바로 우리의 오성에 사고의 재료를 제공하는 것이다. 외적 관찰과 내적 관찰 이 양자가 바로 지식의 샘이며, 그로부터 우리가 가진 모든 관념들이 생겨나고 솟아나는 것이다." 지식이 획득될 수 있는 유일한 통로는 감각인데, 지각된 것은 대상이라기보다는 하나의 관념이다. '하얗다'와 같은 단순한 관념들은 감각에 의해 수동적으로 생겨나지만, '눈'과 같은 복합 관념은 마음에 의한 적극적 반성의 결과로 생겨난다. 단순한 관념에서 복합 관념으로의 변화는 일종의 '정신 화학'의 과정을 거친다. 이런 점에서 로크는 원자론자들의 화학 개념에 많은 영향을 받았다고 볼 수 있다. 실제로 그는 당시 가장 뛰어난 화학자들 중의 한 사람인 로버트 보일(Robert Boyle, 1627~1691)과 아주 친하게 지냈다. 결국 로크는 당시 유럽 대륙을 지배하고 있던 데카르트의 합리주의를 부정하고 영국에 경험주의를 확립하였다. 로크는 언어가 자연을 이해하는 기초로서 쓰일 수 없다고 본 점에서 베이컨과 입장을 같이하였고, 홉스가 세운 유물론의 토대 위에 서 있었다. 그는 후에 『인간 오성에 관하여』를 다시 출판했는데, 이 책에서 그는 관념들이 서로 연합되는 것이 학습의 기초를 형성한다고 제안했다.

영국에서 지내던 시절 로크는 옥스퍼드에서 고전 문학을 공부했고 철학을 가르쳤다. 영국 시민 전쟁의 정치적 격동기를 살았던 그에게 가장 큰 관심은 당연히 정치학이었다. 그는 왕립 학회 회원이었으며 뉴턴을 포함한 당대 과학의 선두 주자들과 가까이 지냈다. 실제로 그는 옥스퍼드에 머물 때 철학과 정치학에 관해 책을 쓰지는 않았다. 그는 의학을 공부하기 위해 그곳을 떠나게 되는데, 그후 외교관으로 봉직하면서 자신의 철학적, 정치적 견해에 우호적인 분위기와 만날 수 있었다. 『인간 오성에 관하여』는 집필하기 시작한 지 거의 20년이나 걸려 출판되었는데, 그 책의 일부 글들은 네덜란드에 망명 중일 때 씌어졌다.

위쪽에 실린 로크의 초상화는 다음과 같이 만들어졌다. 먼저 원래의 초상화를 반전 기법이라는 사진술로 처리하여 윤곽을 그렸다. 그런 다음 로크 철학에 담겨진 감각의 중요성을 강조하려고 눈, 귀, 코, 입들은 텅 빈 투명한 종이(tabula rasa)로 덮은 뒤 다시 한 번 더 촬영한 것이다. ☑

■ Tabula Lasa. 편평한 판, 아무것도 씌어 있지 않은, 기록할 수 있는 판, 요컨대 백지라는 뜻이다. 아직 어떠한 외계의 인상도 받아들이지 않은 마음의 상태를 비유하기 위해 고대 이래로 사용되었던 비유이다.

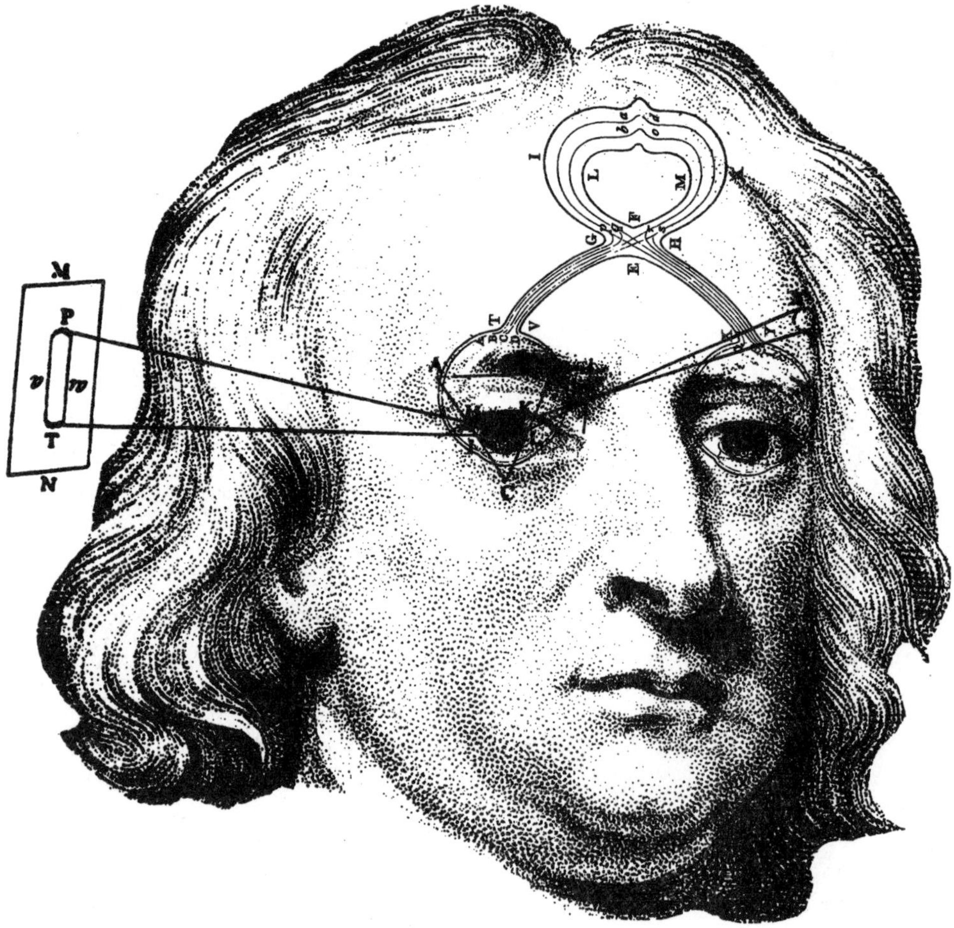

환영을 본 사람

아이작 뉴턴(Isaac Newton, 1642~1727)은 만유인력 법칙을 이론으로 정립하였고, 과학을 원인과 결과라는 결정론적 틀 위에 굳건히 올려놓았으며, 이러한 틀은 그후 몇 세기 동안 흔들리지 않았다. 뉴턴은 행성들의 움직임을 수학적으로 완벽히 기술할 수 있으며 모든 물체에 동일하게 중력의 법칙을 적용할 수 있음을 강조하여, 아리스토텔레스의 제1운동인과 같은 개념이 필요하지 않다고 주장하였다. 자연계에서 일어나는 현상들을 초자연적인 용어들로 설명해서는 안 되며, 시간, 공간, 물질, 힘 등과 같은 자연계의 용어들로 설명해야만 한다는 것이 그의 주장이었다. 뉴턴이 심리학에 직접적으로 공헌한 분야는 시각에 관한 연구이다 —— 빛의 본질을 밝히고 색상 혼합 법칙을 정립했으며, 시각 정보가 유지되는 시간을 측정하였고, 양쪽 눈에서 오는 시각 정보가 어떻게 결합되는지에 관해 많은 연구를 하였다. 시각에 관한 뉴턴의 연구는 1704년 출판된 『광학』(Opticks)에 소개되어 있으나, 그는 실제로 이보다 수 십 년 전에 시각에 관한 실험들을 시작했다. 그의 수많은 발견의 영감들은 대부분 대역병이 유행하여 케임브리지를 떠나 있어야 했던 시기(1665~1666)에 떠올랐다. 이때 그는 해마다 열리는 스타우어 브릿지 박람회에 가서 분광기를 샀는데, 그후 케임브리지로 돌아올 무렵에 행한 실험에서 그 기기를 사용하였다. 이 실험은 트리니티 칼리지의 한 암실에서 진행되었는데, 빛을 가리는 덧문에다 아주 작은 구멍을 뚫고 태양 빛이 분광기를 거쳐 흰색의 종이 위에 반사되도록 하였다. "백지 위에 색색의 스펙트럼 상이 나타났다. 굴절된 각도가 가장 작은 스펙트럼의 한쪽 끝에는 빨간 색이, 굴절된 각도가 가장 큰 다른 쪽 끝에는 보라색이, 그 사이로 노랑, 초록, 파랑이 나타났다. 이러한 현상은 색상의 차이는 바로 빛이 굴절되는 정도의 차이라는 제1명제와 정확히 일치하는 결과이다." 뉴턴은 한 옥타브에 일곱 음이 일정한 간격을 두고 있는 것처럼, 스펙트럼 안에 일곱 가지 색상이 있으며 이 일곱 색상들이 고정된 간격을 가진 원 모양으로 배열될 수 있다고 믿었다. 서로 섞어 무채색의 회색으로 되는 색상들은 서로 보색을 이루는 것으로서 원 모양에서 서로 마주보는 반대 위치에 자리하며, 흰색은 원의 중앙에 위치한다. 뉴턴의 색상 연구로 인해, 이후 색 연구의 대상은 물체에서 빛으로 바뀌게 되었다.

재빨리 움직이며 빛을 내는 물체를 관찰하던 중, 뉴턴은 시각 정보를 처리하는 데 무시하지 못할 정도의 시간이 걸린다는 것을 깨닫고 그 시간을 측정하려 했다. 또한 그는 시신경 경로를 해부하기도 했으며, 한 미발표 논문에서 시신경이 시신경교에서 부분적으로 교차된다는 사실을 가장 먼저 언급하기도 했다.

뉴턴은 링컨셔 지방의 작은 마을 울스토프에서 태어났다. 케임브리지 대학에서 공부하여 26세의 나이로 수학 교수가 되었다. 1699년 조폐소 소장으로 임명되었고, 1703년 왕립 학회 회장으로 피신되었으며, 1705년 후작 작위를 받았다. 왼쪽은 뉴턴을 대표하는 이미지라 할 수 있는 분광 스펙트럼, 시신경 경로와 함께 그를 표현한 것이다. ☑

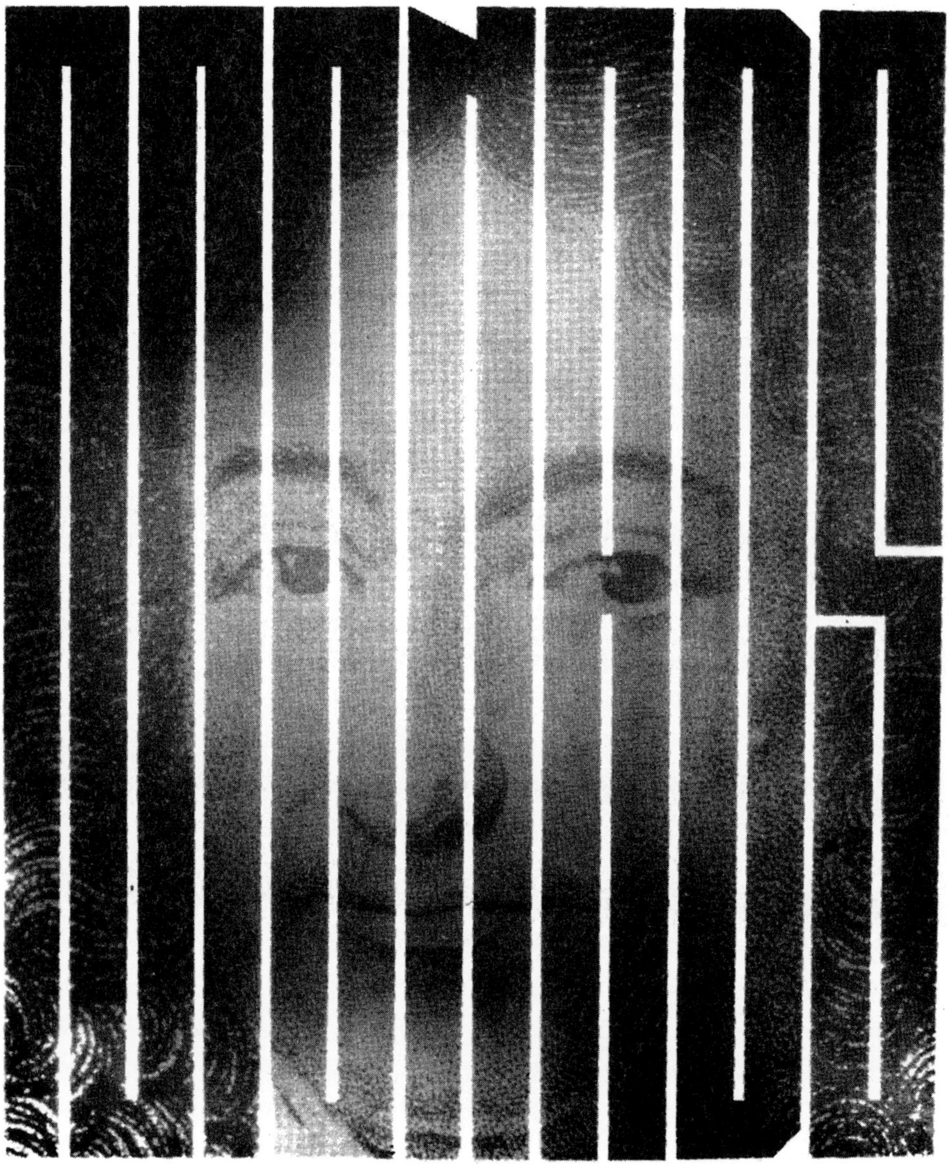

단자론자

고트프리트 빌헬름 폰 라이프니츠(Gottfried Wilhelm von Leibniz, 1646~1716)는 뉴턴과는 독립적으로 미적분 공식으로 수학분야에서 뛰어난 업적을 남겼다. 심리철학에 관한 그의 생각에는 수학적 특성이 많이 담겨 있다. 라이프니츠는 연장과 운동이 우주의 제1성질■이라는 데카르트와 로크의 주장을 거부했다. 길이와 운동은 계속해서 무한히 작은 부분들로 나뉠 수 있으므로 불변하는 성질이 아니라고 보았기 때문이다. 대신 그는 우주가 수많은 '모나드'(monad)들로 이루어져 있다고 주장했다. 모나드는 각각 내적 법칙에 따라 자기 발전하는 것으로 서로간에 아무런 영향도 미치지 않으며, 모나드의 작용은 지각표상으로 표현된다. 모나드들은 위계적으로 배열되어 있으며, 각각이 지니고 있는 세계에 대한 지각표상이 얼마나 밝고 분명한지의 정도에 따라 합리적이고 이성적인 모나드, 감각적인 모나드 혹은 단순한 모나드들로 나열될 수 있다. 단순한 지각표상들이 점점 많이 모이게 되면 의식에 드러날 수 있지만, 의식의 한계, 즉 식역(threshold)이라는 것이 있어서 식역 이하의 양이면 의식적으로 자각되지 않는다. 이로써 라이프니츠의 세계관에 무의식적 과정이 존재할 수 있는 가능성이 마련되었다. 마음에 대한 유물론적 입장을 비판할 때 라이프니츠가 쓴 강력한 은유는 그후 많은 이들이 사용하였다. "생각하고 느낄 줄 아는 기계적인 뇌를 상상해 보라. 이것은 제법 커서 주위를 돌아다닐 수도 있고, 우리들은 그것의 각 부분들이 움직이는 것을 볼 수도 있다. 그러나 과연 그것 안에 우리의 지각적 표상에 상응하는 무엇인가가 있다고 볼 수 있겠는가?"

라이프니츠는 라이프치히에서 태어났다. 아버지는 그곳의 교수였고 그는 아버지의 제자였다. 젊은 시절에는 파리와 런던을 여행하며 당대의 뛰어난 사상가들을 만났다. 그후 대부분의 시간을 마인츠의회와 하노버의회의 관료로 보냈고, 하노버에서는 도서관 사서로 일했다. 그는 베를린과 성 페테르스부르크의 과학아카데미 설립에 많은 공헌을 했다. 그의 관심은 광산업에서 마음의 문제에 이르기까지 다양했지만, 한 분야에서 무언가 마음먹었던 아이디어를 이루어내기 전에 관심을 다른 것으로 옮겨버리곤 했다. 사실 라이프니츠는 생전에 주위 사람들에게서 아주 재미있고 유쾌한 인물로 기억되었는데, 볼테르는 『깡디드』(*Candide*)에서 라이프니츠를 팽글로스 박사로 풍자했다. 거기서 팽글로스 박사는 자기 인생이 질병과 좌절의 연속이었음에도 불구하고 자신이 살고 있는 세상이 있을 수 있는 모든 세상들 중에서 가장 멋진 것이라고 믿는 낙천적인 철학자로 나타난다. 라이프니츠는 여러 분야에 걸쳐 저술들을 남겼고 여러 집단의 지성과 활발한 교류를 가지며 논쟁을 벌였으나, 그의 철학의 진정한 깊이는 그가 죽은 후 개인적으로 보관하고 있던 논문들이 발표되고 나서야 평가받기 시작했다.

삽화는 여러 개의 작은 조각들로 이루어졌는데, 그 조각들은 쉽게 조화를 이루며 라이프니츠의 초상화를 그려내고 있다. 그림에는 그의 트레이드마크인 긴 검은머리 가발도 보인다! 여기서 그의 초상을 보고 있을 때 각각의 개별적인 점들은 식역에 이르지 못해 지각되지 않는다. 모나드의 작용인 지각표상 그 자체와 마찬가지로 우리는 사물의 외양은 잘 보지만 그것의 바탕을 이루는 숨겨진 과정들은 잘 알아차리지 못한다. 삽화를 보면, 라이프니츠의 모습은 그의 체계를 이루는 기본단위들인 모나드 MONADS를 이루는 철자들 속에 담겨 있다. 이 낱자들 자체는 쉽게 식별되지 않는다. "…… 이러한 관찰들로 볼 때 다음과 같이 생각해 볼 수 있다. 우리가 지각할 수 있는 것들조차도 사실은 너무나 작아서 관찰될 수 없는 그러한 것들이 섞자 모여서 이루어진 것에 다름 아니다!" ☑

■ 제1성질(primary quality) : 로크가 사용한 용어로서, '물체가 어떤 상태에 있든지 항상 존재하며 그 물체와 분리될 수 없는 모든 성질'을 가리킨다. 밀도, 연장, 운동 혹은 정지, 수 등이 바로 그것이다. 제2성질(secondary quality)이란 '물체 자체의 성질이긴 하지만 그것이 있는 그대로 반영되지 않고 주관적 감각을 유발하는 것에 불과한 성질'로서, 빛깔, 소리, 맛 등이 그 예다.

거리 지각

조지 버클리(George Berkeley, 1685~1753)는 1709년 그에게 명성을 안겨 준 대표작 『새로운 시각 이론에 관하여』(*An Essay Towards a New Theory of Vision*)를 발표했는데, 이때 그의 나이 스물 넷이었다. 그는 사물의 드러난 외양이 전부라고, 즉 "존재하는 것은 지각되는 것"이라고 주장하여 로크의 경험론 철학을 더욱 세련된 것으로 만들었다. 이 명제는 유물론을 구성하는 토대인 물질의 존재 그 자체를 의심하고 있다. 만약 지각된 것이 우리가 가진 전부라면, 과연 어떻게 외부 세계가 객관적으로 존재함을 증명할 수 있을 것인가? 이러한 버클리 견해의 문제점은 지각된 것이 일시적인 것에 불과하다면, 존재 역시 그러하다는 결론으로 이어진다는 점이다. 눈을 감아 버려 더 이상 우리 눈에 보이지 않는 그 순간에는 사물 역시 더 이상 존재하지 않는다는 것인가? 버클리는 자기 자신의 관념 밖에 그 어떤 것도 존재하지 않는다는 유아론의 함정으로 빠져들지 않으려고 오직 신만이 객관적 외부의 실재를 지각할 수 있다고 주장했다.

버클리는 철저한 관념론자였지만, 우리가 어떻게 공간을 지각하는지 그리고 서로 다른 종류의 공간 감각들, 예를 들어, 시 감각, 체 감각, 중력 감각 따위들이 어떤 방식으로 통합되는지에 관한 이해를 진전시키는 데 중요한 역할을 하였다. 『새로운 시각 이론에 관하여』에서 그는 다음과 같은 말로 시작하고 있다. "나의 구상이란, 사람들이 주어진 시 감각들에 바탕을 두고 어떠한 방식으로 사물들의 거리, 강도 그리고 사물들이 처한 상황 등을 지각하는지를 보여주려는 것이다. 또한 시각적 관념과 촉각적 관념 사이에 어떤 차이점이 있는지, 그리고 두 유형의 감각들 사이에 어떤 공통된 관념이 있는지를 밝히고 싶다. 내 생각으로는, 거리 그 자체는 아무래도 눈으로 직접 볼 수 없다. 한 사물과 나 사이의 거리는 그 사물로부터 눈을 향해 그 길이 방향으로 뻗어 있는 선분이라 할 수 있으므로, 거리는 망막 상의 오직 한 지점으로만 투사된다. 그리고 그 투사된 점은 거리가 짧든지 길든지 늘 같은 자리로 변함이 없다." 그는 제안하기를, 우리는 거리를 눈으로 직접 보는 것이 아니라 시 감각과 촉감각을 연합하여 거리를 보는 법을 배우게 된다는 것이다. 나아가 사물에 초점을 맞추기 위해 양 눈을 모으거나 벌릴 때 움직이는 안근육이 중요하다고 보았는데, 그 근육이 수축되는 정도는 초점이 주어진 곳까지의 거리와 연관되어 있어서 시각에 연합될 거리 정보를 제공한다는 것이다. 버클리는 이러한 공간 지각 설명을 기하학적 광학에 바탕을 둔 해석보다 선호하였다. "선분과 각 그 자체는 진정한 의미에서 자연계 안에 존재하는 것들이 아니다. 그것들은 다만 수학자들이 가정한 가설적 존재일 따름이다. 수학자들은 이러한 가설적 존재들을 광학에 도입함으로써 과학을 기하학적인 방식으로 다루려 한다."

버클리는 아일랜드의 킬케니 근방에서 태어나, 1707년 더블린에 있는 트리니티 칼리지의 특별 연구원이 되었다. 그는 유럽 전체를 여행한 후 미국으로 건너가 버뮤다에 신학교를 세우고 1731년 돌아왔다. 1734년에 그는 클로인의 주교가 된 후 죽기까지 계속 주교로서 봉직하였다.

여러 점들로 이루어진 패턴 속에 버클리의 초상화가 숨어 있다. 점들은 점점 늘어져서 선분들로 변해 가는데, 선분들은 그중 오직 하나의 점인 그의 왼쪽 눈으로 향하고 있다. 나머지들은 선분들에 가깝게 보인다. 하나의 확장된 선분이 눈의 한 지점으로 투사된다는 그의 주장은 한쪽 눈으로 사물들을 바라볼 경우에만 타당하다. 왜냐하면 양쪽 눈으로 보면 선분은 한쪽 눈에만 점으로 보이고 다른 쪽 눈에는 늘어난 선으로 보이기 때문이다. 버클리는 '최소 가시량 —— 보일 수 있는 최소량'이라는 용어를 사용하여 시각의 역 개념에 가까이 접근하기도 했다. ☑

상식의 철학

토마스 리드(Thomas Reid, 1710~1796)는 버클리의 주관적 관념론과 흄의 회의론을 반박하고, 바깥 세계의 실재가 감각 기관들의 공통된 작용을 관찰함으로써 증명될 수 있으며 상식적 직관에 의해 지지된다고 주장하였다. "스콜라 철학의 궤변론자들은 자신들이 쳐 놓은 거미줄에 스스로 걸려들었다. 나는 진정코 아무런 의심 없이 내가 존재한다는 사실을 받아들이며 다른 사물들의 존재도 받아들인다. 그들이 아무리 반대되는 말을 지껄인다 하더라도 나는 눈이 하얗다는 것을 믿고, 꿀이 달콤하다는 것을 믿는다. 나 자신의 이성과 감각적 경험을 믿지 말라고 설득하려는 자가 있다면, 그 자는 바보이거나 아니면 나를 바보로 만들어 놀리려는 것임에 틀림없다." 이러한 주장으로 리드는 스코틀랜드 상식학파 철학을 창시했는데, 이 학파의 대표적인 추종자로는 두갈드 스튜어트(Dugald Stewert, 1753~1828), 토마스 브라운(Thomas Brown, 1778~1820), 윌리엄 해밀턴(William Hamilton, 1788~1856) 등이 있다. 이들의 사상은 19세기 미국 심리학의 발달에 많은 영향을 주었다. 상식학파는 '연합주의'(associationism)에 반대했는데, 특히 연합이 생리학적 관점에서 표현되는 것에 반대하였다. 리드는 또한 '능력' 심리학을 제안하였다. 능력은 마음의 고유한 속성으로서, 습관 또는 행동을 통제하고 지배한다. 그에 따르면, 심리학은 마음 및 마음과 관련된 행동들을 잘 기술(記述)하는 학문이며, 마음이 작용하는 바를 반성하고, 언어가 사용되는 방식을 분석하고, 행동을 잘 관찰함으로써 연구될 수 있다. 그는 극단적인 합리론자와 경험론 사이를 연결하는 다리를 놓았다. 그는 이성이 지닌 힘을 굳게 신뢰하면서도 경험적인 증거를 마련하려고 노력하여 적절히 균형을 이루었다. 그는 사팔뜨기들이 어떻게 하여 점차 이중 이미지를 극복해 나가게 되는지를 실증하기 위해 공간 지각에 관한 실험들을 하기도 하였다. "사팔뜨기들은 처음에는 하나의 사물을 보아도 두 개의 시각 이미지를 본다. 그러나 그들은 점점 한쪽 눈으로만 사물을 보려는 습관을 가지게 된다. 정확히 말하자면, 점점 더 잘 보이는 눈으로만 사물을 보려는 습관을 획득하게 되는 것이다. 그리하여 그들은 결국 다른 사람들이 보는 것과 전혀 다를 바 없는 이미지를 보게 된다." 이러한 주장을 실험적으로 뒷받침하기 위해 리드는 사팔뜨기 스무 명의 시력을 일일이 조사하였다. 그는 대상을 지각하는 것은 신의 도움으로 가능하지만, 감각은 물리적 대상 그 자체로부터 비롯된 것이라고 믿었다. 그에 따르면, 지각과 감각은 비록 언어적으로 비슷하게 묘사되긴 하지만 서로 다르다. 감각은 곧바로 감각 기관의 작용을 가리키나, 지각은 우리가 지각하든 하지 않든 항상 존재하고 있는 대상들과 관련되어 있다. 지각은 타고난 것일 수도 경험에 의해 획득된 것일 수도 있다. 이러한 감각과 지각을 분리하는 견해는 오늘날에도 심리학자들에게 계속되고 있다. 역설적이게도 오늘날 직접적 실재론의 대표자라 할 수 있는 깁슨(Gibson)은 이러한 구분을 폐기하였다.

리드는 스코틀랜드 북부 지방의 스트러챤에서 태어나 애버딘의 마리샬 칼리지를 졸업한 후 신학교에 입학하였다. 1752년 그는 애비딘의 킹스 칼리지의 철학 교수가 되었고, 1764년에는 아담 스미스(Adam Smith, 1723~1790)의 뒤를 이어 글래스고우 대학의 도덕 철학 교수로 임명되었다. 같은 해인 1764년 『인간 마음의 탐구 —— 상식의 원리에 관하여』(*An Inquiry into the Human Mind, On the Principles of Common Sense*)가 출판되었다. 그의 철학은 주로 상식의 철학으로 기억되고 있다. ☑

thoughts or
appearance to the mem
each other with a cer
regularity. In our more ſerious
this is ſo obſervable, that any pa
breaks in upon this regular tr
is immediately remarked and rej
ſucceeded each other
ſerved ſomething
tions. Or where the
ſecretly revolv
thought, which had
of converſation
we cannot
nearly

인간의 오성■

데이비드 흄(David Hume, 1711~1776)은 로크로부터 버클리로 이어지는 경험론자들의 계보를 잇는다. 그는 합리론자들의 원인과 결과라는 개념을 부정하며, 인과론에 대해 회의적인 태도를 취했다. 그에 따르면, 여러 사건들이 일정한 순서로 일어날 때 그 속에서 우리는 인과 관계를 지각하긴 하지만, 그것은 어디까지나 시간·공간상에서 인접한 인상들(impressions) 사이의 연합이 자주 되풀이되어서 비롯된 것일 뿐, 우리는 결코 참된 인과 관계의 성질을 알 수 없다. 따라서 흄은 회의론의 철학자로 자주 지칭된다. 경험론자답게 그 역시 모든 경험은 감각으로부터 유도됨을 인정하였으나, 외부 세계가 존재함을 보장하기 위해 버클리처럼 더 상위의 지각자, 즉 신에게 호소하지는 않았다. 그 대신 그는 외부 세계가 실재하는지 아닌지는 알 수가 없다고 보았다.

흄은 애딘버러에서 나고 죽었으며, 일생의 대부분을 영국과 프랑스에서 지냈다. 프랑스를 처음으로 방문하여 머물 때 그는 대표작 『인간의 본성에 관하여』(*A Treatise of Human Nature*)를 썼다(흄은 이 책을 1739년에 익명의 이름으로 출판하였고, 1740년에 자신의 이름으로 출판하였다). 이 책은 관찰과 실험에 기초하여 인간을 탐구하는 이른바 '인간 과학'(science of man)의 토대를 마련하였다. 8년 뒤 흄은 이 책의 내용을 좀 줄여서 『인간 오성에 관한 탐구』(*An Inquiry Concerning Human Understanding*)라는 제목으로 출판하였다. 흄의 '과학'은 뉴턴의 연역적 접근이 아닌 베이컨의 귀납적 접근을 그 모델로 삼았다. 흄은 인간이 활동하는 모든 영역에서 반드시 인간 본성에 대한 이해가 필요하다는 점을 사람들에게 알리기 위해 많은 노력을 기울였다.

흄은 '관념들의 연합'(association of ideas)을 매우 강조하였다. 비록 관념들 사이의 연합이라는 개념이 그리스 철학에서 생겨난 것이긴 하나, 그는 마음의 과학을 확립하는 데 있어서 자신이 기여한 공로가 있다면 그것은 단연 관념들 사이의 연합을 강조한 점이라고 생각했다. 이러한 면에서 그는 심리학, 특히 행동주의 심리학에 깊은 영향을 끼쳤다. 흄은 그의 책에서 처음에는 '관념들의 연결'(connexion of ideas)이라는 용어를 사용했지만, 바로 그 다음 페이지에서 일찍이 로크가 그랬던 것처럼 '관념들의 연합'이라는 용어를 사용하였다. 이어지는 페이지에서 그는 연합의 세 가지 원리로서 닮음, 시간 혹은 장소의 근접성, 그리고 원인-결과를 제시하였다. 근접성이란 서로 함께 자주 발생하였던 경험들을 기억해 낼 가능성을 가리킨다. 예컨대 맥주 한 잔을 보면 쓴맛이 생각나는 경우, 맥주 한 잔의 시각적 경험과 쓴맛의 미각적 경험이 서로 근접해 있는 것이다. 세 원리 중 가장 중요한 것은 원인-결과에 의한 연합이다. 어떤 사건들이 일정한 순서대로 일어나서 마치 인과적으로 관련된 것처럼 보일 때, 우리는 그 사건들을 함께 회상한다. 연못에 돌을 던지면 곧 이어 물결이 이는데, 이때 물 속으로 돌을 던지는 사건과 연못에 이는 물결은 함께 회상된다는 것이다.

닮음의 원리에 따른 연합의 예로서 흄은 "그림은 우리의 마음을 그 그림이 묘사하고자 했던 본래의 대상으로 자연스럽게 이끈다"고 말하였다. 왼쪽에 그려진 초상화에서 본래의 대상에 해당하는 것은 윌리엄 흄의 조판인데, 이 조판이 모델로 삼은 본래의 대상은 앨런 램세이가 그린 회화이다. ☑

■ 오성(悟性, Understanding)이란, 가장 넓게는 사고의 능력(로크 등의 경험론자들)을 뜻하고, 감성과 구별된 의미에서의 지력(라이프니츠)을 가리키기도 하며, 감성 및 이성과 구별되는 지력(칸트, 헤겔)을 의미하기도 한다.

고귀한 야만인

장 - 자끄 루소(Jean-Jacque Rousseau, 1712～1778)는 합리론자나 경험론자들과 사뭇 다른 철학적 줄기에 서 있다. 루소는 인간 행동을 결정하는 데 중요한 역할을 하는 것은 합리론과 경험론에서 각기 주장하는 이성이나 경험이 아니라 감정과 정서라 주장하며 낭만주의 운동의 도래를 예고하였다. 홉스의 염세주의적 인간관과 달리, 루소는 인간은 본디 선하며 단지 사회의 나쁜 영향을 받아 잘못 성장할 수 있을 뿐이라고 생각했다. "모든 도덕의 근본 원리는 '자연 상태의 인간은 정의와 질서를 사랑하는 선한 존재이고, 인간의 마음속 어디에도 본디 사악함이라곤 없으며, 인간 본성의 첫 움직임은 항상 옳다'라는 사실이다." 『사회 계약론』(*The Social Contract,* 1762)에서, 루소는 공동체적 삶이 가능한 것은 사회의 이익이 되도록 작용하는 보편적 의지 때문이지만, 그 사회를 구성하는 개인들의 욕구가 반드시 조화로운 것만은 아니라고 말하고 있다. 따라서 사회 제도가 주는 제약들을 벗어난 개인, 즉 '고귀한 야만인'(noble savage)은 자유로울 뿐 아니라 행복하다. "이 지상에 존재하는 모든 좋은 것들은 그 모든 것의 창조자인 자연의 손으로부터 나온 것이며, 이 좋은 것들은 인위적인 인간의 손에 의해 타락해 간다."

아동들의 발달 과정을 그려 놓은 『에밀』(Emile, 1762)에서 루소는 교육의 중요성을 강조하고 있다. 그는 아이들의 타고난 호기심에 교육의 중점을 두어야 하며, 교육이란 바로 아이들의 타고난 본성에 따라 일어나는 능동적인 획득 과정인 동시에 선생과 아이들 사이에 오가는 상호 작용을 통해 후천적으로 계발되는 과정이라고 보았다. 우리는 아이들을 결코 '불완전한 어른'으로 생각해선 안 되며, 교육에 의해 자극 받아야만 될 긍정적 소질을 가진 존재로 여겨야 한다. 이렇게 루소는 심리학의 지평에 발달 개념을 단단하게 심어 놓았다.

스위스의 제네바에서 태어난 루소는 불우한 어린 시절을 보냈는데, 태어나자마자 어머니를 여의고 열 살이 되던 해 아버지로부터 버림받았다. 그는 『고백』(*Confessions*)이라는 네 권으로 된 책에서 놀랄 만큼 솔직하게 자신의 인생을 기록하고 있다. 비록 결혼하지는 않았지만, 루소는 글을 읽을 줄도 쓸 줄도 모르는 하녀와 함께 지내면서 다섯 명의 아이를 낳았다. 그러나 루소와 그녀는 그 다섯 아이를 직접 기르지는 않았다.

루소의 도덕 철학은 당시 많은 반대와 비판으로 인해 어려움을 겪었다. 실제로 1762년에 출판된 『사회 계약론』과 『에밀』로 인해 체포 영장이 발부되어 그는 파리를 떠나야만 했다. 데이비드 흄은 루소에게 영국에 오면 친구처럼 도와주겠다고 제안하였다. 처음에 그들은 편지를 통해 서로의 심정을 솔직하게 토로하였지만, 정작 직접 만나고 나서는 처음의 우정이 점점 적대감으로 바뀌어 갔다. 흄이 말을 빌리자면, 루소는 "정직한 야만인"에서 "음흉한 악당"으로 변해 갔다. 결국 루소는 파리로 되돌아왔고 죽기 전까지 비교적 자신의 처지에 만족하며 보냈다.

삽화는 발달의 궁극적인 단계를 나타내는 동시에 그가 결국 택했던 야만인들에게 얼마나 숭앙받는지의 정도를 무덤의 풍경을 통해 상징적으로 그리고 있다. 그는 살아 있는 동안보다 죽어서 더 명성을 얻었다. ☑

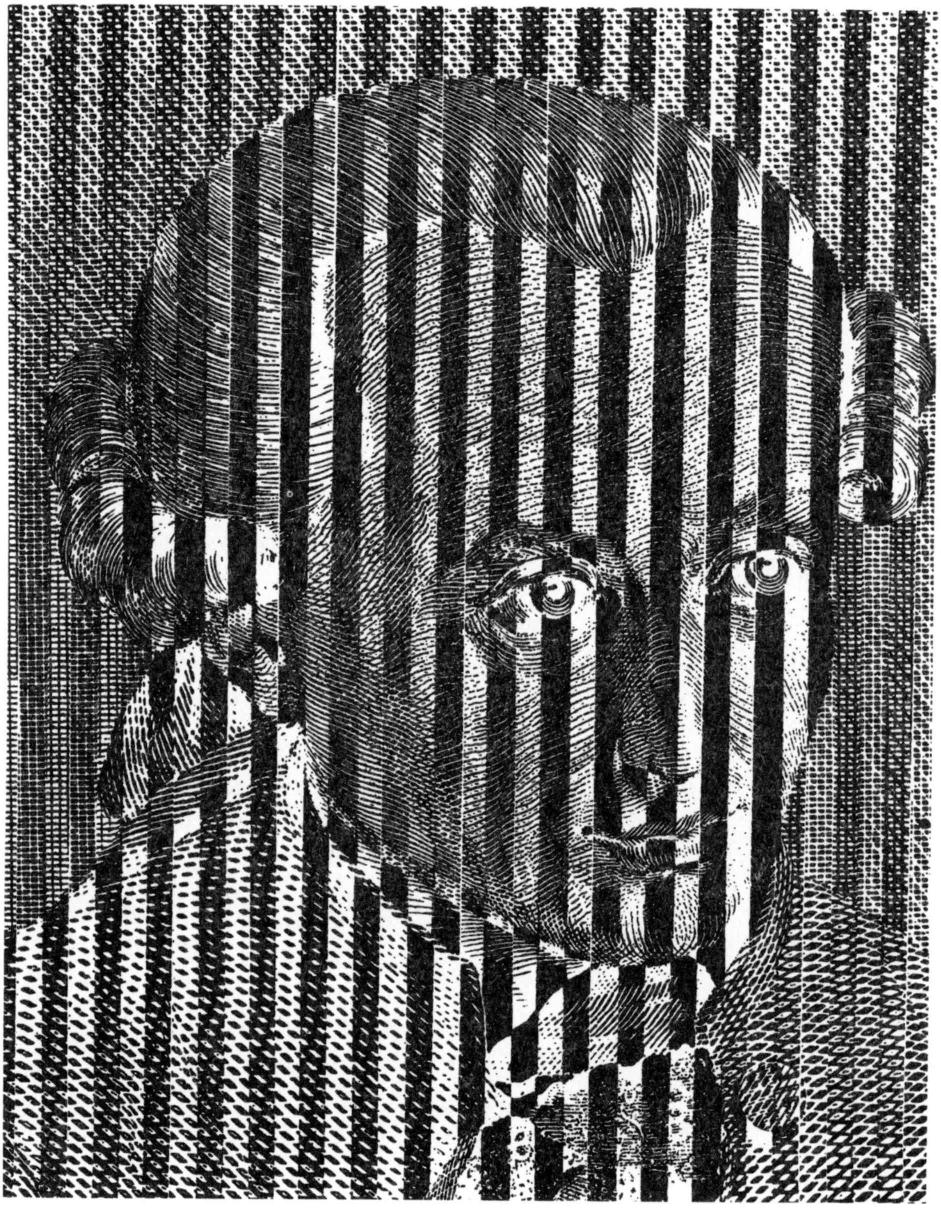

통각

임마누엘 칸트(Immanuel Kant, 1724~1804)는 처음에 교조적인 라이프니츠 추종자였으나, 인과율에 대한 흄의 분석을 읽고 "독단적인 침묵"에서 깨어나게 되었다고 한다. 칸트는 합리론과 경험론 중 그 어느 한쪽에 치우치지 않으면서 양자로부터 마음에 대한 초월적(transcendental) 이론을 이끌어 내어 발전시켰다. 경험으로부터 관념을 설명하려 한 흄과 반대로, 칸트는 개념들로부터 경험을 설명하려 했다. 칸트에 따르면, 우리가 의식하고 있는 현상 세계는 우리가 인지적으로 구성해 낸 것이다. 그는 모든 지식이 경험에서 시작하지만 수동적인 방식으로 다루어지는 것이 아니라고 보았다. "비록 우리가 가진 모든 지식이 경험에서 시작하긴 하나, 그렇다고 해서 결코 모든 것이 경험에서 비롯되는 것은 아니다. 우리가 지닌 경험적 지식이란 바로 감각 인상들을 통해 받아들여진 것과 인지적 능력 자체가 제공하는 것들이 함께 이루어 낸 것이기 때문이다." 공간과 시간에 대한 직관과 같은 관념들은 경험과는 독립적인 것으로 생각되며, 세계를 지배하는 질서를 인식하는 데 사용된다. "공간은 대상들의 어떠한 속성도 '물 자체'(物自體, things in themselves)*로 표상하지도 않고, 대상들을 서로들 사이의 관계들로 표상하지도 않는다". 칸트는 데카르트보다 훨씬 구체적인 방식으로 생득론을 옹호한다. 지각은 감각들이 집적되어 나타나는 수동적인 과정이 아니라 감각들을 능동적으로 체제화해 내는 과정이다. 그는 사물들의 세계(things)와 그것들이 겉으로 드러난 세계(appearance)를 구분하고 후자, 즉 심리학이 다루고자 하는 세계를 과연 과학적으로 탐구할 수 있는지에 대해 회의적이었다. 다시 말하자면, 그는 마음의 세계가 엄밀하게 측정될 수 없으며, 그래서 과학으로 분류될 수 없다고 보았다. 그럼에도 불구하고 칸트의 사상은 심리학 전반에 걸쳐 오랫동안 영향을 주었고, 특히 게슈탈트 심리학의 출현은 그의 사상에 힘입은 바 크다. 칸트는 『인류학』(*Anthropology*, 1798)에서 인간 본성에 대한 글을 쓰긴 했지만, 오히려 심리학과 관련된 칸트 철학의 주요 특징이 잘 담겨진 책은 『순수 이성 비판』(*Kritik der reinen Vernunft*, 1781)이다.

칸트는 고향인 쾨니히스베르크에서 거의 떠나질 않았다. 그곳에서 그는 공부하고 강의하였으며, 1770년부터 죽을 때까지 논리학 및 형이상학 교수로 재직하였다. 그는 아주 꼼꼼하고 까다로운 성격의 사람으로 대중을 멀리하였다. 그의 일과는 너무나 규칙적이어서 이웃 사람들은 칸트의 행동을 보고 시계를 맞출 정도였고, 만약 그가 일과를 깨뜨리기라도 하면 그 사실이 온 동네 사람들의 관심을 불러일으켰다. 그런데 루소의 『에밀』에 정신없이 빠져들어 꼭 한번 산책 시간에 늦은 적이 있다고 한다! 그가 죽자 쾨니히스베르그 시민들은 그를 기려 성대한 장례식을 치렀다고 하는데, 이는 학계에서는 좀처럼 보기 드문 장면이었다.

칸트는 데카르트가 궁극적 실재로 삼았던 자기 혹은 자아(self or ego)를 "통각의 초월적 합일"(transcendental unity of apperception)로 대체하였다. 통각이란 우리의 경험에 질서를 부여하여 의미를 획득하는 능동적인 작용을 가리키는데, 칸트의 초상화에 그것을 적용하여 표현해 보았다. 이웃해 있는 세로 방향의 띠들이 서로 밝거나 어두우면서 내비를 이루고 있음에도 불구하고, 일정한 패턴을 띤 배경(ground)으로부터 구별되어 칸트의 얼굴이 전경(figure)으로 떠오르고 있다. ☑

* 독일어로 Ding an sich. 칸트의 용어로 경험을 초월해 있는 대상을 말하며 본체(noumenon)라고도 한다. 칸트에 따르면, "우리의 감각에는 우리의 외부에 존재하는 대상으로서의 사물이 주어지긴 하지만, 그러한 사물들이 그 자체에 있어서 어떠한 것인지에 대해서는 우리로서는 알 수 없으며 다만 그들의 현상, 다시 말하면 사물이 우리의 감각을 촉발함으로써 그것이 우리 내부에서 생겨나도록 하는 표상만을 알 수 있을 뿐이다."

동물 자기장

프란츠 안톤 메스머(Franz Anton Mesmer, 1734~1815)는 의학자였는데, 그로 인해 의학은 이후 역동 심리학을 태동시킨 주요한 학문적 줄기들 중의 하나가 되었다. "신성한 육체 및 이것이 지닌 지구의 작용에 관여하는 속성을 '동물 자기장'(animal magnetism)이라 부른다." 물리적 자기장은 베이컨과 같은 시대에 살았던 윌리엄 길버트(William Gilbert, 1544~1603)에 의해 처음으로 밝혀졌는데, 이 개념은 신경계에 미묘한 영향을 끼치는 것으로 알려져 있었다. 메스머는 동물 자기장에 관해 다음과 같이 말하고 있다. "모든 신체는 마치 자석처럼 이러한 자기장의 원리에 따라 서로 의사 소통할 수 있다. 또한 이것의 흐름은 전기적 흐름과도 같아서 모든 것을 관통할 수 있고, 저장될 수 있고, 한 곳에 집중될 수도 있다. 그리고 그것은 다소 거리를 두고 떨어져 있어도 작용한다." 더 나아가 이러한 자기장의 힘을 발전시키면, "신경계의 장애를 직접 치료할 수 있고 다른 질병들도 간접적으로 치료할 수 있다."

비엔나에서 내과 의사로 지내는 동안 메스머는 환자들에게 자성을 띤 철 막대를 손에 쥐게 하여 효험을 본 놀라운 치유 결과를 과학적으로 설명해 보려고 하였다. 그는 자신의 치료 절차가 환자의 동물 자기장과 주위 환경의 자기장 사이에 깨어졌던 평형을 다시 복구시키는 결과를 가져온다고 생각했다. 나중에는 자석 막대를 사용하지 않고 율동감 있게 움직이기, 일시적으로 신체를 정지하기, 신체 안마 등으로도 치료 효과가 나타났다. 학문적인 명예를 얻고 싶었던 소망에도 불구하고 1778년 메스머는 강제로 비엔나를 떠나 파리로 옮겨가야만 했다. 비엔나와 마찬가지로 파리에서도 그의 의술은 여전히 의심받았다. 그러나 1784년 드디어 메스머의 주장이 공식적으로 거론되어 검증받을 기회를 가지게 되는데, 그 검증은 각각 과학자들과 내과 의사들로 구성된 두 위원회가 맡았다. 두 위원회가 내린 결론은 동물 자기장 따위는 존재하지도 않는다는 것이었다. 위원회는 그의 치료법이 때로 효험을 보인다 하더라도 그것은 어디까지나 상상이나 거짓으로 그런 체하는 것일 뿐이라고 말하였다. 위원회는 메스머의 치료법을 연구하는 과정에서 오늘날 일종의 사회 심리학적 실험이라 할 만한 것을 했는데, 실제로 주어지는 자극 조건들을 동일하게 통제하면서 기대 효과를 변인으로 조작함으로써 자기장의 흐름을 사용하지 않고도 환자의 기대로 인해 똑같은 효과가 나타날 수 있음을 보여주었다. 이 사건으로 인해 메스머의 명예는 실추되었고 그는 망각 속으로 사라져 갔다. 그러나 그가 발견해 낸 자기장의 작용 과정은 계속 살아남아서 후에 메스머리즘(mesmerism)이라는 새로운 이름을 얻었다. 일종의 변형된 의식 상태라 할 수 있는 마취 상태가 수술할 때 쓰일 수 있다는 점을 일찍이 깨달았던 제임스 브레이드(James Braid, 1795~1860)는 메스머리즘을 최면으로 변형시켰다.

메스머가 최면 회합(mesmeric séance)을 열어 환자들을 치료하는 모습을 그의 초상화와 함께 그려 놓았다. 그는 환자들 여럿을 모아 함께 치료하기를 좋아했고, 치료 과정을 마치 연극을 하듯 치밀하게 연출했다. 환자들은 전선으로 서로 이어진 채 이른바 "자기장"이 흐르는 욕조에 둘러앉아서 물 위로 튀어나온 쇠막대를 쥐고 있다. 자기장을 만들어 내는 사람들인 메스머와 그의 조수들이 환자들 사이를 오가며 이따금씩 아픈 곳을 두드려 주곤 하였다. 치료 중에 환자들은 자주 발작을 일으키곤 했는데, 이때는 벽에 천을 덧댄 중환사실로 옮겨졌고 이 방에서 거의 의식을 잃는 실신 상태에 빠졌다가 정상으로 되돌아오곤 했다고 한다. ☑

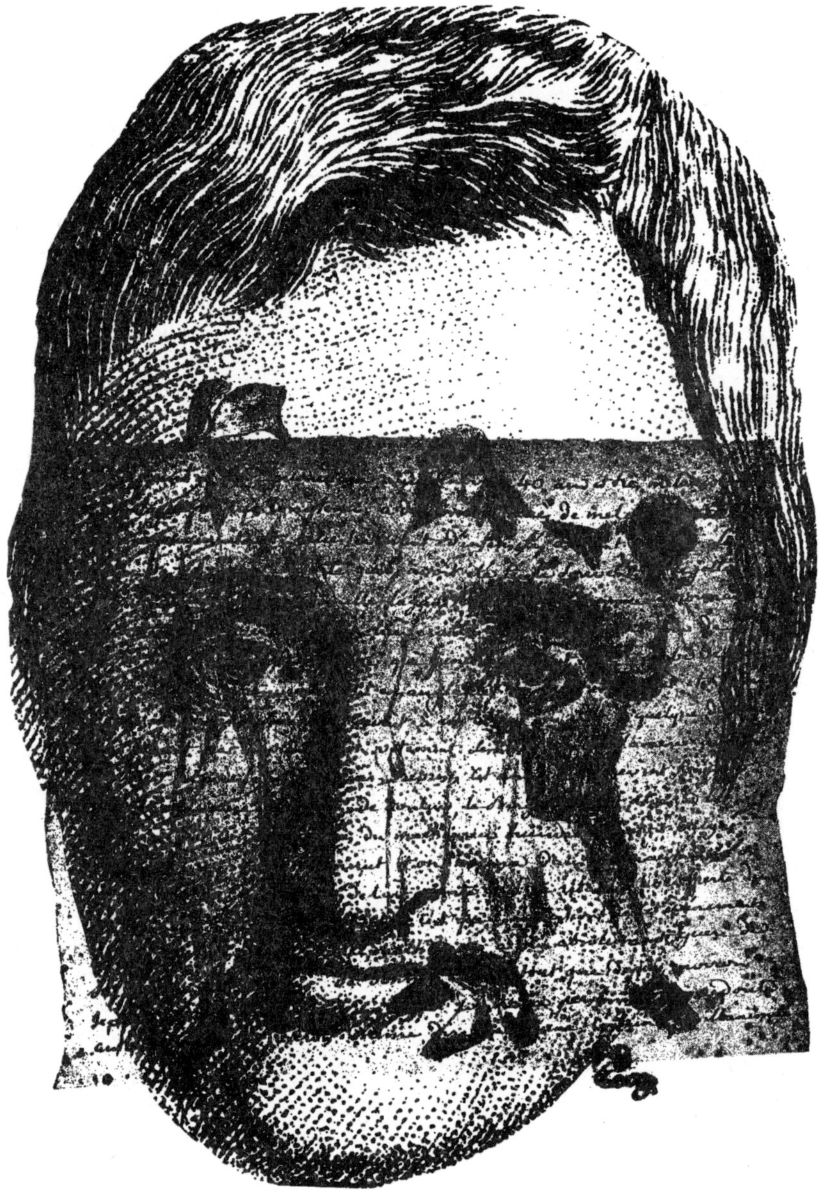

해방론자

메스머가 파리로 떠난 바로 그 해, **필리페 피넬**(Philippe Pinel, 1745~1826)도 의료 실습을 하러 파리로 갔다. 그러나 피넬의 관심은 메스머와 매우 달랐다. 피넬이 다룬 환자들은 도시의 상류층 부인들이 아니라 정신병 수용소에 갇혀 지내는 헐벗고 절망에 빠진 이들이었다. 그 무렵 수용소의 상태는 매우 끔찍하였다. 한 보고서에 기록된 것을 보면, 침대가 턱없이 모자라 환자 수가 침대 수의 무려 네 배에 이르렀으며, 많은 환자들이 쇠사슬에 묶여 있었다고 한다. 1792년 비쎄트르 수용소의 주임 내과 의사로 발령받자마자 피넬은 병원에서 환자들을 묶어 놓은 사슬을 풀라고 명령했다. 프랑스 혁명 정부는 이러한 피넬의 결정을 문제삼고 그 이유를 해명하라고 요구했다. 혁명 정부가 부르짖었던 자유는 아마 프랑스인들 모두에게 허락된 것은 아니었던 듯하다. 피넬은 혁명 정부로부터 "저 짐승 같은 무리들을 풀어 준 걸 보면" 그 자신도 미쳐 버린 것에 틀림없다는 비난을 받자 다음과 같이 맞받아쳤다. "확신컨대, 정신 질환을 가진 사람들이 저토록 다루기 힘든 지경에 이른 것은 신선한 공기와 자유를 빼앗겼기 때문이다." 사실 수용된 사람들 모두가 계속해서 쇠사슬에서 풀려난 것은 아니었으며, 많은 사람들은 너무나 오랫동안 사슬에 묶여 지낸 탓에 심각한 심리적 상처를 입어서 사슬을 풀어 주어도 자유로이 움직일 수 없었다. 이렇듯 한계가 있었음에도, 피넬은 자신의 결정이 성공적이었다고 생각하며 다음과 같이 말했다. "정신 질환자들은 처벌받아 마땅한 범죄자들과 아무런 상관이 없다. 우리는 참혹한 고통을 겪고 있는 저들을 따뜻한 인간애로 보살펴 주어야 한다. 우리는 아주 간단한 방법으로 그들이 이성을 되찾도록 도와줄 수 있다." 그가 말하는 간단한 방법이란, 자주 환자들을 찾아가서 이야기를 나누며 그들의 행동과 반응을 꼼꼼히 기록하는 것이다. 이처럼 개인의 사례사에 대한 기록을 강조함으로써 정신 질환 치료에 인간 중심 접근의 기초를 마련한 점도 피넬의 공헌이라 할 수 있다. "의학 분야 중에서 정신 의학만큼 풍성한 열매를 거두고 있는 곳도 드문데, 그 까닭은 정신 의학은 도덕 철학이나 인간 본성을 이해하려는 오래된 노력과 가까이 연결되어 있기 때문이다. 다른 한편으로 정신 의학만큼 수정되거나 사라져야 할 많은 편견과 잘못들로 가득 차 있는 분야도 드물다."

1795년 피넬은 살페트리에르 병원의 원장으로 승진하는데, 이곳의 상황도 비쎄트르 수용소와 다를 바 없었다. 다른 점이라곤 장소가 감옥이 아니라 병원이라는 점뿐이었다. 몇 해에 걸친 혁명과 잇따른 대혼란의 격동기를 거치면서도 피넬은 자신의 원칙을 꿋꿋하게 밀고 나갔다. 가장 먼저 영국이 피넬처럼 정신 병원을 운영하고 환자들을 다루기 시작했고, 그후로 이러한 움직임은 전 세계로 널리 퍼져 나갔다.

사슬로부터 환자들을 해방시킨 피넬의 조치는 매우 큰 상징적 의미를 지닌다. 그러한 피넬의 위대한 업적을 상징하는 두 그림이 있는데, 그중 하나가 초상화 속에 그려져 있다. 초상화에 겹쳐진 또 다른 그림은 피넬이 손수 한 환자의 행동을 기록한 원고이다. ☑

낭만으로 가득 찬 눈

요한 볼프강 폰 괴테(Johann Wolfgang von Goethe, 1749~1832)는 매우 인기 있는 시인이자, 소설가이자 극작가였으며 과학 및 철학 분야에도 많은 글을 남겼다. 그의 대표작 『파우스트』(*Faust,* 이 책은 1808년, 1831년 두 차례에 걸쳐 출판되었다)는 한 방황하는 마법사가 초인적 힘을 얻는 대가로 자신의 영혼을 판다는 내용을 담고 있다. 이 책은 일찍이 프로이트에게 큰 영향을 미쳤으며, 그것에 담겨 있는 괴테의 신념, 즉 선과 악이라는 서로 대립하는 두 힘이 삶을 이끌어 나간다는 것은 융의 심리학에 와서 다시 살아나고 있다. 많은 낭만주의 철학자들과 마찬가지로, 괴테는 실험이 자연을 연구하는 데 너무 제약이 많다고 보아 반대하였다. 그는 자연 현상을 날카롭게 직관하여 관찰할 것을 제안하고, 실험 대신에 이른바 현상학적 방법을 사용할 것을 주장하였다. 현상학적 방법은 『색채 이론』(*Zur Farbenlehre,* 1810)에 잘 드러나 있는데, 이 책에서 괴테는 색채 연구에서 뉴턴의 '물리학주의'(physicalism)■와 자신의 관찰법을 서로 대비시키며 다음과 같이 뉴턴을 비판하고 있다. "(뉴턴이라는) 이 대단한 수학자는 색채의 물리적 기원에 대해 완전히 잘못된 생각에 사로잡혀 있다. 그러나 기하학자로서 쌓은 그의 대단한 권위에 혹한 세상 사람들은 잘못된 선입견에 사로잡혀서 실험주의자랍시고 그가 저지른 수많은 실수들을 아무런 생각 없이 그냥 받아들이고 있다." 괴테에 따르면, 흰색의 빛은 여러 다른 색깔의 빛들로 혼합된 것이 아니라 순수한 것으로서 분리 불가능한 것이다. 괴테는 색채 지각을 실험적으로 연구하려 하지 않고 관찰하여 기술하고자 했다. 그는 우리에게 지각된 색채를 '생리적 색채'라 부르고 빛의 굴절로 인해 생기는 '물리적 색채'와 구별하였다. 어느 날 괴테는 흰색의 빛을 여러 색의 빛으로 분리해 보인 뉴턴의 실험을 반복해 보려고 프리즘을 빌렸다고 한다. 그러나 그는 잘 사용할 줄을 몰라서 그 실험에 실패하고 말았다. 프리즘을 빨리 돌려 달라고 재촉 받자, 괴테는 자기 눈에 프리즘을 대고 흰색 빛을 바라보고는 "이것 봐. 여전히 흰색이잖아"하고 결론 내렸다고 한다! 괴테의 색채 이론은 과학자 집단에 의해 한 번도 진지하게 받아들여진 적이 없었지만, 그가 관찰한 현상들은 여전히 많은 지지를 받고 있다. 그는 색채 잔상 효과, 광삼(光滲) 현상■■, 색채 그림자, 색맹, 색채 대비 효과, 명도 대비 효과 등 많은 신기한 지각 현상들을 보고하였다. 예를 들어, 똑같은 크기의 물체라 하더라도 큰 것 옆에 놓이면 작아 보이고 작은 것 옆에 놓이면 커 보이는 것처럼, 한 종이의 색채나 밝기는 그것 옆에 놓인 종이의 색채나 밝기가 변함에 따라서 달라 보인다(색채 혹은 명도 대비 효과). 괴테는 여러 과학 분야에 상동 기관과 같은 비교 해부학 개념들을 끌어 들었다. 이러한 개념들은 특히 다윈에 많은 영향을 주어 진화론의 출현에 많은 역할을 하였다.

괴테는 마인 지방의 프랑크푸르트에서 태어났고 슈트라스부르크에서 법률을 공부했으나 법률 공부를 그다지 좋아하지는 않았다. 그는 문학 자업의 성취를 인정받아 바이마르 재판소로 초대되어 봉직했으며 남은 일생을 그곳에서 보냈다.

왼쪽에 그려진 검고 흰 마름모들이 대비를 이룬 무늬는 그의 책 『색채 이론』에 그려진 그림을 본떠 그린 것이다. 자세히 보아야 겨우 보일 정도로 아주 조금씩 마름모 크기가 변화하면서 날카로이 빛나는 눈 —— 이것은 바로 괴테의 왼쪽 눈이다 —— 을 그의 그림자 속에 만들어 내고 있다. ☑

■ 모든 과학의 명제는 물리학적 명제로부터 논리적으로 구성되어야 하며 물리학을 기초로 하여 모든 과학을 분과로 하는 통일 과학이 가능하다고 보는 입장을 물리학주의라 부른다.

■■ 색채 잔상 효과 : 오랫동안 한 색깔을 응시한 다음 흰 종이로 시선을 옮기면 원래의 색과 보색인 색이 보이는 현상.

광삼 현상 : 발광체를 어두운 곳에서 보면 실재보다 더 커 보이는 현상.

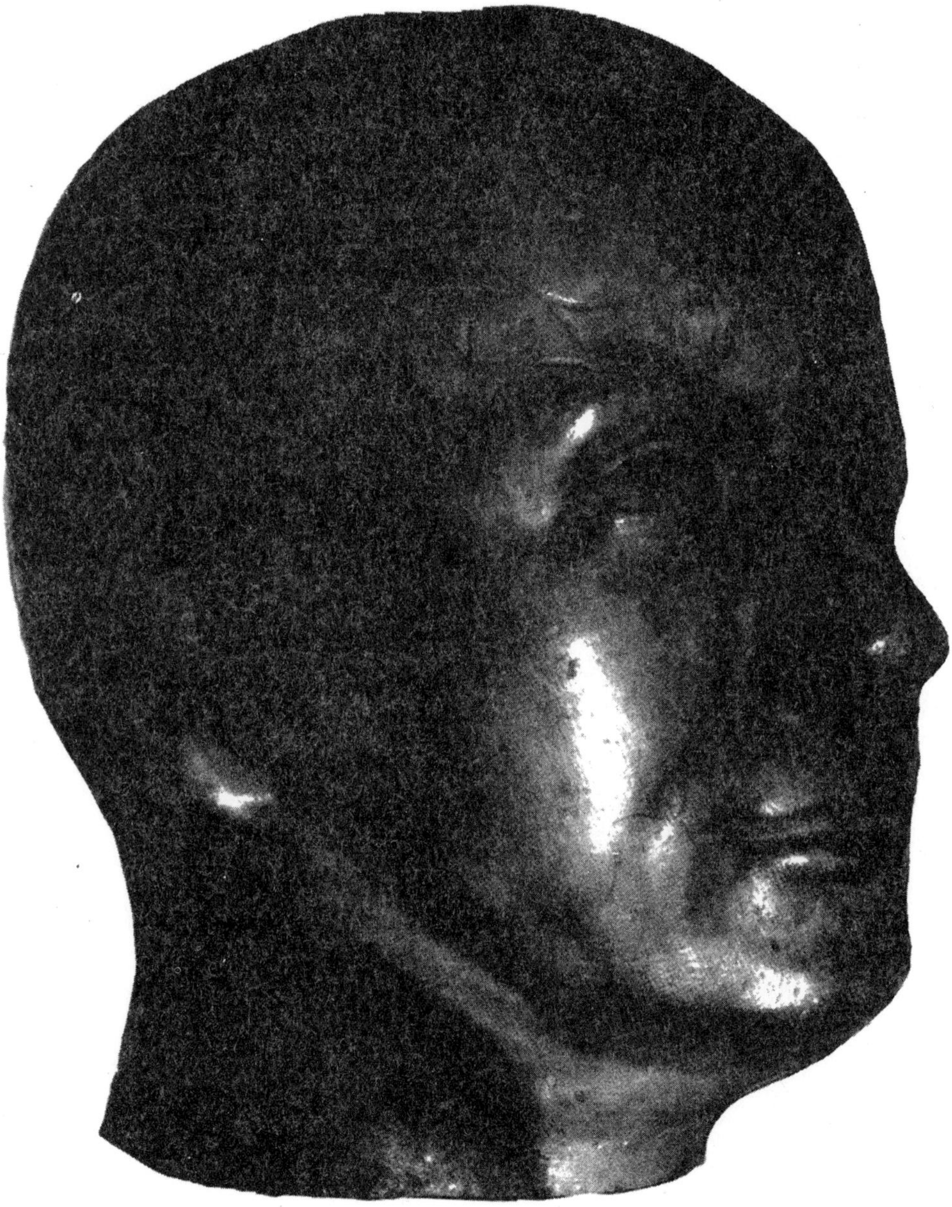

지도가 그려진 갈의 머리

프란츠 조셉 갈(Franz Joseph Gall, 1758~1828)은 심리학적 사고를 하는 데 의학과 생리학을 도입하였다. 19세기 초에 이르러 해부학자들은 뇌의 신경 경로들을 점점 더 정확하게 분리하기 시작했고, 이에 따라서 신경계의 기능이 하나 둘씩 밝혀졌다. 해부학과 생리학적 발견에 힘입어 과학자들은 '뇌 구조가 개인에 따라 어떻게 다른지', '외상이나 질병이 뇌 기능에 어떠한 문제를 일으키는지' 등을 연구하였다.

독일에서 태어난 갈은 슈트라스부르크에서 의학을 공부하고 비엔나로 가서 수련을 받은 후 유럽 최고의 신경 해부학자라는 명성을 얻었다. 1791년에 갈은 대뇌 피질의 특정 영역이 특정한 마음의 기능을 담당한다는, 이른바 '대뇌 국지화'(localization of mental functions) 이론을 주장하였다. 갈은 또한 대뇌 피질을 회질과 백질로 구분한 최초의 인물이기도 하다. 이처럼 시대를 앞서간 갈의 업적은 그의 동료 스푸르츠하임(Johann Gaspar Spurzheim, 1776~1832)과 함께 이룩한 것이며, 순서로 보면 골상학에 관한 연구보다 훨씬 먼저 발표되었다. 그러나 실제로 갈을 유명하게 만든 것은 그의 골상학(phrenology) —— 두개골의 외양으로 그 사람의 성격을 진단하는 학문 —— 연구이다. 19세기 초에 갈은 비엔나에서 뇌 기능에 관한 자신의 이론을 주장하다가 그만 직장을 잃고 말았다. 그 당시 갈의 생각은 매우 생소하고 이단적으로 들렸던 모양이다. 직장을 잃은 갈은 스푸르츠하임과 함께 유럽 전역을 돌며 골상학 강의도 하고 머리 모양을 보고 성격을 진단하는 시범도 보여주었다. 그의 이 순회 강연은 엄청난 성공을 거두었다. 메스머가 동물 자기장 이론으로 곤욕을 치른 것처럼, 갈의 골상학 이론도 파리의 왕립 위원회(피넬도 이 위원회에 참석했다고 한다)의 조사를 받았다. 결론은 역시 부정적이었다. 한편으로 골상학 자체는 너무나 대중화되어 "두개골 속을 들여다보는 추론법"(cranioscopical inferences)과 같은 터무니없는 기법을 개발하기에 이르렀고 극단적인 주장을 일삼아 결국엔 웃음거리가 되어 사라져 갔다. 다른 한편으로 갈은 점차 대뇌의 특정 영역이 담당하는 마음의 기능이 무엇인지를 알아보는 쪽에 연구의 초점을 맞추었다. 이러한 그의 관심은 마음의 기능이 뇌의 전 영역에 분산되어 존재한다는 플로렌스(Flourence)의 '대뇌 등위'(equipotentiality) 이론과 대비되었다. 갈의 주장 몇 가지를 예로 들면, 신경 핵■들은 위계적인 조직을 이루고 있다, 행동의 원천은 바로 대뇌 피질에 있다, 다양한 종류의 기억이 전두엽 피질의 곳곳에 흩어져 있다, 말하는 기능 또한 전두엽이 담당한다는 것이다. "내 모든 연구의 목표는 신경계, 특히 뇌의 기능이 무엇이며 그것이 어떠한 법칙에 따라 조직화되어 있는가를 밝히는 것이다. …… 첫째, 도덕심과 지적 성향은 생득적인 것이다. 둘째, 그러나 그러한 성향이 발현되는 과정은 뇌가 어떤 식으로 조직화되는지에 달려 있다. 셋째, 뇌가 바로 마음의 기관이며 다른 어떠한 것도 마음의 기관일 수 없다. 넷째, 마음의 기본적인 능력들이 서로 독립적이듯 뇌 역시 독특하고 독립적인 여러 기관들로 이루어져 있다. 이들 네 가지 명백한 원리가 바로 뇌 생리학 전체의 토대를 이룬다."

여기서 보여주는 조각된 갈의 머리 양쪽에 골상학의 표식이 그려져 있다. 원래 이 조각의 머리 왼쪽은 숫자와 함께 채색되어 있었다. 우선 석판본 초상화에 나타난 갈의 머리 방향과 일치하도록 조각상의 방향을 돌려 놓은 다음, 그 위로 갈의 초상화를 찍은 슬라이드를 투영시켰다. 이리하여 골상학의 지도만 그려진 조각상에 세밀하게 묘사된 갈의 얼굴이 겹쳐진 사진을 촬영할 수 있었다. ☑

■ 신경 세포의 세포체들이 덩이지어 모여 있는 것.

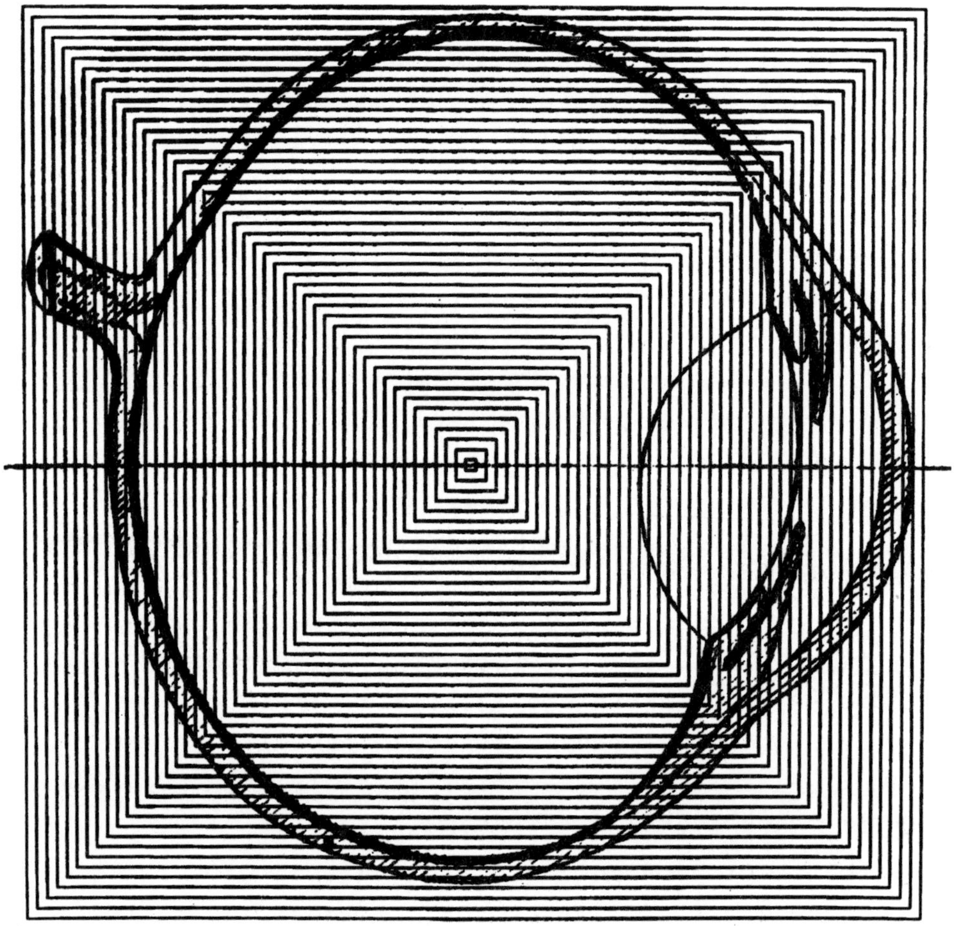

검안기

토마스 영(Thomas Young, 1773~1829)은 물리학자이자 숙련된 내과 의사이기도 했지만, 문헌학자이자 암호 해독가이기도 했다. 실제로 로제타 석(Rosetta stone)의 암호문(고대 이집트 문자의 해독)은 그에 의해 해독되기 시작했다. 영은 시각 연구로써 '조절'(accommodation)■의 과정을 설명해 냈으며, 빛 스펙트럼의 특정한 영역에 민감한 세 가지 수용기를 통해 색채 지각이 일어난다는 이론을 제창하였다. 영은 빛의 회절 간섭 현상에 관한 실험으로 뉴턴의 입자 이론에 대립하는 파장 이론을 지지하였다. 일찍이 데카르트가 수정체의 볼록한 정도가 변화하여 '조절'이 일어난다고 간파한 바 있었으나, 당시에는 여전히 각막의 곡면부가 조절을 담당한다는 견해가 널리 퍼져 있었다. 1801년, 영은 물 속에 눈을 담근 상태에서도 여전히 조절이 일어남을 보임으로써 데카르트의 견해가 옳다는 것을 증명하였다. 각막은 물 속에 들어가면 더 이상 굴절되지 않으므로, 물 속에서도 여전히 조절이 일어난다는 것은 각막이 조절에 필수적이지 않다는 것을 반증하는 것이었다. 여기에 더하여 영은 수정체가 없는 환자들이 다른 거리에 있는 물체들에 적응하는 능력이 없다는 것을 보여주었다. 그는 또한 자신이 직접 고안한 검안기를 가지고 눈을 여러 차원에서 세밀하게 측정하였다. 1802년 영은 자신의 색채시 이론을 다음과 같이 개진하였다. "거의 무한한 수에 이르는 입자들 각각에 대응하는 빛 수용기가 망막에 존재하는 것은 불가능하다. 모든 파상대에 완벽하게 일치하여 공명하는 수용기가 존재한다는 것 또한 불가능한 일이다. 따라서 제한된 수의 색깔, 예를 들어 빨강, 노랑, 파랑의 세 가지 원색에 반응하는 수용기를 필연적으로 가정할 수밖에 없다." 나중에 그는 3원색을 빨강, 초록, 보라색으로 바꾸었다.

영은 소머셋에서 태어나 런던에서 죽기까지 매우 다양한 과학 분야에 관심을 보이며 탁월한 업적을 남겼다. 어렸을 적에 그는 독학으로 어학과 과학에 눈뜬 조숙한 아이였다. 그는 런던, 애딘버러, 괴팅엔에서 의학을 배운 다음 런던에서 의료 실습 훈련을 받았다. 런던에 머물면서 영은 왕립 연구소의 자연 철학 교수를 역임했고 나중에 왕립 학회의 외무 부장이 되었다.

영은 난시라는 시각의 수차 현상을 관찰하여 기록해 놓았다. 난시란 서로 기울기가 다른 선분들이 동일 평면상에서 초점을 맺지 못하는 현상을 가리킨다. 즉, 어떤 기울기의 선분이 정확하게 초점에 떨어져 잘 보이면, 다른 기울기의 선분은 초점이 맞지 않아 이미지가 흐려지고, 그 반대로 다른 하나가 초점이 맞으면 나머지 하나가 또 맞지 않는 것이 바로 난시 현상이다. 영은 측정을 통해 자기 자신의 눈에서도 난시가 나타나고 있음을 보였다. 실제로 규칙적 난시는 대부분 각막 표면이 구부러져 있기 때문에 비롯된 것이지만, 영은 자신의 난시가 수정체의 비대칭성 때문에 나타났다고 보았다. 거의 똑같은 굵기로 된 수직, 수평의 선분들 사이로 영의 초상화가 숨어있다. 규칙적 난시로 인해 여러분들 눈에 두 기울기 중 어느 한쪽이 더 또렷하게 보일 것이다. 그러나 머리를 옆으로 90도 회전하여 보면 상황은 반대로 될 것이다. 함께 그려진 난시성 안구는 바로 영 자신의 것인데, 이 삽화는 처음으로 난시가 일어나는 조건을 설명한 그의 논문 속에 있던 것이다. ☑

■ 렌즈, 즉 수정체 곡면의 볼록한 정도를 조절하여 보고자 하는 물체가 있는 거리에 초점을 조정하는 과정.

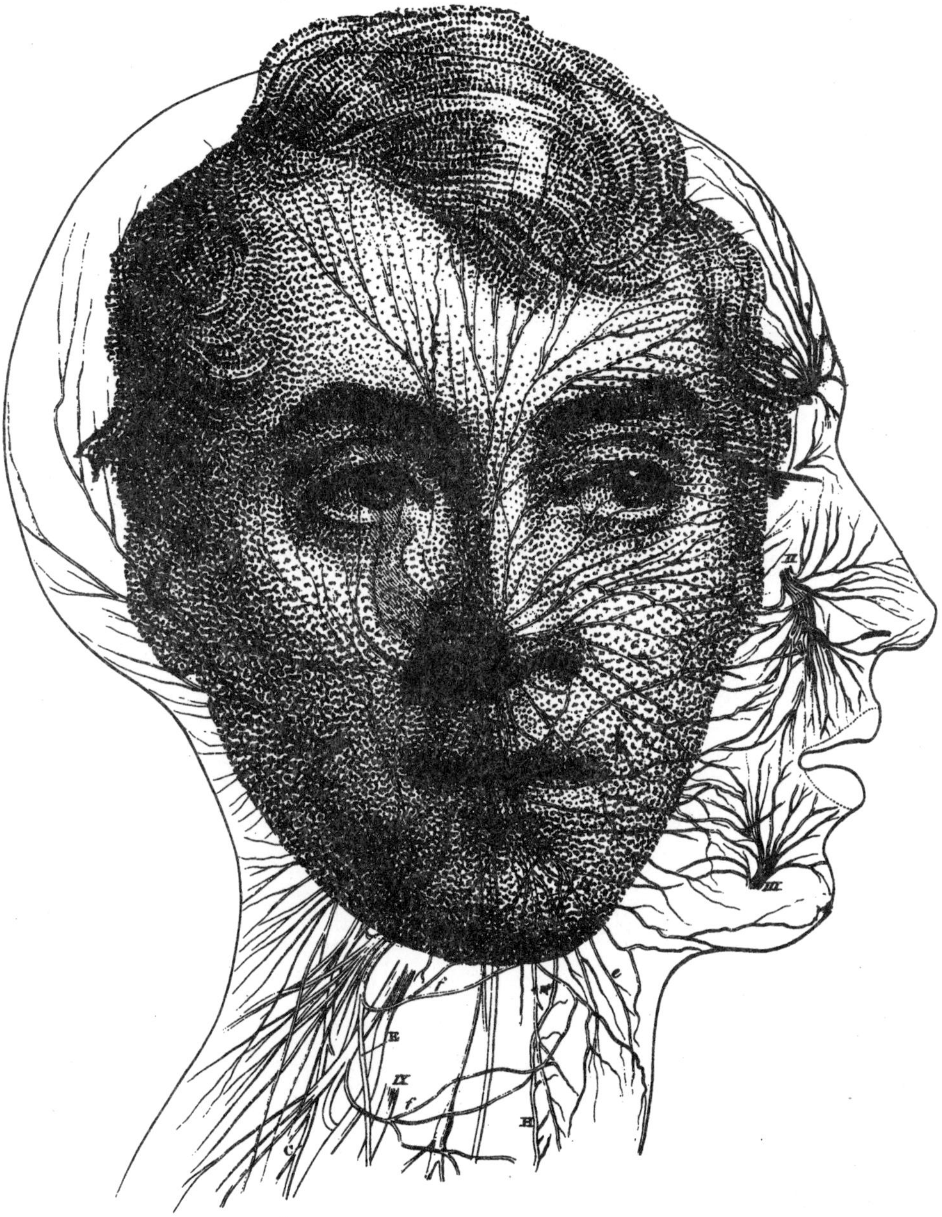

신경 가닥들로 가득 찬 벨의 머리

찰스 벨(Charles Bell, 1774~1842)은 생리 심리학의 아버지라 불린다. 그가 개인적으로 펴낸 『새로운 뇌 해부학에 관하여』(*Idea of a New Anatomy of the Brain*, 1811)를 보면 다음과 같은 흔치않은 실험이 소개되고 있다. "척추 신경의 뿌리를 추적해 보면, 척추의 등쪽 부위로 지나가는 신경 다발들을 관찰할 수 있는데, 이것들의 뿌리는 척수의 등쪽 부분이며 여기를 건드려도 등의 근육은 아무런 경련도 일으키지 않는다. 그러나 칼 끝으로 척수의 배쪽 부위를 건드리자마자 등의 근육이 움찔하며 움직였다. 이런 것을 보면 대뇌 반구와 소뇌는 서로 다른 기능을 한다고 결론 내릴 수 있다." 1822년 프랑소와 마강디(François Magendie, 1783~1855)는 척수의 등쪽이 감각에, 배쪽이 운동에 관여한다는 것을 밝혔다. 중추 신경계가 기능적으로 나뉘어 있다는 이와 같은 분명한 증거는 후속 연구에 엄청난 파장을 불러일으켰다. 그리하여 그후의 연구들은 중추 신경계의 더 상위 중추에서 기능적 분화가 있는지를 탐색하였다. 이러한 움직임은 갈의 심리학적 상상과 보조를 맞추어 기능의 국지화설에 생리학적 기초를 마련하였다.

벨은 감각 기관에서 출발하여 뇌의 특정 부위로 이어지는 신경 경로를 추적하여 '특수 신경 에너지설'(a principle of specific nerve energies)을 제안하였다. "신경 가닥들은 각각 물질의 특정 속성에만 민감할 따름이다. 즉, 이른바 바깥 세계의 감각 인상들이라 불리는 것과 신체 기관의 작용 사이에 특수한 연결이 존재하며, 이 연결로 인해 우리 머리 속에 촉발된 관념과 우리 주위에 있는 물체들의 특정한 속성들 사이에 영원히 변함없는 상응 관계가 확립된다." 나중에 왕립 학회에 제출한 보고서에서 벨은 근육 감각을 자세히 기술하였고, 실험을 통해 시선의 방향을 결정할 때 능동적 안구 운동과 수동적 안구 운동이 서로 다른 결과를 초래함을 보고하고 있다.

벨은 애딘버러에서 나고 죽었지만, 주로 런던에서 활동하였다. 여기 그려진 초상화는 벨이 외과 수술 실습을 하러 런던에 온 직후인 서른 살 때의 모습이다. 그는 나중에 런던에 의료 학교를 세웠다. 런던으로 오기 전인 1803년 그는 애딘버러의 유명한 외과의였던 맏형 존과 함께 『인간 신체 해부학』(*Anatomy of the Human Body*) 제3권을 썼다. 런던에 도착한 벨은 자신의 책을 아는 이가 거의 없어서 처음엔 그리 환영받지 못했다. 그러던 중 1806년에 자신의 예술가적 재능과 해부학 지식을 잘 결합시킨 『그림으로 보는 표정의 해부학』(*Essays on the Anatomy of Expression in Painting*)을 출판하고 유명해지기 시작했다. 그의 초상화와 함께 보이는 신경 가닥들이 그려진 머리는 벨 자신이 직접 그린 것으로, 그 책의 제3판에 있는 것을 복사한 것이다. 그는 일곱 번째 뇌신경이 얼굴 표정을 만드는 근육들을 조절하고 있음을 보여주었는데, 이것이 손상되면 '벨 마비'(Bell's palsy)가 일어난다. ☑

D
S
B
A

철학적인 장난감들

데이비드 브루스터(David Brewster, 1781~1868)는 19세기에 크게 인기를 모았던 시각 놀이기구인 만화경과 입체경을 발명한 물리학자다. 만화경과 입체경은 오락과 과학을 결합시킨, 일종의 철학적 장난감이라 할 수 있다. 브루스터의 주된 관심은 '편광'(polarization) 현상에 있었으며, 빛의 성질에 관하여 영의 파장 이론에 반대하고 뉴턴의 입자 이론을 옹호하였다. 그는 물리적 광학뿐만 아니라 시각각 분야에서도 저술을 남겼다. 주로 글을 써서 먹고 살았던 사람답게 브루스터는 거침없는 수사학적 표현과 뛰어난 통찰력으로 여러 분야에서 자신의 견해를 밝히곤 했다. 예를 들어, 그는 시각을 담당하는 생리적 기반은 중추 신경계가 아니라 안구이기 때문에 안근육이 시선 맞추기에 미치는 영향을 알아 본 벨의 실험을 생리학적 허구라고 비판했다. 브루스터는 시선 맞추기라는 개념을 입체시를 포함하여 여러 현상에 폭넓게 적용하였다. 그에 따르면, 두 눈으로 한 물체를 볼 때, 그 물체의 위치는 왼쪽 눈으로만 볼 때의 시선과 오른쪽 눈으로만 볼 때의 시선이 서로 교차하는 지점에 있는 것으로 보인다. 브루스터는 1849년에 입체경을 고안했는데, 비록 양안시 연구의 맥락에서 그것의 원리를 이론적으로 설명하지는 않았지만 그것은 19세기의 가정에서 가장 인기 있는 물건이었다. 이 입체경은 하나의 렌즈를 절반으로 쪼개서 만들어졌는데, 반쪽 짜리 렌즈 두 개를 어떻게 포개 놓는가에 따라 프리즘도 되고 확대경도 되곤 하였다. 두 개의 입체 사진을 이 입체경에 대고 보면 입체감이 있는 하나로 보였다. 브루스터는 잠시나마 색채시 연구에도 뛰어들어 햇빛은 빨강, 노랑, 파랑의 세 가지 색으로 구성되어 있다고 주장했고, '색맹'(color blindness)이란 용어를 심리학 분야에 도입하기도 하였다. 처음에는 '색맹'이란 용어 말고도 빨강과 검정을 구분하지 못했던 화학자이자 물리학자인 달턴(John Dalton, 1766~1844)의 이름을 좇아 '달터니즘'이라는 용어가 사용되기도 하였다. 그러나 사람들은 색맹이라 부르길 더 좋아했는데, "그 어느 누구도 자신이 지닌 불완전함으로 인해 불후의 명성을 누리게 되는 것을 원치 않았기 때문이다."

브루스터는 제드버러에서 태어났고 애딘버러 대학에서 신학을 공부했다. 그는 자연 철학을 좋아했기 때문에 자신의 설교에 자신이 없었고, 그래서 성직을 그만두게 되었다. 그는 생계를 유지하기 위해 많은 글을 쓰고 과학 잡지의 편집자로도 일했다. 학자로서 그가 가진 첫 직위는 성 앤드루 대학의 총장이었고 나중에 애딘버러 대학의 총장이 되었다.

만화경의 구조는 아주 간단해서 일정한 각도, 예를 들어 45도나 60도(360도에서 나누어 떨어지는 각도면 된다)로 서로 기울어진 두 개의 평면 거울을 대롱 속에 집어넣기만 하면 만들 수 있다. 그 대롱의 한쪽 끝에 눈을 대고 보면 반대편에 놓인 물체의 이미지가 여러 개로 늘어나 보인다. 위쪽의 초상화는 만화경을 고안했던 무렵의 브루스터의 얼굴이다. 이것을 만화경에 대고 바라보면 서로 반사되어 그림처럼 회전하듯 연속되는 여덟 개의 이미지로 보인다. 브루스터가 고안했다고 전해지는 대부분의 발명품들이 그러하듯, 만화경 역시 과연 그의 창작품인지에 관해 논란이 많다. 아래 삽화는 늙은 브루스터의 모습을 그의 입체경과 겹쳐 놓은 것이다. ☑

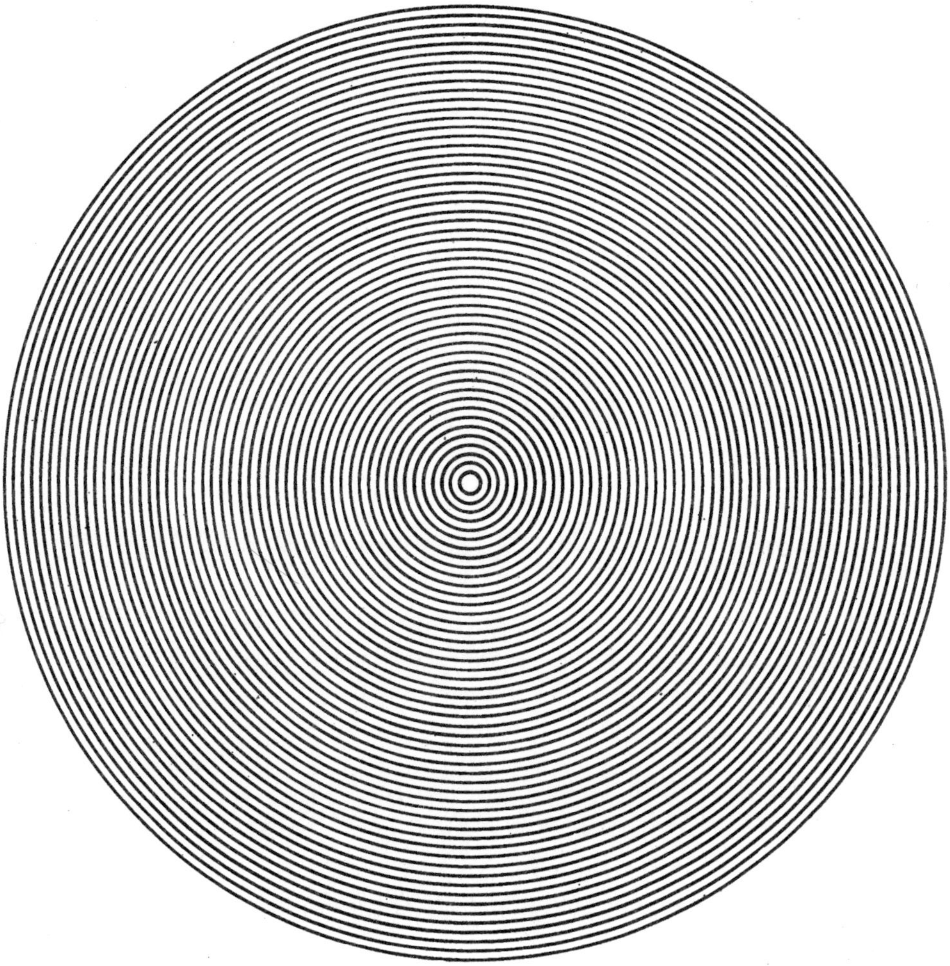

주관의 눈으로 바라본 세상

잔 에반겔리차 퍼킨제(Jan Evangelista Purkinje, 1787~1869)는 인체 곳곳에 문신을 새기듯 자신의 이름을 남겨 놓았다. 뇌에는 '퍼킨제 세포'(Purkinje cells)가 있고, 심장 부근에는 '퍼킨제 신경 섬유'(Purkinje fibers)가 있고, 안구 위에는 '퍼킨제 이미지'(Purkinje images)가 반사되고, '퍼킨제 나무'(Purkinje trees)가 보인다. 황혼이 잦아들 무렵에는 우리는 '퍼킨제 이동'(Purkinje shift)을 경험한다. 1820년대에 퍼킨제는 주관적 시각 경험에 관한 두 권의 책을 썼다. 이 책들은 많은 사람들에게 큰 영향을 주었는데, 그가 이 책을 쓴 것은 "시각의 참된 비밀은 바로 시각적 착각에 있다"는 것을 믿었기 때문이었다. 1823년에 펴낸 첫 번째 책에서 퍼킨제는 잔상 효과, 망막에 뻗어 있는 혈관들이 보이는 경험(이를 '퍼킨제 나무' 현상이라 한다), 동심원과 같이 규칙적인 기하학적 주기를 띤 무늬를 보고 있을 때 생기는 시각적 왜곡 효과 등과 같은 현상을 아주 세밀하게 묘사하고 있다. 1825년의 두 번째 책에서는 어떤 색의 밝기가 낮에 보느냐 해질 무렵에 보느냐에 따라 달라지는 현상을 묘사하고 있다. 실제로 해질 무렵에는 파란색은 더 밝게 보이고 빨강색은 더 어두워 보이는데, 이를 가리켜 '퍼킨제 이동' 현상이라 한다. 그는 또한 중추 시각과 말초 시각을 구분하여, 망막의 가장자리는 움직이는 자극을 잘 탐지하지만 사물을 정확하게 보거나 색깔을 지각하는 능력은 약하다는 것을 밝혀냈다. 그는 운동 잔상 효과를 다음과 같은 예로 설명하였다. "언젠가 나는 기마대가 행진하는 것을 한 시간이 넘도록 계속 구경한 적이 있었다. 기마대 행렬이 다 지나간 뒤, 글쎄 맞은 편에 보이는 집들이 기마대 행렬과 반대 방향으로 움직이기 시작하는 것이 아닌가!" 이 현상은 우리의 몸을 어디로 이동시킨 직후에 어지럽게 느끼게 되는 여러 다양한 현상들과 연관되어 있다.

퍼킨제는 괴테의 『색채 이론』을 읽고 시각 연구에 관심을 갖기 시작했고, 괴테의 현상학적 관찰법에 고무되어 본격적으로 시지각 연구에 뛰어 들기로 결심했다(실제로 퍼킨제는 자신의 두 번째 책을 괴테에게 헌정하였다). 1832년 퍼킨제는 새로이 발명된 커다란 흑백 현미경을 사용할 수 있게 되자 자신의 뛰어난 관찰 실력을 유감없이 발휘하였는데, 그 실력을 증명해 주는 것이 바로 뇌의 '퍼킨제 세포'와 심장의 '퍼킨제 신경 섬유'이다.

보헤미아에서 태어난 퍼킨제는 프라하에서 의학을 공부했다. 프라하에 머물 때, 그는 자신의 몸에 직접 약물을 투여하는 실험을 했다. 동물이 아닌 인간의 몸에 실험을 해야만 약물의 효과를 더 잘 알 수 있을 것이라 생각했기 때문이다. 퍼킨제는 생리학이나 조직학에 관련된 대부분의 실험을 브레슬라우에서 했지만, 예순 셋의 나이에 프라하 대학에 생리학 과장으로 부임하게 되어 브레슬라우를 떠났다. 프라하로 온 그는 가장 열정적인 체코 민족주의자가 되었다.

퍼킨제의 초상화는 동심원 무늬 속에 부분적으로 감추어져 있다. 이 동심원 무늬는 주관적 시각 경험에 관해 퍼킨제가 쓴 두 권의 책 중 첫 번째 책에 삽화로 실렸던 것이다. 이 무늬를 몇 초 동안 바라보면, 원들이 스스로 왜곡되어 뒤틀려 보이고 원들 사이로 바퀴살 같은 선분들이 가운데서 바깥으로 뻗어 나와 회전하는 듯이 보인다. 전체 무늬에서 초점을 떼어 내어 딴 곳을 바라보면 비로소 퍼킨제의 얼굴이 나타난다. 퍼킨제는 이미지와 그것의 잔상이 포개져서 이러한 착시를 경험하게 된다고 생각했으니, 실제로 이 착시는 안구의 수정체에 생기는 일시적인 난시 때문이라고 한다. ☑

비이성적 인간

아르투르 쇼펜하우어(Arthur Schopenhauer, 1788~1860)는 인간의 본성을 염세주의적인 눈으로 바라보았다는 점에서 홉스와 뜻을 같이했다. 그러나 쇼펜하우어는 인간의 악함이 개인 내부에서 비롯된다고 보아 인간 본성의 어두운 면을 폭로하고자 했다. 즉, 홉스의 눈에는 인간들이 벌이는 싸움이 인간들 사이의 투쟁으로 비춰졌지만, 쇼펜하우어가 보기에 인간은 늘 자기 자신과 전쟁을 치르고 있었다. 쇼펜하우어에 따르면, 비이성적인 동기가 인간 내부에서 온갖 소동과 동요를 일으키고 그 힘이 너무나 강하여 우리에게는 그것들을 다스릴 능력이 없다. 그의 철학은 이른바 비합리주의(irrationalism)로서, 당시에 지배적이었던 합리적 이성주의와 극명하게 대조되었다. 그의 철학이 심리학 발달에서 중요한 까닭은 비합리적이고 무의식적인 측면에 호소했기 때문이며, 이러한 점에서 프로이트 이론과 많이 닮았다. 그의 인간관은 젊은 시절에 쓴 책 『의지와 표상으로서의 세계』(*Die Welt als Wille und Vorstellung*, 1818)에 잘 나타나 있다.

쇼펜하우어는 괴테와 칸트 모두에게서 영향을 받았는데, 이들의 개념들 중 어떤 것은 받아들이고 어떤 것들은 비판적으로 거부하였다. 또한 그는 동양 철학에서도 많은 영감을 얻었다. 쇼펜하우어는 색채시 이론에서는 괴테의 의견을 따랐지만, 실체(reality, 물 자체)를 도무지 알 수 없다고 본 점에서는 칸트를 따랐다. 그러나 그는 모든 곳에 동시에 존재하는 한 의지가 실체를 이루고 있으며, 각 개인의 의지는 그것을 이루는 한 부분이라고 보았다. 개인의 의지에서 동기적 힘이란 바로 살아남기 위한 투쟁이다. 합리적 사고는 지성의 통제 아래 있는 것이 아니라 의지의 노예이며, 의지는 비이성적 힘에 끌려 다니는 맹목적인 것이다. 삶은 배고픔이나 성욕과 같은 맹목적인 충동의 연속으로, 이러한 충동은 일시적으로 만족될 뿐 다시 충족되기를 끊임없이 요구한다. 즉, 충동을 만족시킨 상태인 쾌락은 일시적인 것으로 오래 가지 못한다. "욕구를 충족시키는 어떤 것이 있다 하더라도, 그 어떤 것도 지속적인 만족을 주지 못하고 덧없이 지나가 버린다." 의지의 힘을 이해하려는 어떠한 시도도 의지가 우리에게 부과한 고통을 더 증폭시키기만 할 따름이다. 우리가 처한 이 끔찍한 상태를 그나마 좀 낫게 만드는 방법은 의지에 이끌리지 않는 활동, 가령 예술 활동과 같은 일에 몰두하는 것이다. 금욕적인 삶의 태도를 견지하여 성욕의 힘을 약하게 할 수 있다고 쇼펜하우어는 주장하였다.

쇼펜하우어는 단치히에서 태어나 다섯 살이 되던 해에 함부르크로 이사했다. 그는 처음에 괴팅엔 대학에서 공부하다가 베를린 대학으로 옮겼고, 1819년에 그곳에서 처음으로 강의하기 시작했다. 자존심이 강하고 거만하기로 유명했던 그는 일부러 자신의 강의 시간을 당시에 이름을 날리던 철학자 헤겔(Georg Hegel, 1770~1831)의 강의 시간과 같게 하였다. 헤겔의 학생들을 자기 교실로 끌어오고 싶었던 것이다. 그러나 결과는 그의 참패였다. 이 사건으로 충격 받은 그는 강단에서 은퇴하기로 결심하여 프랑크푸르트로 가서 은둔 생활을 했으며 평생을 결혼하지 않고 총각으로 지냈다. 쇼펜하우어는 "결혼은 자연이 우리를 유혹하기 위해 쳐 놓은 덫이다"라고 말했다. 어떤 면에서 보자면, 금욕 생활은 우리가 쇼펜하우어의 철학으로부터 얻어낼 수 있는 가장 최선의 것이기는 하지만, 그 길은 그가 스스로 희망하여 추구한 길은 아니었다.

쇼펜하우어의 글은 삶과 죽음, 쾌락과 고통, 사랑과 미움 등 서로 반대를 이루는 개념들의 갈등으로 가득 차 있다. 그의 초상화는 인간들이 벌이는 갖은 노력들에 드러나는 긍정적인 면과 부정적인 면 사이에 생기는 이러한 갈등을 형상화해 내고 있다. ☑

머릿속을 파헤친 사나이

마리 장 피에르 플루렌스(Marie Jean Pierre Flourens, 1794~1867)는 갈의 골상학을 매섭게 비판했다. 그의 비판의 초점은 갈의 심리학적 사유가 아니라 그가 주장한 대뇌 국지화 가설이었다. 플루렌스는 갈의 대뇌 국지화 가설이 우연한 임상적 관찰이라는 적절치 못한 방법에 기초를 둔 이론이라고 비판하면서, 뇌가 그 장소에 따라 기능이 다르다는 생각에 의문을 제기하는 실험적 증거를 제시하였다. 그는 의학 훈련을 받았으며, 남다른 실험 기술로 널리 알려진 실험 생리학자였다. 그가 도입한 기법은 적출법 혹은 절제술이라 불리는 것으로서 수술로 뇌의 일부를 제거한 다음 수술 후에 보이는 행동을 연구하여 제거되지 않고 남아 있는 부위가 어떤 기능을 하는지를 조사하는 것이다. 그의 초기 실험에서는 소뇌의 부풀어 오른 부위를 절제했는데, 이 부위는 원래 갈에 의해 색욕 혹은 성적 반응의 중추로 알려진 곳이었다. 실험에 사용된 동물(개)은 갈의 설명과 달리 성 기능의 장애를 보이기보다는 운동을 제대로 통제할 수 없었다. 그가 기록해 놓은 것을 보면, "그 개의 지적 능력과 모든 감각 기능은 아무 문제가 없었다. 그 개는 단지 여러 움직임을 조화롭게 연결시키거나 적절히 멈추게 하는 능력만을 잃었다." 플루렌스가 가장 왕성하게 활동한 시기는 파충류, 조류, 포유류를 대상으로 실험하던 1820년대 무렵이었다. 그는 이들 여러 종류의 동물들의 뇌는 궁극적으로 같은 구조를 지녔다고 보아 거의 구분하지 않았다. 그가 내린 중요한 결론은 다음과 같다. "1) 신경계의 각 부분들이 서로 다양하게 작용하지만, 신경계 전체는 여전히 하나의 개별적인 체계이다. 2) 각 부분들에 고유한 작용이 있는 것과는 독립적으로, 각 부분은 다른 모든 부분들과 서로 협력하여 공동으로 작용한다." 이로써 플루렌스는 뇌가 어느 정도까지는 기능별로 나뉘어질 수 있다고 보았지만, 궁극적으로 하나의 단위로서 작용한다고 보았다. 더 나아가 그는 피질이 손상되어 생긴 행동 장애가 회복될 수 있음을 보여주면서 대뇌 피질이 매우 융통성 있다는 증거로 삼았다. 그때만 해도 아직 뇌 조직은 재생이 불가능하다고 알려져 있었기 때문에, 이러한 회복은 동일한 기능이 뇌의 다른 부위에 의해 조절될 수 있는 것으로 해석되었다. 그로부터 백년 뒤 래슐리(Lashley)가 대뇌 등위론(equipotentiality)이라는 플루렌스와 유사한 견해를 내놓았다. 같은 뇌를 절제하는 깊이가 깊어질수록 많은 피질과 피질 아래의 조직들이 함께 파괴된다고 반박하면서 플루렌스의 절제술에 의한 실험을 비판하였다. 플루렌스의 서투른 검사 방법에 대한 갈과 여러 사람들의 비판에 밀려 플루렌스의 등위론적 견해는 그리 오래 지지되지 못하고 곧 사라져 버렸다.

플루렌스는 남부 프랑스에서 태어나 몽펠리에 대학에서 의학을 공부했다. 그후 파리로 간 그는 꼴레쥬 드 프랑스에서 조교로 시작하여 나중에 교수가 되었다. 1833년에 과학 아카데미의 종신 장관으로 선임되었고, 1840년에 아카데미 프랑세즈(프랑스 학사원)의 40인 회원 중의 한 사람으로 피선되었다. 말년에 그는 저명한 과학사들의 책들을 간략히 소개한 서지 목록을 출판하여 주목받기도 했다.

그의 초상화에는 수술칼이 함께 그려져 있다. 그림에서 칼날은 절제술 실험을 한 때 플루렌스가 휘두른 예의 그 능숙한 칼솜씨를 형상화하고 있다. "내가 사용하는 방법은 첫째, 뇌 전체를 밖으로 들어낸다. 그 다음 각 부분을 그 끝까지 도려내는 것이다. 이때 칼질하는 나의 손은 나의 시선을 따라가며, 결코 다른 부위를 살못 건드리거나 하는 실수를 범하는 법이 없다. 한 마디로 말해서, 차례차례 각 부분을 고시하고 검사하고 탐구해 나가면서도 각 부분을 섬세히 분리해서 잘라 내는 것이다." ☑

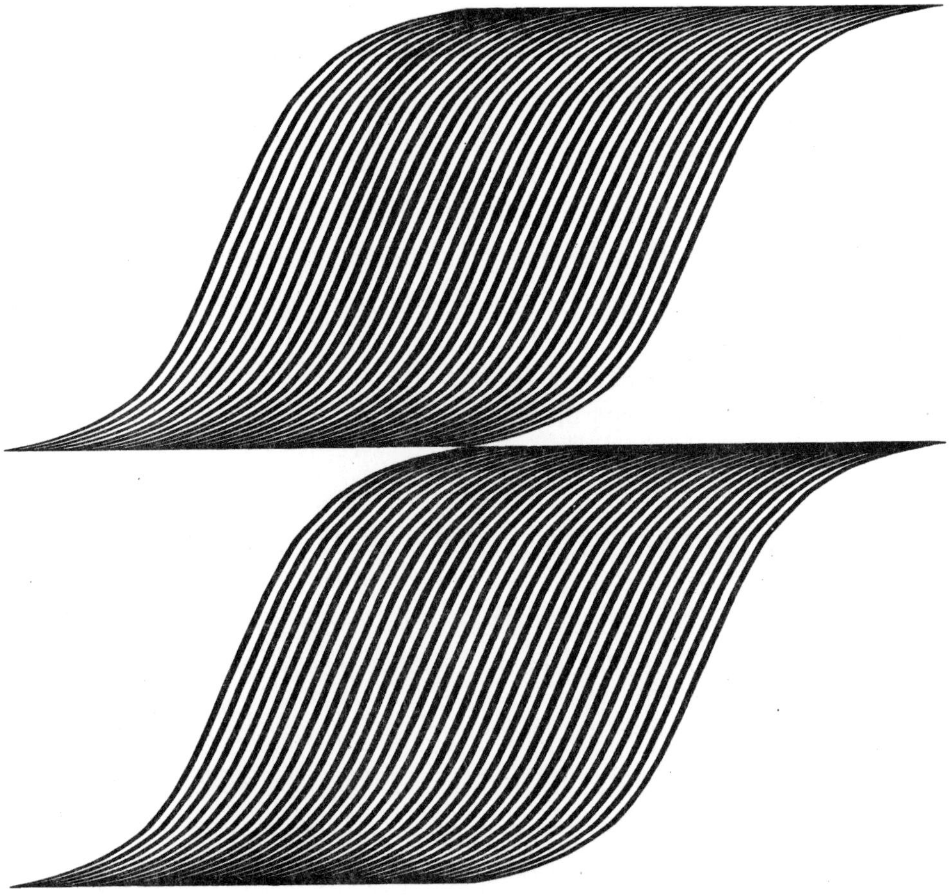

베버 상수

에른스트 하인리히 베버(Ernst Heinrich Weber, 1795~1878)는 '감민도'(sensitivity)를 측정하는 새로운 방법을 발견하여 지각 심리학을 관찰이 아닌 실험 학문으로 정초하였다. 베버는 양손에 두 물체를 얹고 무게를 변별하는 실험을 하여 지각된 '최소 가지차'(the smallest appreciable difference)■와 실제 무게 사이에 일정한 상수 비의 관계가 성립함을 밝혀 냈다. "무게에 따라 근육의 긴장도가 달라지는 것을 느껴서 변별해 낼 수 있는 최소한의 무게 차이는 대략 39 대 40의 비율을 지닌다. 한 물체가 다른 물체보다 1/40 가량 더 무거워야 겨우 식별할 수 있다." 최소 가지차는 두 물체의 절대적 무게 차이와 무관하다. 더 나아가 베버는 측정되는 감각 차원에 따라 최소 가지차를 결정하는 상수 비가 달라짐을 보였다. 예를 들어, 무게를 손으로 판단할 때, 선분의 길이를 눈으로 판단할 때, 음의 높낮이를 귀로 판단할 때 각각 다른 상수 비가 얻어진다. 다시 말하자면, 모든 감각 양식에 공통적으로 일반적인 변별 법칙이 성립되지만 판단의 종류에 따라 특정한 상수 비가 적용된다. 베버는 자신의 발견을 수학적 공식으로 일반화시켜 기술하지는 않았다. 오늘날 우리가 '베버의 법칙'(Weber's law)이라 부르는 공식을 수리적 모델로 정립한 사람은 페크너(Fechner)이다. 베버는 사람들마다 감민도가 서로 다르지만, 각 개인의 판단에는 여전히 나름의 상수 비가 존재한다는 사실에 주목하였다.

베버의 연구는 무게를 비교하는 것에 그치지 않았다. 그는 캘리퍼스를 써서 피부 표면 위의 다양한 간격으로 두 위치에 동시에 바늘로 자극을 주고 한 점으로 느껴지는지 두 점으로 느껴지는지를 알아보았다. 그 결과 감민도는 피부 표면에 따라 매우 심하게 달라졌는데, 입술 부위가 가장 민감했고 몸통 부위가 가장 둔감했다. 자극된 부위가 어디인지에 따라 식역(識閾)에 이르는 강도가 달라진다는 것을 관찰한 베버는 '감각 원'(sensory circle)이라는 개념을 제안하였다. 감각 원이란 피부 표면의 일정한 공간을 가리키는 것으로, 그 원의 영역 안쪽에 떨어지는 모든 자극은 동일한 하나의 감각 신경을 흥분시키는 것으로 생각되었다. 베버는 또한 '지연 비교'라는 방법을 개발했는데, 이것은 첫 번째 자극과 두 번째 자극을 제시하는 시간 간격을 변화시키는 것이다. "지연 비교법을 사용하면, 우리는 감각 경험의 기억이 시간 흐름에 따라 어떻게 변화해 가는지를 측정하여 양으로 표현할 수 있다. 우리는 이제껏 마음의 과정을 이렇게 양적으로 측정해 볼 기회가 없었다. 따라서 나는 모든 심리학자들에게 이러한 방식으로 실험할 것을 강력히 권하는 바이다." 베버는 온도에 대한 감각과 운동할 때 느껴지는 감각도 연구하여, 촉감에 대해 펴낸 두 책, 『촉감』(*De Tactu*, 1834)과 『미감』(*Der Tastsinn*, 1846)에서 이를 소개하고 있다. 베버에 의해 지각 심리학은 철학에서 생리학으로, 사변에서 실험으로, 질적 분석에서 양적 분석으로 그 접근 방식을 달리하게 되었다.

베버는 비텐베르크에서 태어나 의학을 공부하고 라이프치히 대학의 교수가 되었다. 그의 두 남동생, 빌헬름 에두아르트와 에두아르트 프리드리히도 각각 물리학과 생리학 분야에서 뛰어난 업적을 남겼다. 이들 3형제는 공동으로 촉감에 대해 연구하기도 하였다. 라이프치히 대학에서 에른스트 베버는 해부학 과장을 맡았고 나중에는 생리학 과장이 되었다.

왼쪽 그림에서 베버의 초상화는 여러 개의 심리 측정 함수들의 곡선 속에 감추어져 있다. 여기 그려진 곡선은 최소 가지차와 자극 강도 사이의 함수 관계를 그래프로 나타낸 것이다. 곡선들의 맨 아래는 변별 시역 하한선이고 맨 위는 변별 시역 상한선인데, 이 두 시역치들 사이로 베버의 얼굴이 두 번 나타나며, 베버 상수는 바로 이러한 곡선들을 통해 결정할 수 있게 된다. ☑

■ 어떤 속성 차원에서 두 물체가 구별될 수 있는 최소한의 양. 예를 들어 1Kg과 2Kg의 무게는 쉽게 식별될 수 있지만, 100Kg과 101Kg은 여전히 물리적으로 1Kg 차이이지만 식별하기 어렵다. 이때 후자를 변별했을 경우가 전자에 비해 최소 가지차가 더 크다고 말할 수 있다.

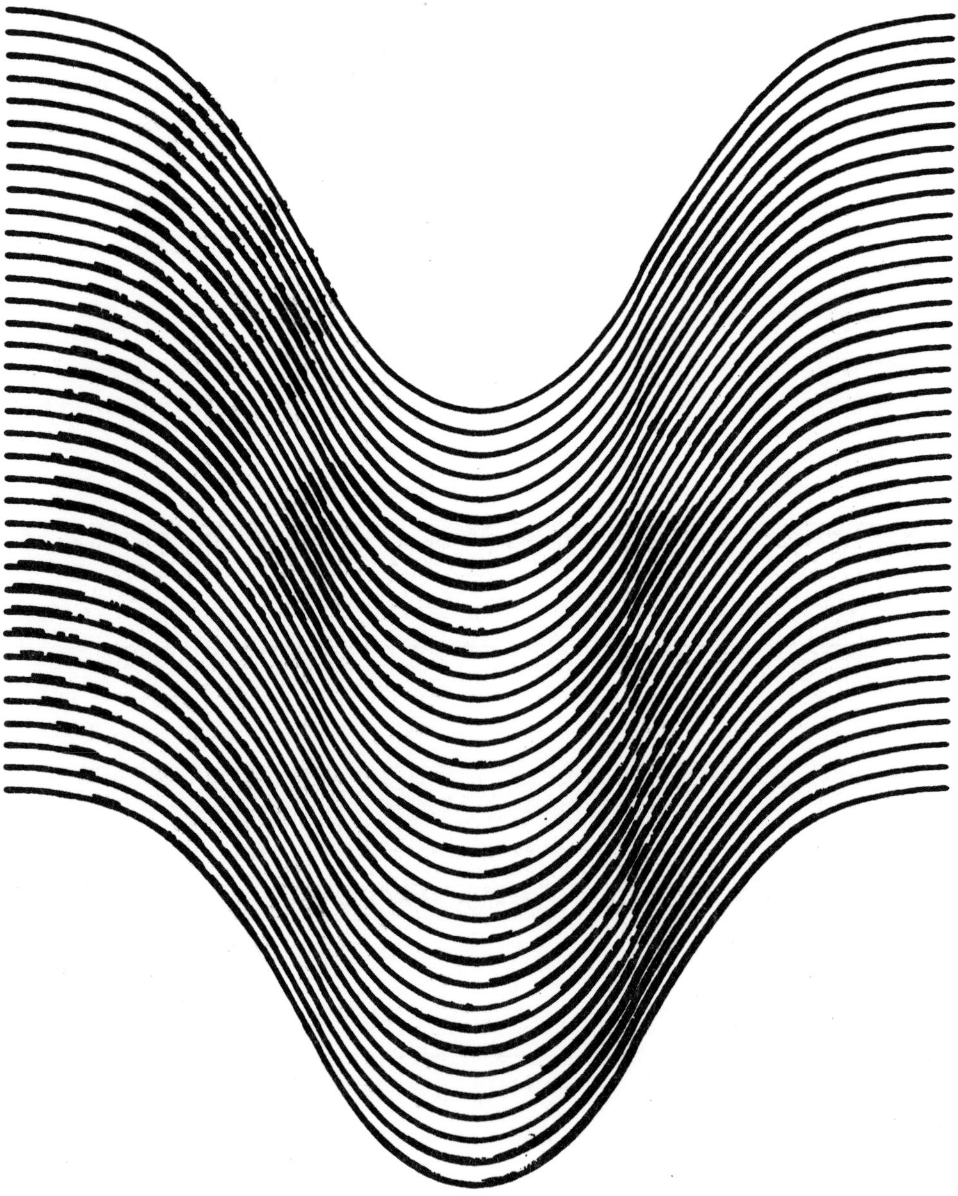

평균치 인간

랑베르 아돌프 자끄 께뜰레(Lambert Adolphe Jacques Quetelet, 1796~1874)는 사회 통계학과 심리 통계학의 아버지로 불린다. 요즘 널리 쓰이는 '통계학'이란 용어도 사실 그가 처음 쓰기 시작한 것이다. 께뜰레는 수학과 확률을 공부하여 개인의 신체 특성들에, 나중에는 심리적 특성들에 적용하였다. 예를 들어, 그는 스코틀랜드 병사 5738명의 가슴둘레를 잰 자료를 정리하여 그 수치들의 구간별 빈도를 조사한 결과, 정상 분포 곡선과 유사하다는 점을 밝혔다. 정상 분포 곡선이란 주사위 던지기와 같은 확률 게임을 할 때 잘 나타나는 종 모양의 곡선이다. "똑같은 나이의 남자들을 대상으로 키나, 몸무게, 힘의 세기 등, 다른 어떤 신체적 지수도 재어 보라. 심지어 지능이나 도덕성과 같은 심리적 특성도 좋다. 그러면 아주 규칙적인 모양으로 그 치수들이 배열될 것이다. 그들을 어떤 순서로 골라내는지에 상관없이 모든 연령에 걸쳐 동일한 곡선을 나타낼 것이다. 이 법칙은 한결같으며 그 곡선은 항상 동일하다. '이항 분포'(binomial)라 부르는 이 곡선은 인간이 지닌 그 어떤 속성을 재더라도 완벽하게 규칙적인 모양으로 나타난다." 께뜰레는 정상 분포의 평균값에 해당하는 특성들을 가진 사람을 '평균치 인간'(l'homme moyen)이라 불렀다. 물론 이 '평균치 인간'을 제대로 정의하려면 적당한 차원들의 분포 평균치뿐만 아니라, 상한값과 하한값도 필요하다. 께뜰레는 새로 모집된 프랑스 신병 10만 명의 키를 기록한 자료에 자신의 이론을 적용시켜 본 결과 관찰된 키와 예언된 키가 서로 일치하지 않음을 발견하고는 많은 남자들이 부정한 방법으로 면제되었다고 추론하였다. 이것이 바로 우연의 가설 —— 우연히 그렇게 된 것일 뿐이라고 설명하는 것 —— 을 부정한 최초의 예다! 그는 사회학이나 심리학이 과학으로 성장하려면 물리학을 좇아서 수없이 많이 측정하고 그 평균값을 구하는 방법으로 나가야 한다고 생각했다. 께뜰레는 범죄, 자살, 사망, 불법적인 신생아 출생과 같은 사회 통계치들을 조사하여 매년 일정한 비율로 이러한 사건들이 발생함을 밝혀 내어 정확히 예언하였다. 그는 다음과 같이 주장했다. "똑같은 원인들이 존재하는 한, 똑같은 결과들이 계속 반복될 수밖에 없다." 나중에 분트는 우리가 철학에서 배울 수 있는 것보다 훨씬 더 많은 것을 통계적 분석에서 배울 수 있다고 말하곤 했다.

겡에서 태어난 께뜰레는 겡 대학에서 최초로 박사 학위를 받은 학생이었다. 그는 수학을 배워 천문학 분야에 응용하였다. 새로운 천문학 연구 방법을 배우기 위해 파리에 머물던 무렵에 그는 처음으로 확률 이론을 접하게 되었고, 그것을 곧 여러 새로운 분야에 적용시켜 나갔다. 그는 또한 여러 곳을 돌아다니며 많은 천문대에 들러서 그곳 과학자들과 폭넓게 교류하였다. 그는 다양한 과학적 아이디어들을 서로 교환하여 이들을 함께 모아 체계를 이루도록 하는 데 촉매 역할을 톡톡히 하였다. 그의 영향에 힘입어 벨기에와 런던에 통계 학회가 창설되었고, 그는 1853년 브뤼셀에서 열린 제1회 국제 통계 학회를 주재하였다.

께뜰레의 얼굴은 생전에 그가 그토록 사랑했던 종 모양의 곡선들 사이로 나타나고 있다. 그러나 평균치 인간이 지닌 얼굴 특징들과 잘 들어맞도록 하려고 곡선들을 거꾸로 그렸다. ☑

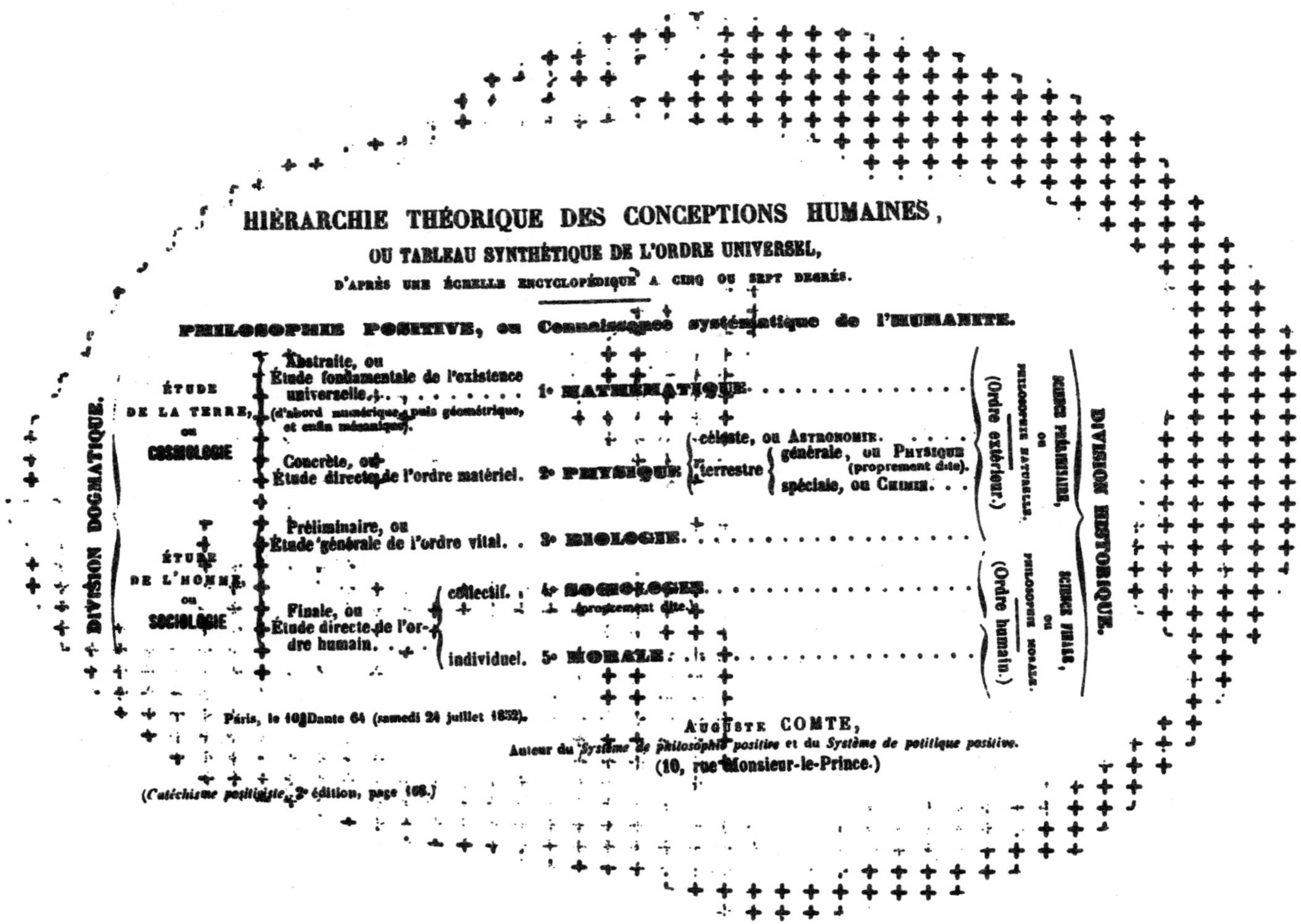
HIÉRARCHIE THÉORIQUE DES CONCEPTIONS HUMAINES,
OU TABLEAU SYNTHÉTIQUE DE L'ORDRE UNIVERSEL,
D'APRÈS UNE ÉCHELLE ENCYCLOPÉDIQUE A CINQ OU SEPT DEGRÉS.
PHILOSOPHIE POSITIVE, ou Connaissance systématique de l'HUMANITÉ.
DIVISION DOGMATIQUE.
ÉTUDE DE LA TERRE, ou COSMOLOGIE
ÉTUDE DE L'HOMME, ou SOCIOLOGIE
Abstraite, ou Étude fondamentale de l'existence universelle (d'abord numérique, puis géométrique, et enfin mécanique).
1° MATHÉMATIQUE
Concrète, ou Étude directe de l'ordre matériel.
2° PHYSIQUE
céleste, ou ASTRONOMIE.
terrestre
générale, ou PHYSIQUE (proprement dite).
spéciale, ou CHIMIE.
Préliminaire, ou Étude générale de l'ordre vital.
3° BIOLOGIE.
Finale, ou Étude directe de l'ordre humain.
collectif.
4° SOCIOLOGIE proprement dite.
individuel.
5° MORALE.
DIVISION HISTORIQUE.
SCIENCE PRÉLIMINAIRE, ou PHILOSOPHIE NATURELLE.
(Ordre extérieur.)
SCIENCE FINALE, ou PHILOSOPHIE MORALE.
(Ordre humain.)
Paris, le 10 Dante 64 (samedi 24 juillet 1852).
AUGUSTE COMTE,
Auteur du Système de philosophie positive et du Système de politique positive.
(10, rue Monsieur-le-Prince.)
(Catéchisme positiviste, 2e édition, page 168.)

실증주의자

이사도르 오귀스트 마리 프랑소와 사비어 꽁트(Isadore Auguste Marie François Xavier Comte, 1798~1875)는 께뜰레처럼 심리학의 방향타를 사회적인 쪽으로 틀었지만, 그의 방법론은 께뜰레와 아주 달랐다. 꽁트는 '사회학'이란 용어를 만들었고 '실증주의' 철학을 주창하였다. 한편으로 꽁트는 경험주의 철학과 보조를 맞추어 경험의 일차성을 강조했지만, 그에게 가장 중요한 것은 사적인 경험이 아니라 공적인 경험이었다. 즉, 환원될 수 없는 지식의 요소는 어디까지나 여러 사람들 사이에서 공유되고 합의된 경험이다. 바로 이 공유된 경험 위에서야 비로소 과학이 굳건히 설 수 있고, 바로 그것으로부터 실증주의가 생겨난다. 다른 한편으로 꽁트는 개인의 경험 속으로 깊이 분석해 들어가는 것에 반대하였다. "그런 식으로 자신의 내적 경험을 관찰하기 위해서는 우리의 마음이 잠시 그 활동을 멈추어야만 한다. 그러나 우리가 관찰하고자 하는 대상은 바로 그 활동이다. 활동을 멈출 수 없다면 우리는 관찰할 수 없고, 활동을 멈출 수 있다면 이제 관찰할 대상이 없어지는 것이다."

과학적 탐구의 공적인 성질을 강조한 실증주의에 따르면, 여러 사람에 의해 확립된 관찰 가능한 사실들에 기초했을 때에만 예언이 가능하다. 인간이 벌이는 모든 활동의 정점에 바로 과학이 있다. 꽁트는 과학 활동을 사회 발전의 세 번째 단계라고 보았다. 만약 어떤 사회가 사건들을 신학적 관점에 따라 해석한다면, 그 사회는 첫 번째 발전 단계에 있는 셈이다. 이어지는 두 번째 단계는 이른바 형이상학의 단계인데, 여기서 현상은 알려지지 않은 그 어떤 힘에 의해 비롯된 것으로 여겨진다. 개인들 역시 사회처럼 이러한 발전 단계들을 거친다. "우리들 각자의 지나온 과거를 잘 돌이켜 보면, 우리가 어린 시절에는 소박한 신학자였고, 젊은 시절에는 형이상학자였으며, 성년에 이르러 자연 철학자로 변했다는 것을 알게 된다." 이러한 발전 단계에 바탕을 두고, 꽁트는 학문에도 위계가 있다고 보았는데, 힘과 같은 형이상학적인 개념이 얼마나 남아 있는가에 따라 학문들의 위계가 결정되었다. 위계의 정점에 수학이 있고 뒤를 이어 천문학, 물리학, 화학, 생물학 따위가 차례로 배열되며 사회학과 도덕 철학이 위계의 바닥을 이룬다. 현상을 일으키는 원인이 아니라, 현상들 사이의 상관 관계를 강조했다는 점에서 꽁트의 과학은 베이컨의 과학과 많이 닮았다. 실험의 기능은 이론을 생산해 내는 것이 아니라 이론의 옳고 그름을 검증하는 것이다. 꽁트는 처음에 사회학을 '사회 물리학'이라 불렀는데, 이 사회학은 독특한 자신만의 발전사를 지니고 있다는 점에서 다른 학문들과 구별된다. 사회학을 연구하는 적절한 방법은 종종 사회적 제도들과 그것들의 발전사를 면밀히 분석하는 것이다. 즉 사회학이 연구 대상으로 삼아야 할 것은 정적인 형태로서의 사회 제도가 아니라 그것이 보이는 역동적 변화 양상이다. 심리학은 그 자체로는 과학의 체계에 직접 포함되지 않았다. 꽁트는 심리학을 생물학의 분과 학문으로 여겼고 심리학 연구에 적절한 방법적 모델로 갈의 골상학 연구를 들었다.

꽁트는 몽펠리에에서 태어나 파리에서 대학 생활을 시작했으나 정치적 견해가 불순하다는 이유로 퇴학당했다. 그는 사회 철학자인 꽁트 드 생시몽(Comte de Saint-Simon, 1760~1825)의 조교로 일하면서 자신의 사상을 발전시켜 나갔으나, 이들 사이의 협력 관계는 머지 않아 씁쓸한 뒷맛을 남긴 채 끝이 났다. 그는 한 번도 대학 강단에 서 본 일이 없었다. 대중 강연을 하거나 글을 쓰거나 또는 그를 따르는 사람들로부터 도움을 받아 겨우 먹고살았다. 말년에 이르러 그는 실증주의를 거의 종교에 가깝게 만들었고, 젊은 시절에 그가 그토록 반대해 마지않았던 가톨릭의 온갖 미사여구로 그것을 장식했다.

꽁트의 초상화는 꽁트의 철학을 표현하는 데 사용되는 기호로 그려져 있으며, 이 기호들은 그가 서열을 부여한 학문들의 위계를 에워싸고 있다. ☑

물질과 마음의 함수

구스타프 테오도르 페크너(Gustav Theodor Fechner, 1801~1887)는 베버 상수를 창조적으로 통합하여 '정신 물리학'이라는 하나의 학문 체계로 발전시킨 사람이다. 그는 마음의 세계와 물질의 세계를 감각 강도와 자극 강도라는 영역 안에서 수학적으로 통합할 수 있다고 통찰하였다. 『정신 물리학 원리』(*Elemente der Psychophysics*, 1860)라는 책에서 페크너는 정신 물리학을 다음과 같이 정의하고 있다. "여기서 우리는 정신 물리학을 몸과 영혼 사이, 보다 일반적으로는 물질과 마음 사이, 물리학의 세계와 심리학의 세계 사이에 성립하는 함수 관계를 정확히 밝혀 내는 이론으로 이해해야 한다." 페크너는 정신 물리학을 외적인 것과 내적인 것으로 구분하였다. 외적 정신 물리학은 감각 강도와 자극 강도 사이의 관계를 다루며, 내적 정신 물리학은 뇌 과정과 감각 사이의 관계를 다룬다. 그는 자신이 살아 있는 동안 하게 될 실험들이 외적 정신 물리학에 한정될 수밖에 없다는 것을 깨달았지만, 장차 내적 물리학을 하기 위해 반드시 거쳐 가야 할 과정이라고 보았다. 페크너는 차이 역(閾)을 재기 위해 베버가 사용한 방법을 더욱 정교하게 고쳐서 다음과 같은 세 가지 방법, 즉 최소 가지차 방법, 정확 판단 방법, 평균 오류 방법으로 정리하였다. 이들 세 가지 방법을 오늘날 각각 '극한법', '고정 자극법', '조절법'으로 부르고 있다. 페크너는 베버 상수의 타당성을 인정하면서 그것을 베버의 법칙이라 명명하고, 두 자극 강도 쌍들의 비율이 같으면 그것에 상응하는 감각 강도 사이의 차이도 같다고 가정하였다.■ 감각 강도에 수치를 할당하는 방법은 절대역(비로소 자극이 느껴지기 시작하는 량)을 넘어신 양을 최소 가지자(두 자극을 구별할 수 있는 최소량)의 난위로 나누어서 구한 수로 표현하면 된다. 따라서 베버 상수를 알기만 하면 절대역에 해당하는 감각 강도 값도 알 수 있고, 계속하여 이어지는 여러 차이 역에 해당하는 감각 강도 값을 계산하여 그래프로 그려낼 수 있다. 이렇게 그려진 곡선은 로그 함수를 따르며 수학적으로 표현할 수 있다. "감각 강도는 자극 강도의 로그값에 비례한다"■■는 이 법칙은 나중에 페크너의 이름을 따 페크너의 법칙이라 불렸다. 80대에 접어들어 페크너는 미(beauty)의 연구에 이러한 양적 분석을 시도하여 실험 미학을 구축하게 된다.

할레 지방 근처에서 태어난 페크너는 라이프치히 대학에서 의학 교육을 받고 그곳에서 강의를 하기도 했지만, 직접 의료 활동을 하지는 않았다. 대학을 졸업한 페크너는 생리학보다 물리학에 마음이 더 끌려서 라이프치히 대학에서 전기학에 대한 강의와 연구를 하였다. 그는 또한 주관적 색채 지각과 오랫동안 지속되는 잔상 효과에 관해 실험을 하기도 했다. 시지각 실험에 너무나 몰두한 나머지 페크너는 일시적으로 앞을 보지 못하는 지경에 이르렀고, 이로 인해 만성 우울증이 찾아와 1840년에 라이프치히 대학의 물리학 과장직을 사임하였다. 몇 년간 사람들을 멀리하며 보낸 후 그는 젊은 시절의 철학적 사유의 영역으로 되돌아가서 드디어 자신의 물리학적 견해와 철학적 견해 사이에 통일을 보았다고 한다. 페크너는 실제로 의과 대학생이던 시절부터 미제스 박사라는 필명으로 풍자적이고 사변적인 글들을 쓰기 시작하였으며, 그후로 평생동안 멈추지 않고 같은 어조의 글들을 꾸준히 발표했다고 한다. 그의 글들을 읽어 보면, 과학자로는 유물론자였고 철학자로는 범신론자였던 페크너의 심적 갈등이 고스란히 담겨 있음을 알 수 있다.

곡선들 사이로 페크너의 얼굴이 보일 듯 말 듯 겨우 나타나는데, 이 곡선들은 베버의 것을 변형시킨 것으로 이 역시 정신 물리적 함수 관계를 나타낸다. 베버의 조상화처럼 페크너의 조상화도 하위 역과 상위 역 사이의 애매한 지역에 그려져 있다. ☑

■ 이것은 다음과 같은 식으로 표현될 수 있다. "if $I_1 / I_2 = I_3 / I_4$, then $S_1 - S_2 = S_3 - S_4$." 여기서 I_1은 자극 1의 강도를, S_1은 자극 1을 제시했을 때 느껴진 감각의 강도를 가리킨다.

■■ 페크너의 법칙에 대한 수식적 표현은 "$S_1 = k \cdot \log I_1$"이다.

vorzüglich erörtert zu w
Man findet in den opt
auf folgende Art
wie scheint, nicht auf
sicht en wird: Man sehe
bene
bezeich welche durch den Sch des Win-
kels, Augenachsen bilden
gesetzt wird; also die die senk
Dreieck ABP Fig. den Pu
Durchschnitt mit Ebene
Linie ST' in der Figur
lese unter andern den Arti
physikalisch

피트 - 뮐러의 원

요하네스 페터 뮐러(Johannes Peter Müller, 1801~1858)는 '특수 신경 에너지설'(a doctrine of specific nerve energies)을 제안하여, 감각 기관에 따라 경험이 질적으로 달라지는 것을 설명하고자 했다. 대개의 학설들이 그렇듯 이 역시 전혀 새롭다고 할 수는 없었다. 일찍이 벨도 유사한 원리를 말한 바 있고, 영의 3원색 이론 또한 같은 개념 위에 서 있다. 그럼에도 불구하고 뮐러가 이 학설의 주인이 된 이유는 자신의 책 『인체 생리학 편람』(*Handbuch der Physiologie des Menschen*, 1833, 1844)에서 특수 신경 에너지설을 자세히 소개하여 널리 알렸기 때문이다. 이 학설에 따르면, 우리는 외부 세계의 대상들을 직접 경험할 수 없고 오로지 신경들의 작용을 통해서만 그것들을 경험할 수 있으며, 다섯 가지 감각 신경은 각각에 특정한 종류의 경험만을 일으킬 수 있다. "각 감각 기관에 연결된 신경은 오직 정해진 한 종류의 감각만을 전달할 수 있을 뿐이며, 다른 감각 기관에는 적절하지 않다. 따라서 한 신경이 다른 신경의 자리를 대신 차지한다고 해도 결코 원래 신경이 하던 기능을 대신할 수는 없다."

『인체 생리학 편람』이라는 한 권의 책으로 뮐러는 당대의 가장 뛰어난 분류학자이자 선생의 자리를 확고히 했으며, 이 책은 몇 십년 동안 교과서로 널리 애용되었다. 이 책은 직접 관찰한 예들을 많이 포함하고 있으며, 비교 해부학과 생리학을 함께 다루어 매우 자세하게 소개하고 있다. 이 책은 또한 임상 장면에서의 실습과 실험 생리학을 잘 연결시켜 다루었다. 이 책에 앞서 1826년에 뮐러는 시가에 관한 두 권의 책을 출판하였다. 하나는 비교 생리학에 관한 책으로 안구 운동을 자세히 기록한 것이며, 다른 하나는 주관적 시각 현상에 관한 책으로 퍼킨제가 다룬 것과 유사한 현상들을 다룬 것이다. 몇 년 후 그는 개구리의 실험을 통해 신경 반사를 증명해 내고 학자들 사이에 논쟁의 대상이었던 벨 - 마겐디 법칙(Bell-Magendie law)을 지지하여 확립시켰다.

뮐러는 코블렌츠에서 태어나 본 대학에서 의학을 공부했고, 1833년에 베를린 대학의 생리학 과장을 맡았다. 뮐러는 경험적 연구를 수행할 때 엄격히 통제된 조건에서 관찰할 것을 매우 강조했다. 유능한 선생으로 유명했던 그는 재능이 뛰어난 많은 학생들을 베를린 대학으로 끌어들였는데 그 중에는 헬름홀츠도 있었다. 뮐러 자신이 끝까지 믿었던 '생기론'(vitalism)■은 바로 이 제자들에 의해 무너지는 운명에 처하게 된다.

『시각의 비교 생리학에 관한 연구』(*Zur vergleichenden Physiologie des Gesichtsinnes*, 1826)는 양안시에 관한 뮐러의 초기 연구를 담고 있다. 우리는 두 눈으로 보지만 경험하는 시각 장면은 하나이다. 이를 '양안 단시'라 한다. 이 현상은, 입체경이 미처 발명되지 않았던 무렵에 한 물체가 서로 상응하는 두 망막 위치를 자극하기 때문이라고 생각되었다. 두 눈으로 한 점에 초점을 맞추고 있을 때 외부 공간의 특정한 지역들만이 서로 상응하는 두 망막 위치를 자극하는데, 이때 그러한 지역을 '호롭터'(horopter)라고 한다. 게하르트 울리히 안톤 피트(Gerhard Ulrich Anton Vieth, 1763~1836)와 뮐러는 서로 독자적으로 '호롭터'의 기하학적 구조를 기술해 냈기 때문에(피트는 1818년에, 뮐러는 1826년에), '호롭터'는 나중에 '피트 - 뮐러의 원'(Vieth-Muller circle)이라고 불렸다. 이 개념은 휘트스톤에 의해 영국 독자들에게 소개되었다. 여기에서는 뮐러의 얼굴을 피트의 논문에서 발췌한 문장들 속으로 집어넣었고, 또 이 문장들은 휘트스톤이 그린 피트 - 뮐러의 원 속에 그려져 있다. ☑

■ 생물은 무생물과 근본적으로 다른 것으로, 생명 현상은 독특한 '활력'에 기초하고 있다는 주장. 18세기 중기 이후 생명 현상의 유물론적 설명에 반대하여 일부 생리학자 및 철학자들이 주장하였다.

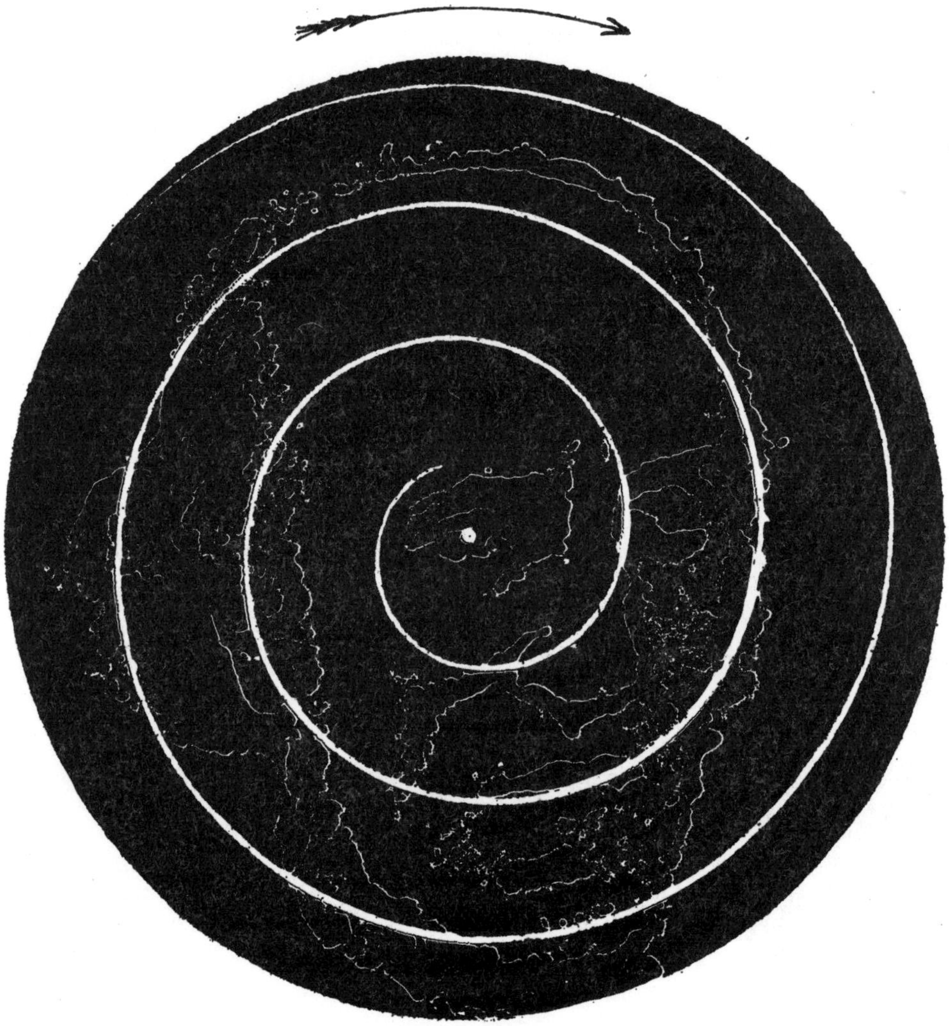

플라토의 소용돌이

요셉 앙뜨완 페르디낭 플라토(Joseph Antoine Ferdinand Plateau, 1801~1883)는 '시감각 지속'(visual persistence) 현상 연구의 개척자였다. 1832년에 그는 여러 자극들을 아주 짧게 연속해서 보여주는 순간 노출 장치(phenakitoscope)를 고안했는데, 이 장치를 들여다보면 가현 운동(apparent motion)을 경험할 수 있다. 이와 거의 동시에 비슷한 장치가 비엔나(stroboscope)와 브리스톨(daedaleum)에서 각각 독자적으로 발명되었는데, 철학적 장난감들이라 할 만한 이 장치들은 나중에 활동 사진의 모체가 되었다. 플라토가 발명한 순간 노출 장치는 원반처럼 생겼는데, 그 가장자리에 가느다란 홈이 일정한 간격으로 패어 있었고 홈들 속에 그려진 그림들은 아주 조금씩만 달랐다. 원반을 회전시키면 그림들이 홈을 통해 연속해서 차례대로 제시되는데, 이때 우리는 무용수가 춤추는 동작과 같은 모습을 보게 된다. 플라토는 또한 운동 잔효 효과(motion aftereffect)에 관한 실험을 했는데, 실험이라 해서 특별한 것이 아니라 원형의 종이에 자기 초상화를 그린 다음 나선형의 선을 그리고는 그것을 돌려보는 것이었다(왼쪽의 그림을 참조하라). "이 그림을 원반 위에다 붙이고 화살표 방향으로 돌리면서 가능한 한 오랫동안 원반을 쳐다보라. 눈이 약간 피로해질 정도로 오래 보았다고 느껴지면 이제 다른 물체, 가령 옆 사람의 얼굴을 쳐다보라. 그러면 여러분은 놀랄 만한 경험을 하게 될 것이다. 아니 옆 사람의 얼굴이 안으로 찌그러져 들어가다니! 자 이번에는 원반을 화살표 반대 방향으로 돌려보라. 그러면 이제 얼굴이 반대 방향으로 일그러져 보일 것이다." 이것이 바로 운동 잔효 효과에 대한 최초의 체계적 실험이었다. 이때부터 19세기 말까지 플라토의 나선형 그림은 운동 잔효 효과에 대한 연구에서 가장 중요한 자극 재료로 쓰였다. 플라토는 시감각 지속 현상과 운동 잔효 효과에 관해 여러 차례 실험한 다음, 잔상 효과를 연구하기 시작했다. 불행히도 그는 잔상 효과에 관한 실험을 하다가 실험 이후의 사태를 크게 오판하여 그만 맹인이 되고 말았다. 그는 강하고 오래 지속되는 잔상을 얻기 위해 태양을 20초 동안 계속해서 바라보았던 것이다. 처음에는 일시적으로 앞을 볼 수 없었을 뿐이지만, 이 실험이 계속되자 플라토는 결국 1842년에 완전히 맹인이 되고 말았다. 앞을 볼 수 없는 신체적 장애에도 굴하지 않고 그는 생을 마감하는 최후의 순간까지 다양한 주관적 시각 현상에 관해 계속해서 탐구했다. 말년에 이르러 플라토는 주관적 시각 현상을 다룬 책들을 소개하는 문헌 목록을 출판했는데, 고대로부터 18세기에 걸쳐 많은 책들을 망라하고 상세히 주석을 달아 놓았다.

브뤼셀에서 태어난 플라토는 1834년 겐트 대학의 물리학 및 천문학 교수가 되었다. 화가인 아버지 밑에서 자라난 그는 색깔을 사용하는 연구를 많이 했다. 그는 색깔을 짧고 연속적으로 제시할 때 지각된 색깔의 강도는 노출된 시간에 비례한다는 것을 관찰하였다. 오늘날 우리는 이러한 빛과 감각 사이의 함수 관계를 '탤보트-플라토 법칙'(Talbot Plateau law)이라 부른다. 사진의 음화 과정(negative process)을 최초로 밝힌 윌리엄 헨리 폭스 탤보트(William Henry Fox Talbot, 1800~1877)도 부정확한 형태이긴 하지만 빛과 감각 사이의 함수 관계를 이미 관찰했기 때문이다. 플라토는 화가들과 함께 여러 수준의 회색을 혼합해 본 실험 결과에 바탕을 두고, 페크너의 로그 함수적 법칙에 대한 대안으로 제곱 함수의 법칙을 제인하였다. 또한 플라토는 색채 잔상(accidental colors)과 새로운 물체의 색깔이 혼합될 때는 물론이고, 색채 잔상들끼리 혼합될 때도 여전히 색 혼합 법칙을 따른다는 것을 보여주었다. ☑

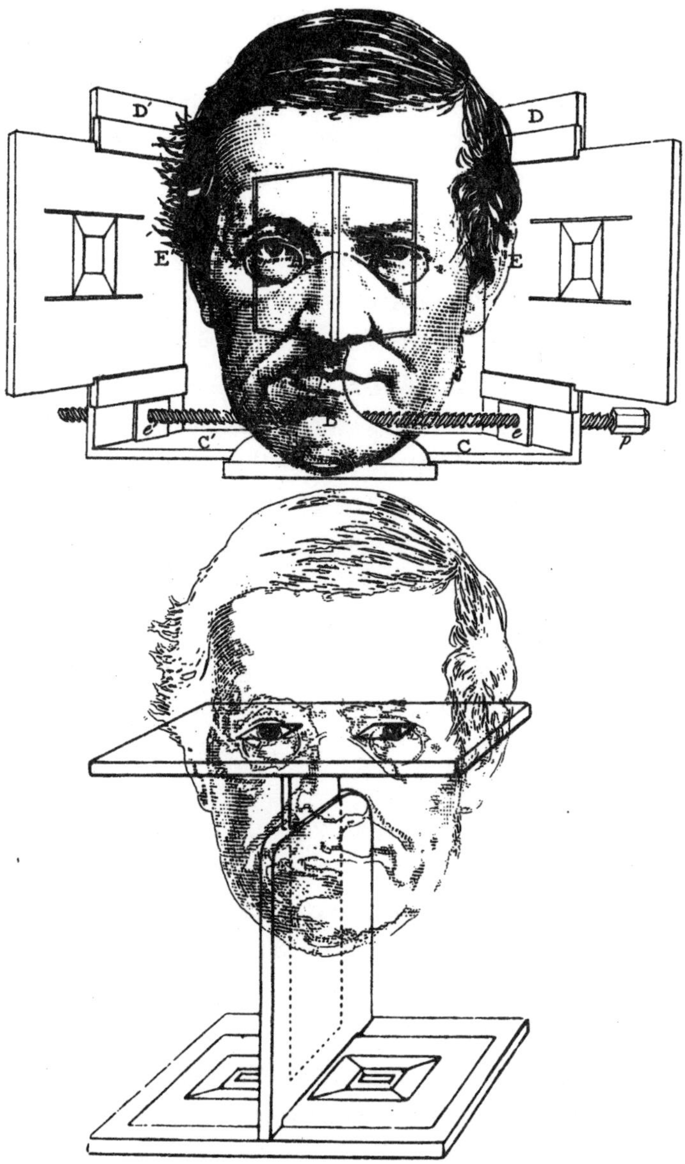
D′
D
E
E
e′
C′
B
C
e
p

입체경 발명가

찰스 휘트스톤(Charles Wheatstone, 1802~1875)은 입체경이라는 놀라운 장치를 발명했다. 입체경은 '그림'을 교묘하게 배치하여 그것을 바라보는 우리의 '시각'(vision)을 바꾸어 놓았을 뿐만 아니라 '시각' 현상을 이해하는 우리의 '그림'도 바꾸어 놓았다. 휘트스톤은 이미 1832년에 입체경을 만들었지만, 이것을 이용한 실험 결과는 1838년에야 비로소 발표되었다. 입체경이 발명되기 전에 '양안 단시'는 시선 방향과 피트-뮐러의 원에 의해 설명되어 왔다. 즉, 이 원 위에 있는 점은 하나의 이미지로 보이지만, 원 바깥에 떨어지는 점은 이중 이미지로 보인다는 것이다. 휘트스톤은 입체경 위에 두 장의 그림을 적절히 배치하여 양쪽 눈에 다른 이미지가 맺히도록 조작하였다. 그는 이 실험을 통해 두 망막 위로 약간 어긋나게 이미지가 맺힐 때 양안 단시와 깊이 지각을 경험하게 됨 보여주었다. "이처럼 단순한 기구에 의해 그 현상의 전모가 너무나도 명확하게 드러나긴 했지만, 사실 왜 그런 현상이 비롯되는지는 이미 원근법으로부터 아주 쉽게 추론할 수 있는 성질의 것이었다. …… 그러나 시각을 탐구하던 철학자들과 원근법을 다루던 화가들이 그것에 너무나 무관심했다." 입체경이야말로 물리학의 연구 방법에 견줄 만큼 정확하게 시각을 연구하는 길을 열었다고 할 수 있다. 예를 들어, '망막 불일치'(retinal disparity), '망막 크기', '조절'(accommodation), '수렴'(convergence) 등과 같은 변인들을 서로의 영향으로부터 고립시켜 깊이 지각에 미치는 각각의 독립적인 영향을 알아볼 수 있었다. 여러 시각 연구자들, 특히 독일의 연구자들이 이 기구의 연구 가치를 재빨리 알아채고 널리 쓰기 시작했다. 휘트스톤은 직접 입체경의 여러 모델을 개발하기도 했는데, 그 중에는 '위체경'(pseudoscope)이란 것도 있었다. 이것은 망막 불일치의 방향을 역전시켜 한 장면에서 서로 갈등적인 깊이가 보이도록(가령 원래 볼록한 것을 오목한 것으로 보이게) 만들었다. 입체경과 사진술을 잘 결합시키면 멋진 그림이 만들어질 수 있다는 것을 재빨리 간파한 휘트스톤은 탤보트에게 자신의 입체 사진을 만들어 달라고 부탁했다.

글루세스터에서 태어난 휘트스톤은 서른 두 살의 나이로 런던 킹스 칼리지의 실험 철학 과장으로 부임하여 평생을 그곳에서 보냈다. 그는 많은 악기를 발명했는데, 콘서티나■가 가장 인기를 끌었다. 전기학 연구로도 유명했던 그는 전기의 속도를 재고 저항을 측정하는 전교를 만들었다. 그는 또한 전자 기장을 이용해 크로노스코프■■를 만들기도 했다. 1820년대에 휘트스톤은 '시감각 지속' 현상에 대한 연구를 발표했고, 브루스터의 '칼레이도스코프'(kaleidoscope)를 보고 '칼레이도폰'(kaleidophone)이라는, 아름다운 선율을 들려주는 철학적 장난감을 발명하기도 했다. 그는 또한 주관적 시각 경험에 관한 퍼킨제의 책들을 요약하여 익명의 이름으로 번역 출판했다. 브루스터는 자신을 본뜬 휘트스톤의 발명품에 회답이라도 하듯 영국 학술 협회(British Association)에 소개된 휘트스톤의 거울 입체경을 보고 볼록 렌즈로 된 입체경을 만들었다고 한다. 그러나 브루스터와 휘트스톤은 서로를 맹렬히 비난하는 사이였으며, 입체경을 둘러싼 두 사람 사이의 공개적인 논쟁이 〈더 타임즈〉(*The Times*)지의 공개 토론 칼럼에서 벌어졌다. 두 사람이 치고 받는 논박의 글은 19세기 과학 사회에서 벌어졌던 논쟁들 중 가장 신랄했던 것으로 손꼽히고 있다.

휘트스톤이 얼굴을 두 번 그렸다. 위에는 거울 입체경이 얼굴에 겹쳐 있고, 아래는 프리즘 입체경이 얼굴에 겹쳐 있다. ☑

■ 육각형 모양의 소형 아코디언.

■■ 빛이나 발사체 따위의 속도를 재는데 사용하는 정밀한 초시계.

We may now inquire how it is that a frown should express the perception of something difficult or disagreeable, either in thought or action. In the same way as naturalists find it advisable to trace the embryological development of an organ in order fully to understand its structure, so with the movements of expression it is advisable to follow as nearly as possible the same plan. The earliest and almost sole expression seen during the first days of infancy, and then often exhibited, is that displayed during the act of screaming; and screaming is excited, both at first and for some time afterwards, by every distressing or displeasing sensation and emotion,—by hunger, pain, anger, jealousy, fear, &c. At such times the muscles round the eyes are strongly contracted; and this, as I believe, explains to a large extent the act of frowning during the remainder of our lives. I repeatedly observed my own infants, from under the age of one week to that of two or three months, and found that when a screaming-fit came on gradually, the first sign was the contraction of the corrugators, which produced a slight frown, quickly followed by the contraction of the other muscles round the eyes. When an infant is uncomfortable or unwell, little frowns—as I record in my notes—may be seen incessantly passing like shadows over its face; these being generally, but not always, followed sooner or later by a crying-fit. For instance, I watched for some time a baby, between seven and eight weeks old, sucking some milk which was cold, and therefore displeasing to him; and a steady little frown was maintained all the time. This was never developed into an actual crying-fit, though occasionally every stage of close approach could be observed.

감정을 드러낸 다윈의 표정

찰스 로버트 다윈(Charles Robert Darwin, 1809~1882)은 『종의 기원』(*The Origin of Species,* 1859)을 출판하여 생명 과학 분야에 일대 혁명을 일으켰다. 그는 뛰어난 학자 집안에서 자라났다. 할아버지 에라스무스(Erasmus)는 모든 종들은 공통된 하나의 조상을 가진다고 주장한 바 있고, 내과 의사였던 아버지 로버트(Robert)는 잔상의 가시도(visibility)에 대한 실험을 했다. 찰스는 어떤 기제를 통해 진화가 가능한지를 탐구했다. 진화 이론의 토대는 바로 모든 유기체가 변화할 가능성을 지니고 있다는 것이었다. 어떤 변이는 생물의 생존과 번식에 아주 중요한 영향을 끼칠 수도 있다. 이것은 환경에 어떤 변화가 일어났을 때 특히 그러하다. 바뀐 환경에 더 잘 적응하는 개체일수록 사손을 번식할 확률이 더 높다. 이 자연 도태 과정은 결코 목적론적 과정이 아니어서 정해진 목표와 방향을 가지지 않는다. "이처럼 개체들은 서로 다양한 차이를 보이기도 하고 변화하기도 한다. 개체에 이로운 특성과 변화는 계속 살아남고 해로운 것들은 소멸되는데, 이를 '자연 도태' 또는 '적자 생존'이라 부른다." 다윈은 자연 도태와 적자 생존이란 개념을 계속 고수하여 인간의 행동에도 적용함으로써 비교심리학의 기초를 마련하였다. 진화론적 입장에서 인간 행동을 다루려는 다윈의 시도는 특히 『인간의 조상』(*The Descent of Man,* 1871)과 『인간과 동물의 정서 표현』(*The Expression of the Emotions in Mans and Animals,* 1872)에 잘 드러나 있다. 『인간의 조상』에서 다윈은 인간이 지닌 조보 수순의 정신 과정이 동물에도 분명히 존재한다고 기술했으며, 『인간과 동물의 정서 표현』에서는 인간과 동물의 얼굴 표정과 몸짓이 매우 닮았음을 주장하고 있다. 또한 다윈은 여러 인간 집단들에서 보편적인 정서 표현을 발견할 수 있다는 점을 강조했다.

다윈은 표정 짓기에 관련된 해부학적 구조를 소개한 벨의 책을 높이 평가했고, 이 책의 일부 내용을 자신의 책에 옮겨 놓기도 했다. 실제로 다윈의 책에는 자신이 직접 그린 삽화가 그리 많지 않다. 대부분은 다른 책에서 옮겨 놓은 것들이었다. 왼쪽에 초상화와 함께 실린 다윈의 글은 '찡그린' 표정을 묘사한 것이다. 실제로 다윈을 그린 초상화를 보면 대부분 그는 찡그린 표정을 짓고 있는데, 여기에 실린 초상화도 예외는 아니다. 여기서 묘사되고 있는 내용은 다윈이 직접 자신의 아이를 관찰한 것이다. 그는 첫째 아이가 태어나서 두 살이 될 때까지 아이가 성장하는 과정을 자세히 기록했다가, 1877년에 〈마음〉(*Mind*)이란 잡지에 발표했다. 이 기록은 개체의 발달 과정이 종의 발달 과정을 되풀이한다는 믿음을 암묵적으로 표현한 것이라 할 수 있다. 진화 이론은 생물학을 많이 변화시켰을 뿐만 아니라, 유럽의 심리학과 미국 심리학을 구별하는 이론적 원천이 되었다.

쉬루스버리에서 태어난 다윈의 학업 성적은 그리 뛰어난 편이 아니었다. 애딘버러에서 의학을 공부하기 시작했으나, 의반 보면 배우서였던 그는 신학을 공부하려고 케임브리지로 떠났다. 그러나 케임브리지에서도 다윈은 처음의 목적과는 달리 대부분의 시간을 식물학과 동물학 공부에 바쳤다. 1831년 자연학자가 된 다윈은 탐사선 비글 호를 타고 긴 여행을 시작했다. 다섯 해에 걸친 이 탐사 여행을 통해 그는 나중에 진화 이론을 지지할 많은 증거를 수집하였다. 그는 처음에 자신의 이론을 공개적으로 발표하기를 꺼렸다고 한다. 이론이 공개될 경우 예상되는 신학적 논쟁과 갈등이 두려웠기 때문이었다. 그러나 다윈은 진화 이론과 유사한 이론을 독자적으로 발전시키고 있었던 월리스(Alfred Russel Wallace, 1823~1913)의 편지를 받고 설득되어 결국에는 진화 이론을 발표하게 된다. ☑

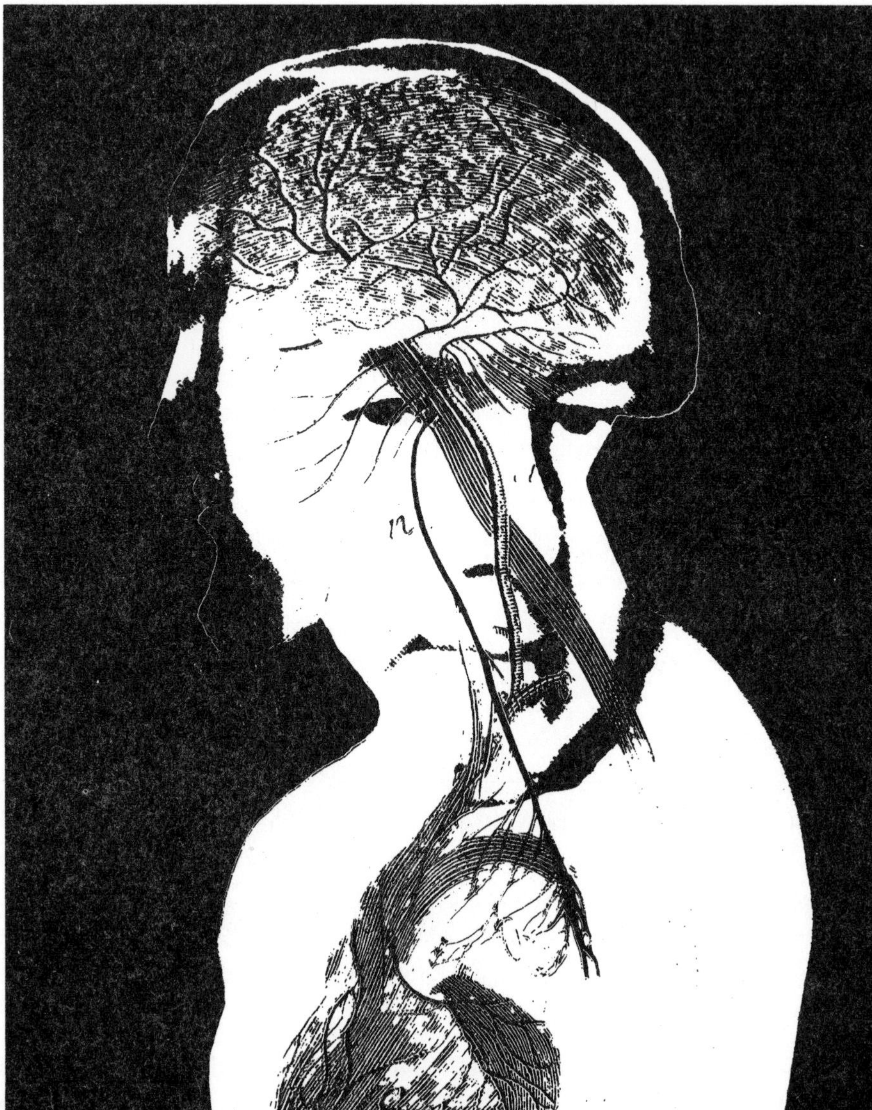

생체 내부 환경

끌로드 베르나르(Claude Bernard, 1813~1878)는 '생체 내부 환경'(milieu intérieur)이란 개념을 처음으로 제안하였다. 내부 환경이란 몸 안에서 벌어지는 화학 물질의 분비 작용과 세포 조직들이 안정적으로 유지되도록 조절하는 신경계의 기능을 일컫는다. 캐논(Walter Cannon, 1871~1945)은 이를 발전시켜 1932년에 이른바 '항상성'(homeostasis)■이란 개념을 제안했는데, 이것은 그후 학습과 동기를 다룬 많은 심리학 이론에 핵심적 개념이 되었다. 실제로 베르나르가 행한 타액 분비 실험을 자세히 들여다보면, 그가 고전적 조건 형성과 매우 유사한 현상을 관찰했음을 알 수 있다. "며칠 동안 굶은 말의 턱 옆에 구멍을 내어 이하선■■의 관을 밖으로 빼내어 보라. 이하선의 관을 열어 보면 타액이 전혀 흐르고 있지 않음을 알 것이다. 그러나 말에게 귀리나 다른 더 좋은 먹이를 보여주기만 해도, 심지어 먹이를 주려는 시늉만 해도 즉각 이하선의 관으로 타액이 뿜어 나오는 것을 관찰할 수 있다." 그로부터 약 25년이 흐른 뒤 파블로프가 비슷한 실험 기법을 사용해서 고전적 조건 형성 과정을 연구하게 된다. 베르나르의 실험 연구는 매우 폭 넓어서 처음에는 소화 과정과 그와 관련된 신경계의 작용에 관심을 두었다가 실험 생리학 전체로 확대되었고, 나중에는 실험 생리학의 철학적 기초를 마련하기에 이르렀다. 뛰어난 제자를 길러 내고 많은 교과서를 펴내는 등 그가 생리학에 끼친 영향은 실로 대단하였다. 베르나르는 내장 기관을 통제하는 기제를 연구하면서 생리학을 더욱 폭 넓은 관점에서 바라보게 되었다. 그에 따르면, "자연 그 어디에도 시스템은 존재하지 않는다. 시스템은 다만 인간의 마음 안에서 존재할 따름이다." 그는 당시에 득세하던 종간의 차이를 강조한 비교 생리학적 접근을 부정하고, "종간의 차이를 캐내려고 애쓸 것이 아니라 분리된 듯 보이는 다른 종들을 하나로 묶어주는 공통점을 찾아내는" 것으로서 보편적 생리학을 제안하였다. 베르나르는 또한 복합적인 시스템을 연구할 때 통계적 평균치를 사용하는 것에 회의적이었고, 참된 상태를 드러내기 위해서는 가장 완벽한 실험을 해서 나온 결과를 그대로 제시하는 것이 바람직하다고 보았다.

베르나르는 뢴느의 성 쥴리앙 근방에서 태어났는데, 파리에서 생리학 실험을 하다 신기한 발견을 하면 곧잘 고향으로 돌아와 그 발견의 의미를 곰곰이 생각하곤 했다고 한다. 그는 늦깎이로 의학을 공부하기 시작해서, 프랑소와 마강디로부터 많은 영향을 받았다. 마강디와 함께 연구하면서부터 베르나르의 관심은 의학에서 실험 생리학으로 점점 기울기 시작했다. 베르나르는 마강디의 뒤를 이어 꼴레쥬 드 프랑스에서 교수를 지냈으며 나중에는 소르본느 대학으로 초빙되었는데, 베르나르를 끌어오기 위해 소르본느 대학은 일부러 생리학 특별 학과장 자리를 마련했다고 한다. 젊은 시절 그는 문학 수업을 위해 파리로 이사했을 정도로 문학에 많은 관심을 보였다. 비록 본격적인 문인으로서의 길을 가지는 않았지만, 문학적 소질을 뛰어난 학문적 글쓰기로 이어간 베르나르는 나중에 아카데미 프랑세즈 회원으로 피선되었다.

심장과 뇌를 연결하는 신경 회로 속에 베르나르의 초상화를 그려보았다. 이 신경 회로는 그의 교과서에서 빌려 온 것이다. 이 책에서 그는 종간의 차이보다 생명 과정의 공통점에 더 초점을 두는 자신의 생리학 접근 방법을 잘 소개하고 있다. 그가 추구했던 것은 "생명 유지에 중요한 기초적 조건, 즉 모든 동물에 걸쳐 동일한 조건이 무엇인지에 답하는 것"이었다. ☑

■ 생체 내의 균형을 유지하려는 경향.
■■ 귀밑에 위치한 타액이 분비되는 내분비선.

Maar is dan ten opzichte der psychische processen iedere quantitatieve behandeling uitgesloten? Geenszins! Een gewichtige factor scheen voor meting vatbaar: ik bedoel den tijd, die tot eenvoudige psychische processen wordt gevorderd. Voor de beslissing der vraag, of wij recht hebben, het in 't algemeen bewezen verband voor bijzondere gevallen toe te passen, met andere woorden, of we mogen aannemen, dat aan de verscheidenheid van ieder bijzonder gevoel, van iedere bijzondere voorstelling, van iedere uiting van den wil eene absoluut corresponderende verscheidenheid in de werking der hersenen is verbonden, schijnt de bepaling van dien tijd niet zonder gewicht. Sedert langen tijd stelde ik mij voor, daartoe pogingen te doen. In de zitting der Koninklijke Academie van wetenschappen van 24 Junij 1865 gaf ik een overzicht der eerste, onder medewerking van den Heer de Jaager en van eenige andere leerlingen der Utrechtsche Hoogeschool, dienaangaande verkregen uitkomsten, die daarop uitvoeriger werden medegedeeld in de dissertatie van den Heer de Jaager: over den *physiologischen tijd der psychische processen*. Het denkbeeld tot deze proeven, zoo als trouwens de voorrede vermeldt, was van mij uitgegaan, de gevolgde methoden waren door mij aan de hand gegeven, en de proeven werden in het physiologisch laboratorium verricht en door mij bestuurd. Omstreeks denzelfden tijd gaf ik, met aanwijzing der methoden, een overzicht der verkregen uitkomsten in eenige populaire voordrachten, te Utrecht en elders gehouden.

돈더스의 눈

마음의 과정을 재는 측정치로서 '반응 시간'을 처음 도입한 사람은 **프란스 코넬리스 돈더스**(Frans Cornelis Donders, 1818~1889)였다. 1865년, 그는 네덜란드 왕립 과학 아카데미에 한 보고서를 제출하였다. 이 보고서에서 돈더스는 마음에서 어떤 심리적 사건이 처리되는 데 걸리는 시간을 측정한 초기 실험들을 소개하고 있다. 계속해서 그는 1868년에, 그리고 1869년에 각각 보고서를 발표했는데, 점점 더 세련되고 다듬어진 내용을 보여주었다. 옆에 보이는 텍스트는 1869년 보고서에서 발췌한 것이다. 돈더스는 생리학이 지닌 엄격함을 마음의 과정을 연구하는 데 적용하는 것이 얼마나 어려운가를 호소하면서 자신의 보고서를 시작하고 있다. "그렇다고 해서 마음의 과정을 양적으로 재려는 모든 시도가 불가능하다는 말인가? 천만에! 한 가지 중요한 요인은 측정 가능한데, 단순한 마음의 과정에 걸리는 시간이 바로 그것이다. 널리 확증된 관련성이 하나 하나의 특수한 경우들에 역시 적용될 수 있는지의 문제에 답하려면 —— 예를 들어, 우리가 특정한 감각 경험을 할 때, 상상으로 마음속에 어떤 그림을 떠올릴 때, 어떤 의도를 표현할 때 우리 마음속에 벌어지는 각각의 사건과 뇌의 다양한 기능들 사이에 어떤 절대적 상응 관계가 있다고 가정할 수 있는가의 문제에 답하려면 —— 마음의 시간을 측정하는 것을 결코 사소한 문제라고 말할 수 없다." 헬름홀츠는 신경 충동이 전달되는 데 걸리는 시간을 잰 바 있다. 헬름홀츠의 실험을 생각하고 있던 돈더스에게 단순한 반응 시간을 측정하는 아이디어가 떠올랐다. "그 순간 생리학적 시간의 흐름 속에 마음의 활동이라는 새로운 요소를 끼워 넣으면 어떨까 하는 아이디어가 떠올랐다. 기존의 생리적 반응 과제에 이 요소를 넣어 다시 쟀을 때 새로이 얼마만큼의 시간이 늘었다면, 그 시간은 바로 새로이 추가된 요소에 걸린 시간으로 생각하면 된다." '반응 시간'이란 표현을 처음으로 도입한 사람은 지그문트 엑스너(Sigmund Exner, 1846~1926)였고, 돈더스는 반응 시간을 다양한 유형으로 구분하였다. 'A' 유형은 하나의 자극에 대한 반응 시간이고, 'B' 유형은 여러 자극에 대한 반응 시간이며, 'C' 유형은 두 자극 중 하나의 자극에만 선택적으로 반응해야 하는 경우이다. 돈더스에 따르면, 'C' 유형의 반응 시간은 'A'나 'B' 유형보다 더 길다. 실제로 분트의 초기 실험실 연구의 대부분은 반응 시간에 관한 돈더스의 여러 연구 결과를 재검증하는 것과 관련된 것이었다.

돈더스는 우트레히트에서 의학을 공부했으며, 생리학에도 꾸준히 관심을 기울였다. 그는 우연히 독일어로 된 책 한 권을 네덜란드어로 번역하다가 안과학에 빠져들었는데, 이 책에 보고된 많은 실험들을 직접 다시 해보았다고 한다. 1852년 그는 우트레히트 대학의 안과학 교수가 되었다. 돈더스는 안구의 이상 굴절과 이상 조절 현상에 관해 많은 글을 남겼는데, 동공이 수축하여 이상 조절 현상이 비롯된 것이라고 보았다. 돈더스의 법칙에 따르면, 어떤 특정한 위치에 대해 눈은 항상 똑같은 방향을 가지는데 이는 눈이 그 위치에 맞춰지기까지 어떠한 패턴으로 움직였는가 하는 것과 아무런 상관이 없다는 것이다.

돈더스는 주로 시각을 연구했지만, 심리학에서 그가 차지하는 중요성은 인지 작용의 지표로 반응 시간을 사용했다는 점이다. 돈더스의 초상화가 그의 텍스트 속에 그려져 있는데, 텍스트의 글자들은 일부러 선명도에서 차이가 나도록 왜곡되어 있다. 텍스트의 가장자리는 초점을 맞추기가 어렵지만, 가운데는 또렷하게 처리되어 돈더스의 얼굴을 그려내고 있다. ☑

MIND
A QUARTERLY REVIEW
OF
PSYCHOLOGY AND PHILOSOPHY.
VOL. I.—1876.
NORGATE,

마음을 읽는 사람

알렉산더 베인(Alexander Bain, 1818~1903)은 두 권의 심리학 교과서를 썼는데, 이 책들은 나중에 쓰여진 교과서들에 대해서 하나의 전형으로 자리잡았다. 그는 또한 1876년에 심리학적 논제들을 다룬 것으로는 최초의 학술지라 할 수 있는 〈마음〉(*Mind*)을 창간했다. 베인은 "신경계를 연구하는 생리학자들의 놀라운 발견들이 이제야 마음의 과학에 제 위치를 마련하여 확고히 뿌리내릴 시기가 도래하였다"라고 간파하고 감각-운동 생리학과 철학을 통합한 독자적 학문 분야로서 심리학을 내세웠다. 그는 더 나아가 신체 운동을 조절할 때 감각 정보의 피드백이 중요하다고 강조하면서 더 높은 수준의 정신 과정과 자발적 운동이 통합되어 있다고 주장하였다. "이른바 '감각 기관'이라 하면, 주로 다섯 가지 감각 기관(시각, 청각, 촉각, 미각, 후각)을 가리키며 근육의 활동을 탐지하는 감각 기관은 따로 구별짓는다. 내 생각에는, 이들 다섯 가지 감각 기관을 통한 감각보다 '운동'과 '운동 감각'에 더 우선적인 지위를 주는 것이 온당하다고 본다. 외부의 자극들에 의존하지 않고 순수하게 내부 충동에서 비롯되어 발산되는 활동 에너지야말로 정신 구조의 가장 기본적인 속성이다. 나의 연구는 바로 이를 증명하려는 시도라 할 수 있다." 베인은 지각에서 운동 요소의 역할을 강조하여 행동주의의 도래를 미리 예고했다고 할 수 있다. "그 어떤 감각 경험보다 행동이야말로 우리 정신 구조의 가장 원초적이고 핵심적인 속성이다. 실제로 행동은 모든 감각 기관들 하나 하나에 구성 요소로 들어가 자리잡고 있어서 이들을 따로 떼서 구분할 수는 없다." 그는 또한 어떤 행동이 고통을 감소시키고 쾌락을 증진시킬수록 더 자주 일어난다고 간파하면서 행동주의의 관점을 이미 취하고 있었다.

나중에 윌리엄 제임스의 『심리학의 원리』(*Principles of Psychology*)가 출판되기까지 약 30년 동안 베인의 『감각과 지능』(*The Senses and the Intellect,* 1855)과 『정서와 의지』(*The Emotions and the Will,* 1859)가 심리학의 대표적 교과서로 널리 애용되었다. 베인은 심리학 교과서 외에도 영어 문법, 윤리학, 논리학, 수사학, 골상학 등에 관한 여러 책을 남겼다.

애버딘에서 태어난 베인은 특정한 스승이 없이 거의 혼자서 공부했다. 그는 애버딘의 마리샬 칼리지에서 철학을 공부하고 다섯 해 동안 도덕 철학과 심리 철학을 강의했다. 잠시 런던에서 글도 쓰고 강의도 하며 생활하다가, 다시 애버딘으로 돌아와 애버딘 대학의 논리학 교수가 되었다. 왼쪽의 그림은 베인이 창간한 학술지 『마음』의 표지를 복사한 것인데, 처음에는 베인의 제자들 중의 한 명이 이 학술지의 편집을 맡았다. 또한 베인이 설계한 신경 처리 모델도 그려져 있는데 입력 정보의 강도가 변화하면 출력도 그에 따라 달라지는 구조를 지니고 있다. 이런 것을 보면, 베인이 이미 학습 과정을 연결주의적 관점에서 설명했음을 알 수 있다. "처음에는, 회로를 이루는 각 마디가 활동하면 다른 마디에도 무차별적으로 그 흥분이 전달된다. 그러나 두 마디만 동시에 활성화되면, 바로 이때가 학습이 획득되는 시기인데, 두 마디를 연결하는 중개 세포에 물질적 변화가 생겨나서 두 마디 사이에 연결은 강해지고 억제는 줄어든다. 이런 과정이 점점 진행되어 결국에는 이 회로의 한 마디가 흥분해도 이제는 더 이상 무차별적으로 다른 마디로 흥분이 전달되지 않고, 선택적으로 특정한 마디만을 흥분시키게 된다. 즉, 상대적으로 어떤 한 마디와는 더 강하게 연결되고 나머지 다른 마디와는 약하게 연결된다." ☑

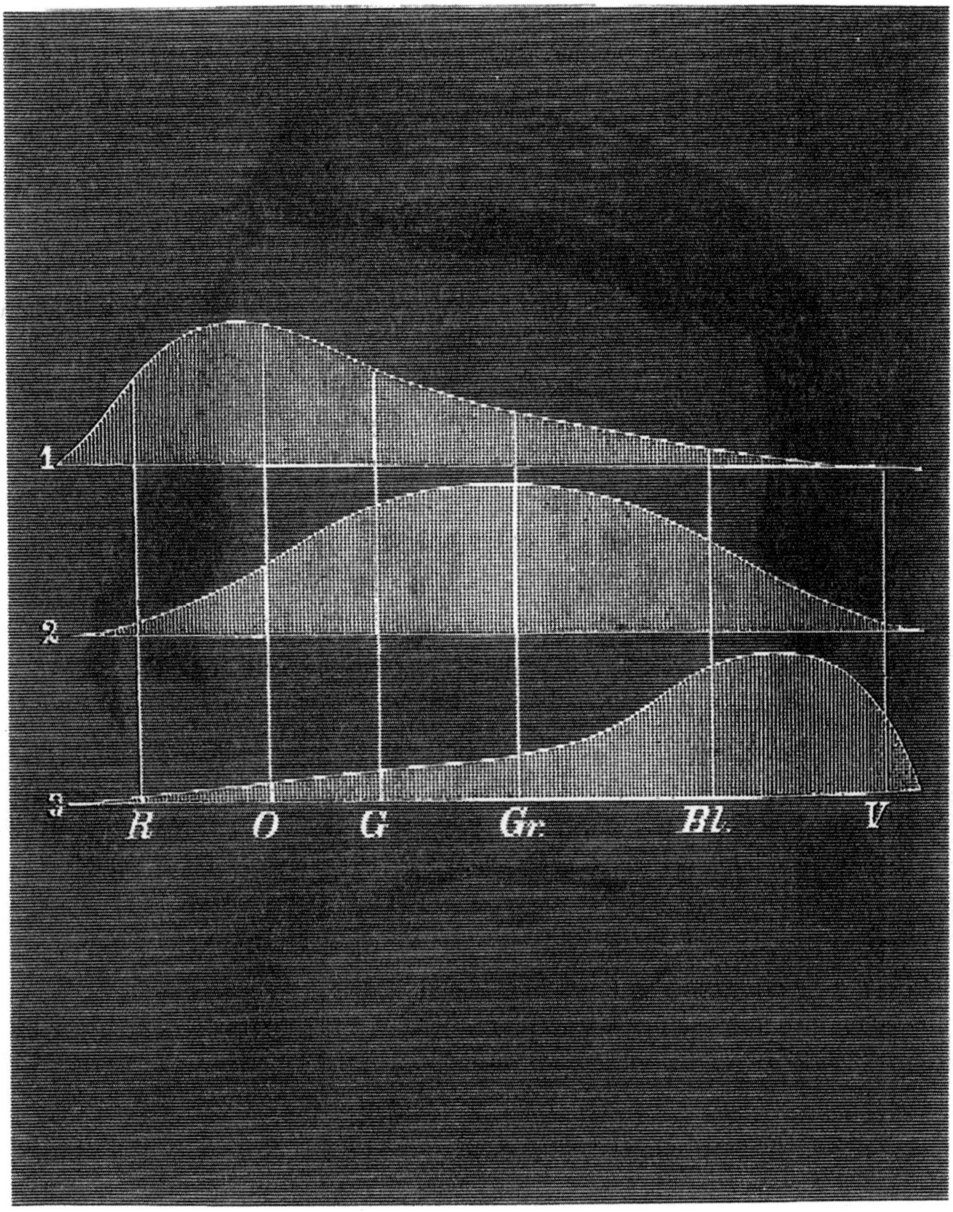
1
2
3
R
O
G
Gr.
Bl.
V

'영과 헬름홀츠'의 젊은 헬름홀츠

헤르만 루트비히 페르디난트 폰 헬름홀츠(Hermann Ludwig Ferdinand von Helmholtz, 1821~1894)는 물리학과 생물학 두 분야에서 에너지 보존의 법칙을 정립하였다. 그는 또한 신경 충동이 전달되는 속도를 측정하였고, 시각과 청각 연구에 수많은 업적을 남겼다. 그의 연구 분야는 실로 방대했고, '대중을 위한 과학 교실'을 열어 자신의 폭 넓은 과학 지식을 일반인들에게 널리 알리고자 했다. 헬름홀츠는 뮐러 밑에서 생리학을 배웠으나, 나중에 뮐러의 생기론을 반박하고 대신에 기계론을 지지하는 증거를 주장하게 된다. 더 나아가 헬름홀츠는 뮐러의 주장과 반대로 신경 충동이 전달되는 데 어느 정도 시간이 걸린다는 것을 보여주었나. 그는 처음에 개구리의 운동 신경을 수술하여 신경 전달 속도에 관한 실험을 하였으나, 나중에 유사한 결과를 인간에게서도 관찰하였다. 피험자에게 피부에 자극이 주어지는 즉시 최대한 빨리 반응하라고 요구하였다. 발가락을 자극했을 때 걸리는 시간에서 허벅지를 자극했을 때 걸리는 시간을 빼면 발가락에서 허벅지 사이의 신경을 이동하는 데 걸리는 시간이 계산되고, 이를 바탕으로 신경의 전달 속도를 계산할 수 있었다. 이렇게 해서 측정된 속도는 초당 50m에서 100m 사이였다고 한다.

헬름홀츠는 포츠담에서 태어났고 어려서부터 물리학에 각별한 관심을 나타냈지만, 경제적인 어려움 때문에 군사 장학금을 받는 조건으로 베를린에서 의학을 공부하였다. 제대 후 헬름홀츠는 강단에 서게 되는데, 1849년에 쾨니히스베르크 대학의 생리학 과장으로, 그 다음엔 본 대학, 하이델베르크 대학, 베를린 대학으로 옮겨 다녔다. 검안경을 발명하고 신경 전달 속도를 측정한 것은 쾨니히스베르크 시절이었다. 헬름홀츠의 기념비적 저서, 『생리학적 광학 편람』(*Handbuch der physiologischen Optik*)의 제2권과 3권은 그가 종신 재직권을 보장받아 하이델베르크 대학에 머물 무렵에 출간되었는데, 각 권이 1856년, 1860년, 1866년에 따로 발표된 다음 1867년에 함께 출간되었다. 제1권은 물리학적 생리학, 제2권은 시각의 생리학, 제3권은 시지각에 관한 것이었다. 헬름홀츠의 지각 연구는 그 무렵 독일에 유행하던 칸트 철학보다는 영국 경험론의 전통 위에 서 있었다. '우리가 어떤 과정을 통해 사물을 보는 법을 배우게 되는지' 그리고 '왜 우리는 외부에서 주어지는 자극 패턴이 달라져도 여전히 동일한 지각 경험을 하는지'를 설명할 때 헬름홀츠는 버클리의 '무의식 추리'(unconscious inference)를 빌려 오고 있다. "감각 기관을 통해 주어진 감각 경험은 우리의 의식에 주어진 징표들(tokens)일 뿐이며, 그것들이 지닌 의미를 파악하는 법을 배우는 것은 어디까지나 우리의 지능에 달려 있다." 그는 이러한 입장을 많은 실험들, 특히 입체경을 사용한 실험들로 지지하고자 했다. "휘트스톤이 발명한 입체경은 타고난 시지각 능력을 주장하는 생득론이 얼마나 지지되기 어려우며 불완전한 것인지를 잘 드러내 주었다. 입체경을 사용한 실험을 한 결과 경험론이 시지각 능력을 더 잘 설명하는 것으로 밝혀졌다." 색채시는 제2권에서 다루어지고 있다. 헬름홀츠는 세 가지 기제를 통해 색이 지각될 수 있다는 영의 가설을 확장시켜서 특정 에너지를 지닌 신경들이 각각 서로 다른 빛의 파장대에 민감하다는 것을 보여주는 곡선을 사고 실험을 통해 그려냈다.

백색광은 세 요소로 분석된다는 것을 보여주는 곡선들과 함께 스물 여섯 살 먹은 젊은 헬름홀츠가 그려져 있다. ☑

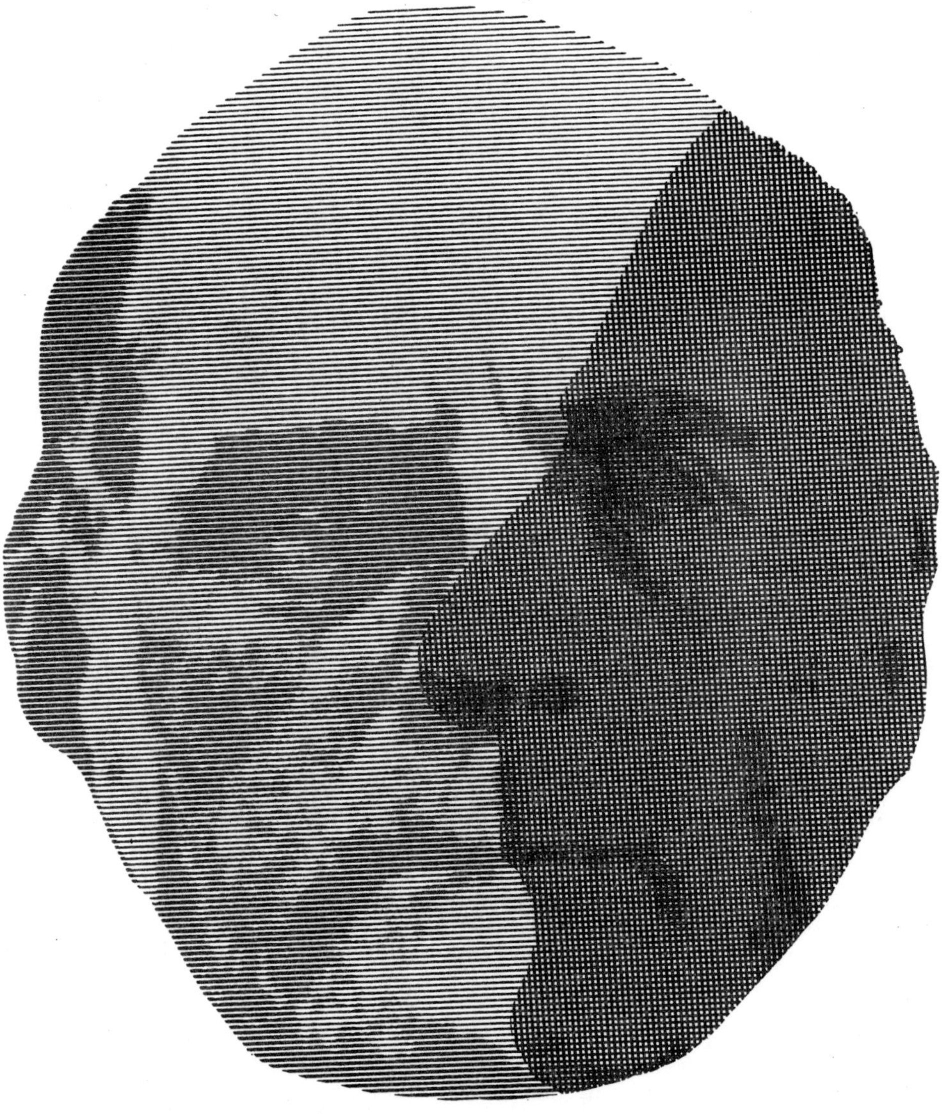

얼굴 알아보기

프란시스 갈턴(Francis Galton, 1822~1911)은 인간의 온갖 지각 경험과 수행을 구석구석 측정하려 한, 한마디로 골수 측정가라 할 수 있다. 그는 지능과 심상(mental imagery)을 측정했고, 심리학에 단어 연상과 쌍생아 연구법을 도입했다. 그것뿐인가? 그는 지문에 개인을 식별하는 쓰임새가 있음을 발견했고, 기상도를 고안해 냈으며, 심지어 여인의 아름다움과 강의의 지루한 정도까지 측정하였다. 그가 심리학에 끼친 영향이 얼마나 큰지를 잘 드러내 주는 분야는 개인차 연구이다. 그는 단순히 개인차를 잴 수 있는 방법만을 연구한 것에 그치지 않고 측정된 개인차들을 서로 비교하는 방법을 고안했다. 갈턴이 이룩한 업적 중 그 영향력이 가장 오랫동안 지속되었던 것은 아마 개인차 비교의 방법일 것이다. 그가 고안한 비교 방법은 측정치 그 자체를 비교하는 것이 아니라 측정치들이 서로 얼마나 다른지, 즉 변산성(variability)의 관점에서 접근하는 것이다. 이러한 통찰은 천재가 유전되는지를 연구하면서 얻어진 것이라 한다. 갈턴은 사촌이었던 다윈의 진화론에 많은 영향을 받았다. 처음에 정신 기능의 개인차에 대한 관심을 가졌던 갈턴은 나중에 그것을 감각 경험의 변별 능력과 반응 시간에 연결시켜 연구하였다. 수학에 능했던 그는 '변산성'과 '적응'이라는 다윈의 개념을 수학적으로 해석하여 개인들이 보이는 행동상의 차이를 측정하려 했다. 이러한 행동 측정 시도가 정점에 이른 것은 그가 '인체 측정 실험실'(Anthropometric Laboratory)을 열었을 때였다. 이 곳에서 수천 명에 이르는 사람들이 돈을 지불하고 자신의 신체와 심리적 특징을 측정했다. 갈턴은 께뜰레가 사람의 키와 몸무게를 측정해서 그려낸 종 모양의 곡선처럼 사람들의 마음의 능력들도 조사해 보면 정상 분포(normal distribution)의 모양을 가지며, 또한 유전된다고 제안하였다. 그는 저명한 과학자들에게 설문지로 질문하여 후천적인 것보다 선천적인 것이 더 중요함을 지지하고자 했다(실제로 갈턴이 'nature'와 'nurture'라는 용어를 처음으로 사용했다). 마음의 능력들이 그리는 분포의 모양을 조사하던 중 갈턴은 1888년에 비로소 "한 가지 중요한 보편적 사실, 즉 유전 법칙은 통계적 단위로 표현하자면 이른바 오직 '편차'(deviation)와만 관련되어 있다는 것을 깨달았다." 그는 많은 정성을 들여 두 세대에 걸쳐 스위트피의 크기와 모양을 기록한 자료를 꼼꼼히 다시 분석해 보니 자신의 생각이 옳다는 것을 더욱 확신할 수 있었다. 그는 조상들의 평균값에 비해 자손들의 평균값이 전체 모집단의 평균으로 향하는 경향이 있다는 것을 관찰하고 이러한 회귀 경향을 측정할 수 있는 방법을 고안하려 했다.

갈턴은 버밍햄에서 태어나 그곳에서 의학 공부를 시작했다. 그러나 아버지가 편히 공부만 할 수 있을 만큼 넉넉한 유산을 남기고 죽자, 그는 원치 않았던 의학 공부를 그만두고 케임브리지로 가서 수학을 공부했다. 갈턴은 빅토리아 여왕 시대의 영국적 전통 속에서 경제적으로 예속되지 않고 마음껏 탐험도 하고, 글도 쓰고, 실험적 질문을 탐구하는, 이른바 전형적인 영국 신사풍의 과학자로 성장했다. 그는 비록 한 번도 대학 강단에 서지 않았지만, 런던 대학의 우생학과(가장 중요한 인간의 특성은 유전된다고 믿었던 학문)의 과장에게 기금을 내기도 했고, 〈생물 측정학〉(*Biometrika*)이라는 학술지의 창간에 참여하기도 했다.

갈턴은 한 얼굴을 여러 각도에서 촬영해 보기도 했고 합성 사진을 만들어 실험하기도 했다. 합성 사진은 주로 수많은 범죄자들의 얼굴을 촬영한 다음, 한 장의 종이에 함께 인화해서 만든 것이었다. 그는 범죄자들의 합성 사진을 다음과 같이 기록하고 있다. "범죄자들의 얼굴에 특징적으로 드러나던 포악하고 험상궂은 인상은 어느새 사라져 버리고…… 그들의 얼굴에 숨어 있던 평범한 인간의 인상이 나타났다." 갈턴의 얼굴을 앞에서 찍은 사진과 옆에서 찍은 사진이 합성되어 있다. 두 사진은 파리에 있던 베르띠용의 실험실에서 당시 71세이던 갈턴을 촬영한 것이다. ☑

f1
fo
F2
Fo
fo
R
F3
S'
S''
T1

브로카 영역

피에르 폴 브로카(Pierre Paul Broca, 1824~1880)는 정신 질환을 앓고 있던 환자들을 관찰하고 그들이 사망했을 때 뇌를 해부하여 정신 기능이 대뇌의 각 영역에 국지적으로 분화되어 있다는 주장을 실증하였다. 그는 초기에 비교 해부학과 대뇌 피질의 국지화를 주장한 갈에게서 많은 영향을 받았다. 당시에 대뇌 국지화에 대한 다른 증거들이 여러 번 제시되긴 하였지만, 브로카가 제시한 증거가 과학자 집단에 유달리 심각하고 의미 있게 받아들여진 것은 브로카가 골상학에 전혀 물들어 있지 않았기 때문이다. 갈 역시 대뇌 좌반구의 전방 영역을 손상 당하여 사물의 이름을 기억하지 못하는 환자의 사례를 보고했고 다른 이들도 여러 명 그와 비슷한 사례를 발표했지만, 적시타를 터뜨린 것은 브로카의 발표였다. 1859년 브로카는 첫 인류학 학회를 개최하는 일에 참여했는데, 바로 이 학회에 마련된 자리에서 자신의 연구를 발표해 널리 알리는 기회를 잡게 된다. 학회에 참석한 사람들은 처음에 뇌의 부피와 지능의 관계에 관해 논쟁을 벌이다가 자연히 대뇌 국지화와 언어 기능에 관한 논의로 옮겨갔다. 그 무렵 브로카는 말하는 능력을 잃어버린 환자(이러한 증세를 브로카는 **'aphemia'**라 불렀고 요즘에는 '실어증'(**aphasia**)이라 부르고 있다)를 치료하고 있었다. 유일하게 낼 수 있는 소리가 '탄'뿐이어서 '탄'이라 불린 이 환자는 그러나 남이 하는 말은 잘 알아들었다. 브로카는 일 주일 뒤에 탄이 죽자 해부하여 좌반구 전두엽에 커다란 구멍이 나 있음을 발견하고 탄의 뇌를 다음 날 학회 모임에 전시하였다. 탄과 비슷한 증세를 보이던 브로카의 두 번째 환자도 전두엽에 문제가 있었는데, "앞에서 두 번째와 세 번째로 볼록하게 솟아오른 지역의 앞쪽 1/3 가량 되는 부위에 예리하고 깊은 상처를 가지고 있었다." 요즘 우리는 이 지역을 '브로카 영역' 또는 '브로카 회'라고 부른다. 브로카는 골상학자들과 달리 단순히 뇌의 어느 부위가 언어 능력과 관련된 곳이라고 지적하는 데 그치지 않고, 언어 기능에 대한 더 복잡한 분석을 시도하면서 다음과 같은 질문을 던졌다. "언어 기능이 지닌 복잡한 성질을 감안했을 때 단순히 뇌의 어떤 장소가 그 기능을 담당한다고 단정적으로 말하기가 망설여진다. 말하는 기능을 상실한 환자들이 실제로는 혹시 단순히 기억을 상실한 것이 아닐까? 그들이 잃어버린 것은 단어에 대한 기억이 아니라, 그 단어를 정확히 발음해야 할 때 따라야 하는 어떤 절차에 대한 기억이 아닐까?" 브로카의 발견이 가장 앞선 것인지 혹은 그의 환자들이 당한 손상이 어느 정도였는지에 관해 왈가왈부 논쟁이 많았지만, 언어 기능과 대뇌 피질의 특정한 위치를 연결시키려는 시도는 매우 성공적인 것임이 드러났고, 많은 사람들의 연구 의욕을 자극했다. 브로카의 연구를 이어 칼 베르니케(Carl Wernicke, 1848~1905)가 다른 사람의 말을 듣고 이해하는 언어 기능은 좌반구의 뒤쪽이라는 것을 밝혀 냈다.

보르도 근방에서 태어난 브로카는 대부분의 생애를 파리에서 보냈고, 파리 대학에서 임상 외과학 교수가 되었다. 브로카는 자신이 죽던 해에 프랑스 과학을 대변하는 상원 의원으로 선출되었다.

다작이었던 브로카는 몇 권의 책 이외에도, 무려 5백 편이 넘는 논문을 발표했다. 그의 초상화가 브로카 영역 속에 그려져 있다. 여기에 실린 그림은 뇌에 관해 브로카 자신이 직접 쓴 책에서 옮겨온 것이다. ☑

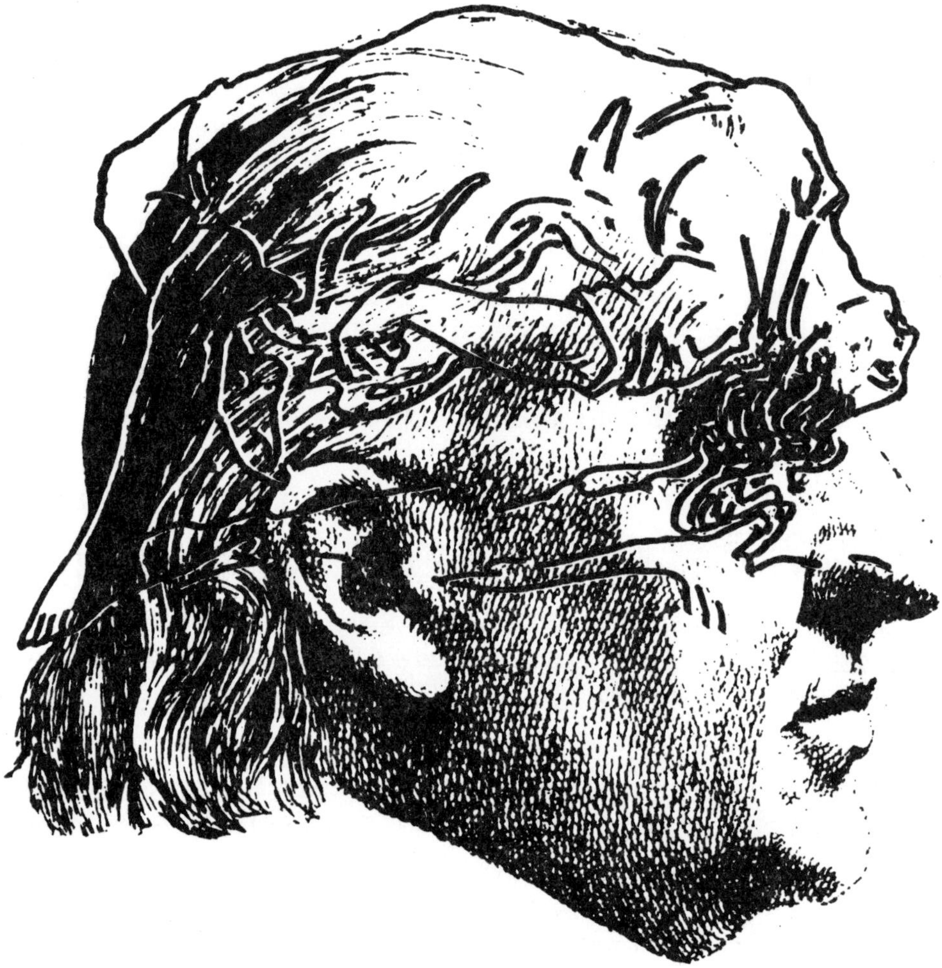

활 모양으로 춤추는 히스테리 환자

장 마르템 샤르코(Jean Martin Charcot, 1825~1893)는 본디 신경학자였으나 최면 연구에도 많은 관심을 보였다. 일부 의사들이 메스머의 동물 자기장 이론을 받아들이기 시작한 것은 브레이드가 최면이라는 이름 하에 일종의 마취제로 사용하게 되면서부터였다. 최면 연구는 낸시에서 계속되었는데, 이곳에서 이폴리트 베른하임(Hyppolyte Bernheim, 1840~1919)은 여러 환자들에 최면을 거는 데 성공하였고 종종 그들의 병세를 호전시키기도 했다. 베른하임은 모든 사람이 최면에 걸릴 수 있지만 그 정도에서 차이가 나며, '암시'(suggestion)가 치료에 도움이 된다고 주장하였다. 샤르코는 이러한 심리적 해석에 반대하며 최면을 히스테리에 연결시켰다. 당시에 히스테리란 뚜렷하게 손상 당한 곳을 관찰할 수 없는데도 신체 기관에 장애를 일으키는 상태를 가리켰다. 샤르코는 "히스테리를 일으키는 사람들은 분명히 어딘가에 손상을 당한 것이 틀림없지만, 지금 우리의 해부학 수준으로 정확한 위치를 밝힐 수 없을 뿐이다. 우선 이러한 손상을 '역동적 혹은 기능적 손상'이라 부르는 것이 적당할 것 같다."고 말했다. 그는 단지 히스테리 환자들만이 최면에 걸린다고 주장했다. 샤르코는 히스테리를 외상적 히스테리, 주요 히스테리 등의 여러 유형으로 분류하고, 자신의 히스테리 환자들이 최면에 걸릴 때 차례대로 마비, 강직증■, 몽유병의 단계를 거치는 것을 관찰하였다. 그러나 결국 그는 자신보다 베른하임의 해석이 더 타당한 견해임을 인정하였다.

샤르코는 자신이 태어난 파리에서 계속 살았다. 그는 예술가가 될 꿈을 꾸다가 일단 의학을 택하기로 결심하고 살페뜨리에르 병원에서 공부했는데, 이곳은 원래 감옥 같은 수용소였으나 피넬에 의해 비로소 병원으로 탈바꿈된 곳이었다. 나중에 이곳에 신경계 질환을 담당하는 수석 과장 자리가 생기자, 샤르코가 그 자리를 맡았다. 그 역시 피넬처럼 아주 노련한 임상가였으며 많은 유형의 신경계 질환을 체계적으로 분류하였다. 또한 타고난 선생이기도 했던 샤르코는 수업 중에 학생들 앞에서 직접 환자들의 질병을 진단하는 시범을 보여주곤 했다. 그의 뛰어난 강의 실력이 입에서 입으로 알려지자 세계 곳곳에서 많은 학생들이 그에게로 몰려들었다. 이들 중에는 프로이트도 끼여 있었다. 1885년과 1886년 사이에 4달 동안 샤르코의 강의를 수강하며 많은 영향을 받았던 프로이트는 샤르코에 깊은 존경을 표했다고 한다. 샤르코는 브로카와 함께 대뇌 국지화설의 열렬한 지지자였고, 강의할 때 많은 시간을 할애하여 브로카가 보고한 실어증을 다루었다. 그는 정신 질환자가 사망하면 뇌를 해부하여 기능적 장애와 해부적 위치의 관련성을 체계적으로 연구하였고, 이를 위한 연구 방법으로 '임상 해부법'을 소개하였다.

샤르코의 머리쪽에 히스테리 환자가 보이는 전형적인 자세(이를 '라크 드 세끌'(l'arc de cercle), 직역하면 '원호'라 불렀다)를 그려 놓았다. 위기에 다다른 히스테리 환자가 보이는 이 자세는 샤르코가 학생들 앞에서 최면 시범을 보여주는 장면을 그린 브루이예의 유명한 그림, 〈살페뜨리에르 병원의 임상학 강의〉(A Clinical Lecture at the Salpêtrière)에서도 볼 수 있다. 그 그림을 보면, 강의실의 왼쪽 위에 걸려 있는 액자에도 이러한 자세를 취한 한 환자의 모습이 그려져 있다. 아마도 매 강의 시간마다 늘 똑같은 환자를 데려다 놓고 똑같은 순서로 최면 상태에 빠져들게 하는 시범을 되풀이하여 보여주면서 자신도 모르게 최면과 히스테리에 대한 잘못된 결론, 즉, 오직 히스테리 환자들만이 최면에 걸릴 수 있다는 주장에 이르지 않았나 싶다. ☑

■ 히스테리나 정신 분열증 따위에 수반되는 근육 경직, 자세 고정 따위의 증상.

망막의 생리학자

헤르만 루돌프 아우베르트(Hermann Rudolf Aubert, 1826~1892)는 헬름홀츠와 헤링과 함께 광학 생리학 분야의 선두 주자로 손꼽히는 인물이었다. 1865년에 출판된 『망막 생리학』(*Physiologie der Netzhaut*)에서 그는 광학 생리학에 여러 발견적 사실들을 더해 놓았을 뿐 아니라 광학 생리학에 쓰이는 많은 용어들을 깔끔하게 정의하였다. 아우베르트는 시각을 "그것을 통해 비로소 우리가 물리적 빛을 지각할 수 있고 또한 빛의 강도 차이를 구별하여 인식할 수 있는 능력"이라고 정의하였다. 그는 처음으로 '순응'(adaptation)이란 개념을 도입하고 '조절'(accommodation)과 구별하여 사용하였다. 아우베르트가 구분하기 전까지 사람들은 이 두 개념을 혼동하여 사용해 왔는데, 조절은 물체가 가까이 있느냐 멀리 있느냐에 따라 양쪽 눈의 시선을 모으기도 하고 펼치기도 하는 과정을 가리키는 것이고, 순응은 주변에 빛이 많고 적음에 적절히 적응해 가는 과정을 가리킨다. 그는 명순응과 암순응의 과정을 시간에 따라 체계적으로 그려냈다. 우선 자신이 개발한 반사 투영기(episcotiser)로 광원의 밝기를 계산한 다음, 두 시간 동안 직접 암실에 앉아서 일정한 시간 간격을 두고 자신이 빛을 탐지하는 식역(threshold)을 측정했다. 아우베르트의 연구를 통해 비로소 많은 연구자들이 망막에 있는 빛 수용기들이 그 위치에 따라 기능이 어떻게 달라지는가에 관심을 갖고 연구하기 시작했다. 그는 망막의 중심부에서 가장자리로 갈수록 사물의 세세한 모양을 정밀하게 보는 기능이 점점 떨어지며, 색깔을 보는 기능은 망막의 중심와(fovea, 窩) 근처에 제한되어 있다는 사실을 밝혀 냈다. 그는 또한 망막의 말초 지역에 맺힌 사물의 색깔은 그 배경이 무엇인가에 따라 잘 보이기도 하고 잘 안 보이기도 한다는 것을 관찰했는데, 바탕이 더 어두울수록 색깔이 더 잘 보인다. 『망막 생리학』이 출판된 뒤, 그 이듬해인 1866년에 해부학자들이 위치에 따른 망막의 기능 차이가 두 유형의 빛 수용기인 추상체(cones)와 간상체(rods)가 서로 망막의 위치에 따라 달리 분포되어 있는 것과 관계 있음을 밝혀 내고, 이른바 망막의 이중 구조론(duplicity theory)을 주장하였다. 아우베르트는 빛의 강도 지각과 운동 지각에 대해 탐지역과 차이역을 정확하게 계산해 냈다. 배경을 이루는 장면이 정지되어 있고 잘 보일 때에 비하여, 배경이 잘 보이지 않는 어두운 곳에서는 운동을 탐지하기가 거의 열 배나 더 어려워진다. 배경을 거의 볼 수 없는 암실에서 빛만을 보여주면, "실제로 빛이 전혀 움직이지 않았는데도 자주 사람들은 분명히 움직이는 것을 보았다고 말하는데" 아우베르트는 이 현상을 '자동 감각'(autokinetic sensation)이라 불렀다. 1861년에 그는 깜깜한 방에서 수직의 선분을 보고 있을 때 우리의 머리를 옆으로 기울이면 선분이 반대 방향으로 쓰러지는 듯한 착각을 하게 된다는 것을 관찰했다. 이것이 바로 오늘날 '아우베르트 현상'이라 부르는 것이다. 아우베르트는 공간 지각에 많은 관심을 보였는데, 사물이 가까이 있을수록 사물을 정확하게 보는 능력이 더 증대된다는 아우베르트-푀어스터 현상, 움직이는 물체를 눈으로 쫓아가면서 보면 실제보다 더 느리게 움직이는 것으로 보이는 아우베르트-플라이슐 현상을 발견했다.

아우베르트는 프랑크푸르트에서 태어났고, 베를린 대학에서 의학을 공부했다. 그는 브레슬라우 대학에서 강의를 했고 1865년부터 죽을 때까지 로스톡 대학에서 생리학 과장으로 재직했다.

세밀하게 그려진 망막의 해부 구조 속으로 아우베르트가 보이고, 다시 망막의 해부 구조는 망막의 이름을 이루는 낱자들(RETINA) 속에 나타나고 있다. ☑

델뵈프 착시

조셉 레미 레오폴 델뵈프(Joseph Rémi Leopold Delboeuf, 1831~1896)는 정신 물리학, 꿈의 분석, 최면 등 다양한 주제를 연구했다. 그는 평생에 걸친 학교 생활을 통해 꾸준히 시각에 관심을 보여 오다가, 1892년에야 비로소 처음으로 한 착시 현상을 발표했는데, 나중에 이 현상은 그의 이름을 따서 델뵈프 착시라 불리게 되었다. 이 착시는 실제로 같은 크기의 원이지만 자신보다 더 작은 원을 둘러싸고 있을 때에 비해 더 큰 원에 둘러싸여 있을 때 더 커 보이는 현상이다. 델뵈프가 이 현상을 해석하는 방식은 지각을 운동의 관점에서 다루는 베인의 접근법과 비슷하다. 델뵈프는 물체의 지각된 크기는 그 물체를 바라볼 때 일어나는 안구 운동의 폭과 밀접히 관련되어 있고, 착시를 일으키는 그림은 바로 안구 운동의 패턴에 영향을 주기 때문에 지각된 크기가 달라 보이는 것이라고 생각했다. 플라토에 자극 받아 정신 물리학 분야에 뛰어든 델뵈프는 연구를 계속하여 '감각 거리'(sense-distance)라는 개념을 정립하게 된다. 이 개념의 기본적 가정은 식역을 넘어서는 자극들의 차이가 같은 간격으로 배열될 수 있다는 것이다. 이 개념으로 인해 감각의 차이를 순서에 따라 일정 간격으로 배열할 수 있게 되어, 페크너의 방법이 지니고 있던 한 가지 문제점을 해소할 수 있었다. 실제로 '감각 거리'는 그 타당성이 입증되어 그후 감각 측정 실험에서 매우 기본적인 개념으로 자리잡았다.

1866년 리에쥬로 자리를 옮기면서 델뵈프는 정신 물리학 연구를 그만두고, 꿈을 관찰하고 분석하기 시작했다. 꿈을 이용해 기억과 지각 사이의 상호 작용을 연구했던 그는 꿈이 지닌 심리학적 가치를 최초로 발견한 사람들 중의 한 명이었다. 1885년에 그는 살페뜨리에르에서 샤르코와 함께 최면을 연구했는데, 그때 프로이트도 그곳에 있었다고 한다. 델뵈프는 자신의 눈으로 직접 샤르코의 최면 실험을 본 뒤, 오히려 최면의 참된 원인에 대해 더 의심하게 되었다. 그는 최면 효과의 상당 부분은 자신이 곧 최면에 걸릴 것을 예상하는 환자의 기대 때문에 비롯된 것이라고 생각했다. 또한 그는 최면을 거는 사람과 최면이 걸리는 사람 모두가 서로에게 영향을 주고받는다고 주장했다. 실제로 최면술사들은 최면을 걸 사람에게 어떤 방법을 사용하여 처음에 잘 먹혀들면 계속해서 그 방법만을 사용하려는 경향이 있다. 최면에 대한 델뵈프의 해석은 점점 샤르코보다는 베른하임의 입장과 비슷해져 갔고, 최면 과정 전체에 걸쳐 최면술사가 사용하는 단어들이 매우 중요함을 강조하였다. 그는 1888년에 낸시에 있던 베른하임을 직접 방문하여 최면에 관해 의견을 나누기도 했다. 델뵈프는 환자를 치료할 때 최면도 사용했지만, 환자로 하여금 자신의 문제를 직접 대면하게 하는 방법도 사용했다. "최면술사는 환자로 하여금 환자 자신의 문제가 처음 생겨난 당시의 상황으로 되돌아가게 한 다음, 특정한 단어를 들려주어 그 단어를 가지고 자신의 문제와 싸우게 한다. 이런 과정을 통해 이제 환자는 다시 태어나게 된다."라고 그는 결론지었다. 프로이트도 후에 델뵈프와 유사한 기법을 사용하곤 했으며 비슷한 해석을 하기도 했다.

델뵈프는 리에쥬 대학에서 철학과 수학으로 박사 학위를 받았고, 본으로 가서 기하학을 공부하며 독일의 실험 심리학자들과 어울려 지냈다. 그는 겐트 대학의 철학 교수로 부임하면서 정신 물리학 연구를 시작했다. 델뵈프는 당대의 쟁쟁한 심리학자들을 많이 만났는데, 그 중의 한 사람인 윌리엄 제임스는 그를 매우 뛰어난 학자로 평가하였다. 델뵈프의 초상화에는 델뵈프 착시 현상을 일으키는 그림을 그려 넣었다. 실제로 델뵈프가 쓰고 있는 안경테에 그려진 두 타원은 동일한 크기를 갖지만 크기가 달라 보이는데, 한 타원은 가까이 있어서 크게 그려진 안경테의 안쪽에 있고 다른 한 타원은 멀리 있어서 작게 그려진 안경테의 바깥쪽에 있기 때문이다. ☑

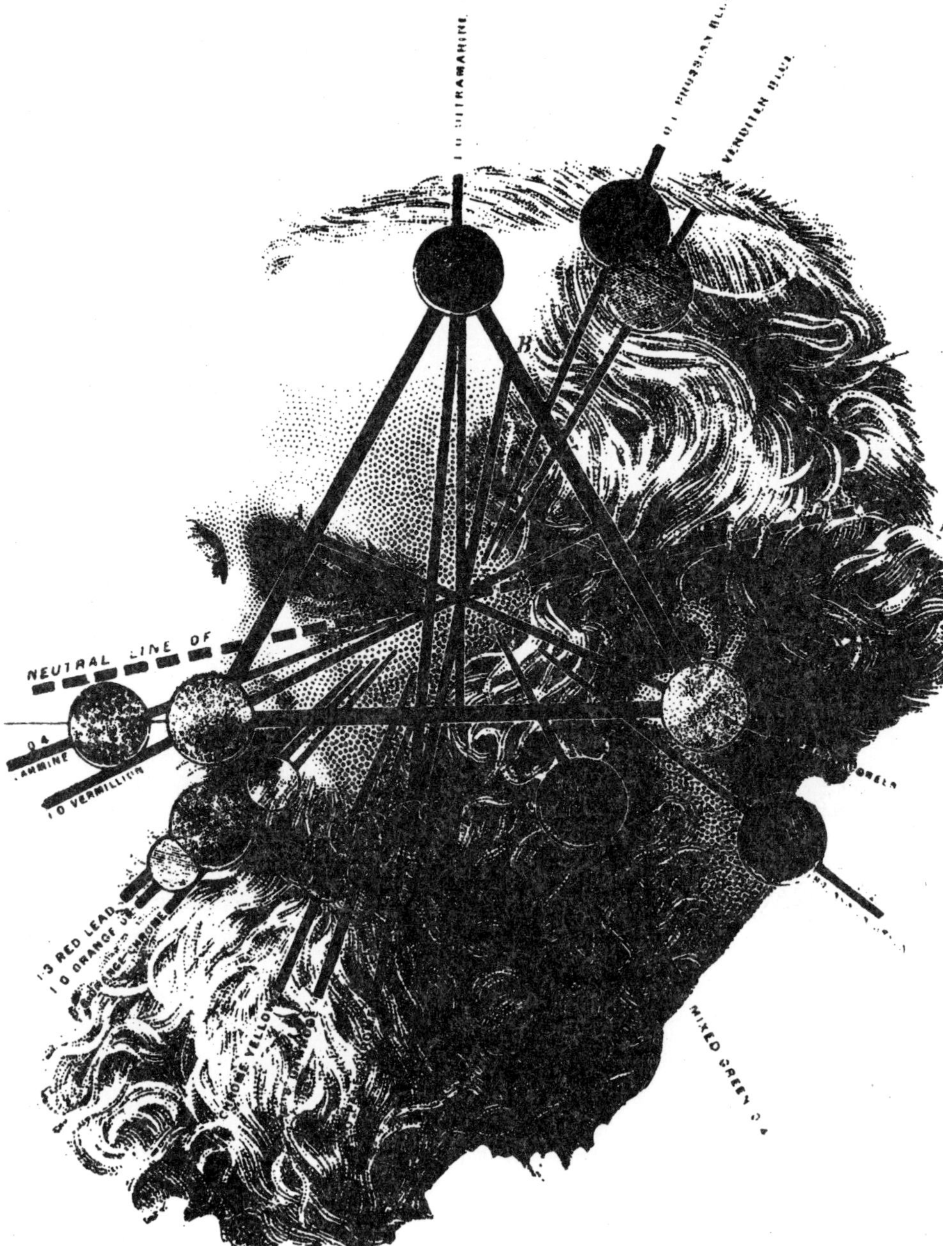
ULTRAMARINE
NEUTRAL LINE OF
1 0 VERMILLION
1 3 RED LEAD
MIXED GREY

색깔 혼합기

제임스 클럭 맥스웰(James Clerk Maxwell, 1831~1879)은 색채시 연구를 정량 과학(quantitative science)으로 확립시켰고, 비정상적 색채 지각 현상을 분석하는 데 응용하였다. 그 역시 헬름홀츠처럼 영의 3원색 이론을 받아들였으나 헬름홀츠보다 훨씬 강력한 증거를 제시하여 그 이론을 지지하였다. 맥스웰과 헬름홀츠의 가장 큰 차이점은 헬름홀츠가 세 가지 원색으로부터 모든 색을 만들어 내려면 서로 더해야 한다고 주장한 반면, 맥스웰은 더하는 것과 빼는 것 모두 필요하다고 본 점이다. 이에 더하여 헬름홀츠는 3원색의 기제가 특수 신경 에너지 수준에서 작용한다고 보았지만, 맥스웰은 영처럼 각각의 색깔을 받아들이는 세 가지 유형의 빛 수용기가 있다고 주장하였다. 세 유형의 수용기가 존재한다는 것은 색맹을 지닌 사람들로부터 잘 지지되는데, 색맹의 유형은 어떤 색을 담당하는 수용기가 없는지 혹은 비정상적인지에 따라 분류된다.

맥스웰은 색깔 혼합에 관한 실험에 하나의 전형이 된 방법을 개발하였다. "색칠된 종이를 원반 모양으로 잘라 한 가운데 구멍을 내고 반지름을 따라 파이 모양으로 나눈다. 그러면 여러 가지 색깔의 종이가 중심을 같이하여 원 모양으로 배열될 수 있다." 맥스웰의 원반이라 부르는 이 장치를 빨리 회전시키면, 원반 위에 칠해진 색깔들이 서로 혼합된다. "실험을 해보면, 이처럼 빨리 회전시킬 때 경험되는 색과 동시에 여러 색깔의 빛들을 망막의 같은 지점으로 쏘아 보냈을 때 느껴지는 색이 동일함을 알 수 있다." 나중에 더 작은 크기의 반지름을 지닌 색깔 원반을 덧붙여 돌리면, 색깔들 사이의 비교도 가능하다. 대다수의 색채시 비정상인들이 경험하는 모든 색은 단 두 가지의 원색만으로도 만들어 낼 수 있다. 맥스웰은 서로 다른 크기의 원반을 사용해서 어떻게 색깔들을 조합하면 서로 같은 색으로 경험되는지를 정리하여, 3차원 색깔 입방체를 제안했다. 이 입방체를 구성하는 세 축은 각각 색상(hue), 채도(saturation), 농도(intensity)이다. 색깔 입방체에서 흰색의 위치는 매우 중요하다. 색상 차원의 값은 각 색상의 위치가 흰색의 위치에 대해 어떠한 방향각을 지니는가에 따라 결정되며 채도 차원의 값은 백색으로부터 얼마나 떨어져 있는가에 따라 결정된다. 맥스웰은 색채를 현상학(phenomenology)이 아니라 물리학이 다루어야 할 대상이라고 보았다. 내가 생각하기로 "우리가 새로이 배워서 바꿔야 할 것은 색깔 그 자체가 아니라 바로 색깔의 명칭들이다."

맥스웰은 케임브리지 대학에서 수학을 공부한 후, 자신의 고향인 애딘버러에 돌아와서 물리학을 전공했다. 그는 애버딘 대학과 런던 대학의 교수로 있다가, 1871년 케임브리지 대학에 설립된 실험 물리학과의 교수로 임명되었다. 그는 애딘버러에서 처음으로 색채 실험을 시작한 후, 이따금 다른 분야를 연구하긴 했어도 늘 색채에 대한 관심을 잃지 않고 실험을 계속하였다. 1861년 왕립 연구소에서 열린 한 모임에서 그는 처음으로 칼라 사진을 찍어 공개하였다. 같은 장면을 각각 빨강, 초록, 파랑이 필터를 대어 격자 무늬 리본으로 만든 여러 장의 필름에다 따로 촬영한 다음, 비슷한 필터를 대어 다시 스크린에 투사하였다.

색깔 삼각형(color triangle)은 원래 영의 작품이었지만 맥스웰에 의해 많이 수정되고 정교화되었다. 그의 초상화를 색들 사이의 관계를 나타내는 도형 속에 그려 넣었다. 삼각형의 꼭지점은 각각 군청색, 선홍색, 선녹색을 나타내고 있다. ☑

최초의 심리학 연구소

빌헬름 막시밀리안 분트(Wilhelm Maximilian Wundt, 1832~1920)는 1879년 라이프치히에 최초로 실험 심리학 연구소를 세웠다. 많은 사람들이 이 연구소의 설립을 심리학이 하나의 독립된 학문으로서 출발했음을 알리는 상징적 사건으로 받아들이고 있다. 분트는 의식적 경험을 실험적으로 연구하려는 자신의 방법을 '생리 심리학'이라 불렀으며, 1874년에 똑같은 제목의 교과서를 출판했다. 이 교과서 또한 새로운 형태의 심리학을 상징하는 책으로 자주 소개되었다. 분트는 베인처럼 생리학과 심리학을 통합하려 노력했다. "이 책을 통해 내가 추구하는 바는 그 제목에서도 알 수 있듯이, 하나의 동일한 주제, 즉 인간의 생명과 삶을 다루고 있음에도 불구하고 너무나 오랫동안 서로 다른 길을 걸어온 두 학문 사이에 다리를 놓는 것이다."

만하임 근방에서 태어난 분트는 하이델베르크에서 의학 교육을 받았다. 그는 나중에 다시 하이델베르크로 돌아와 헬름홀츠의 생리학 조교로 일했으며, 1862년에 자신의 첫 저서인 『감각 지각 이론을 위하여』(*Beiträge zur Theorie der Sinneswahrnehmungen*)를 출판했다. 이 책에서 분트는 새로운 형태의 심리학이 추구해야 할 주제와 방법들을 개괄하고 있다. 1875년에 그는 라이프치히로 자리를 옮겼는데, 이곳에는 아직도 베버와 페크너가 여전히 활발하게 활동하고 있었다. 분트는 도착하자마자 학교 당국에 실험 기구를 들여놓을 공간과 실험실을 요구했으나, 쉽게 받아들여지지 않았다. 그러나 많은 어려움 끝에 분트는 당국을 설득하는 데 성공했다. 당시 이 연구소에는 제대로 된 정신 물리학 실험을 하거나 반응 시간을 측정하는 데 필요한 장치가 턱없이 부족하였다. 그러나 호기심과 열정으로 모여든 학생들과 함께 분트는 이 연구소에서 얻은 실험 결과를 1881년에 자신이 창간한 새 학술지 <철학 연구>(*Philosophische Studien*)에 발표하기 시작했다.

분트는 여러 심리학 분야에 걸쳐 방대한 양의 저서를 남겼다. 보링은 분트가 일생에 걸쳐 써낸 분량을 합한다면 아마 평균적으로 하루에 약 700 단어 정도를 쓴 셈이 될 것이라고 추정했다. 분트는 자신이 펴낸 책을 매우 자주 개정했고, 개정하면서 자신의 관점도 많이 달라져 가서 나중에 나온 책은 초판본과 반대되는 내용을 담고 있기도 했다. 그는 물리 과학을 다른 것을 통해 매개된 간접 경험을 다루는 것으로, 이에 반해 심리학은 직접적인 경험을 다루는 것으로 구별했다. 그는 자신이 표방한 대로 직접적 경험을 다루기 위해 내성법을 사용하였고, '감각'과 '감정'이 '의식'의 요소를 이룬다고 제안하였다. 감각들이 서로 결합되어 '지각'이 생기는데, 지각이 행동에 영향을 주려면 '주의'가 필요하다. 자발적으로 지각의 어떤 측면에 주의의 초점을 맞추는 작용을 '통각'이라 한다. 무질서한 지각을 잘 정리하여 창조적인 종합을 이뤄 내는 것이 바로 주의의 적극적인 역할이라 할 수 있다. 감정은 세 가지 대립적인 특성들, 즉 '쾌 - 불쾌', '긴장 - 이완', '흥분 - 냉정'으로 표현될 수 있다. 경험론자이자 연합론자였던 분트는 의식적 경험의 보편적인 측면에 관심을 가졌을 뿐, 실생활의 문제에 심리학을 응용하는 데는 그다지 흥미를 보이지 않았다.

분트의 초상화와 함께 그려진 건물은 1879년에 분트가 세웠던 실험 심리학 연구소가 있었던 곳이다. 이 건물은 원래 대학 구내에 있었던 교도소였다. 4년 후 연구소는 확장되었고, 대학 당국은 1896년 분트의 설계에 따라 새 건물을 지었다. ☑

헤링의 격자 무늬

칼 에발트 콘스탄틴 헤링(Karl Ewald Konstantin Hering, 1834~1918)은 지각 연구에서 헬름홀츠의 경험론적 접근과 대조를 이루는 생득론적 전통과 현상학적 전통을 대표하는 인물이다. 실제로 헬름홀츠와 헤링은 서로 갈등이 많은 사이였다고 한다. 헤링은 주로 공간 지각, 색채시, 대비 현상에 관심을 가졌다. 헤링은 '대립 과정설'로 유명한데, 이 이론은 서로 다른 파장을 지닌 빛들의 혼합이 아니라 색깔의 현상적 경험에 기초하고 있다. 그는 맥스웰처럼 색의 명칭에 많은 문제가 있다고 생각했지만, 다른 한편으로는 맥스웰과 달리 색채 지각을 이해하는 데 색의 명칭이 유용하게 쓰일 수 있다고 보았다. 그는 사람들에게 색종이를 보여주고 이 색을 만들려면 어떤 색을 혼합해야 될지 그 색깔의 이름을 대라고 물었다. 그 결과 빨강, 초록, 파랑, 혹은 노랑을 보여주면 사람들은 결코 다른 색의 이름을 대지 않았다. 다시 말하자면 사람들은 이 네 가지 색을 결코 혼합된 색으로 보지 않았다. 그는 또한 두 색을 동시에 보여주거나 잇따라 연속해서 보여주어서 색 대비 현상을 관찰하기도 했다. 이러한 실험 결과들을 검토한 헤링은 빨강 - 초록, 파랑 - 노랑, 하양 - 검정이라는 세 가지 대립 쌍들을 바탕으로 색 지각이 경험된다는 이론을 제안하기에 이르렀다. 그는 직관적으로 추론하기를, 망막에는 세 종류의 색소가 있고, 빛이 이것들을 결합시키거나 분리하여 모두 여섯 종류의 요소들로 나뉜다고 주장했다. 현대의 색채 이론을 보면 헬름홀츠와 헤링 모두 원론적으로는 옳았지만 구체적으로는 틀렸음을 알 수 있다. 첫 단계에는 헬름홀츠의 주장처럼 세 종류의 신경 에너지가 있는 것이 아니라 세 종류의 추상체 색소가 있고, 세 색소로부터의 신호들이 헤링의 주장처럼 색소의 활동 과정에 의해서가 아니라 신경들 사이의 연결에 의해 결합되어 빨강 - 초록, 파랑 - 노랑, 검정 - 하양의 대립 쌍을 만들어 낸다.

헤링은 로체(Rudolf Hermann Lotze, 1817~1881)가 제안한 '국지 신호' 개념을 사용하여 공간 지각을 설명했다. 망막 위의 각각의 점에는 그곳에 투영된 사물의 높이, 폭, 깊이에 대한 국지 신호가 있다고 보았다. 이 견해는 주로 안구 운동 정보를 통해 망막 신호를 해석하는 법을 학습한다고 강조한 헬름홀츠와 대립되는 것이었다. 헤링은 양 눈의 운동 방식을 연구하여 두 눈이 마치 하나의 개체처럼 움직인다고 주장했다. 그가 제안한 '동일 신경 지배 법칙'에 따르면, 한쪽 눈이 움직이면 다른 쪽 눈도 같은 방향으로든 반대 방향으로든 상관없이 동일한 강도와 속도로 움직인다. 안구 운동은 또한 시선의 방향과도 관련되어 있다. "양쪽 눈에서 만들어지는 두 개의 시선이 있다. 이때 반드시 시공간에 가상의 단일한 시선이 존재한다. 양쪽 눈의 시선 위에 떨어지는 모든 사물들은 이 가상의 단일한 시선 위에 떨어지는 것처럼 보인다." 이 가상의 시선 중심을 '싸이클로프스의 눈'■이라 부른다.

헤링은 색소니에 있는 작은 마을 알트게스도르프에서 태어났다. 그는 1858년에 라이프치히 대학의 의학부를 졸업했지만, 직업 의사가 되지 않고 순수 학문의 길을 걸었다. 그는 퍼킨제의 뒤를 이어 프라하 대학의 생리학 교수로 재식하다가, 1895년에 다시 고향 라이프치히로 돌아왔다.

그가 발견한 대비 현상들 중의 하나는 그의 이름을 따서 헤링의 격자라고 부른다. 까만 바탕에 흰색의 정사각형을 그린 이 격자 무늬를 잘 들여다보면, 까만 선분들이 교차하는 지점이 더 밝은 회색으로 보이는 착시가 일어난다. 까만 선분들 중 일부는 나머지 다른 선분들보다 약간 더 굵은데, 이런 선분들은 헤링의 초상화를 저대비로 보여준다. ☑

■ 그리스 신화에 나오는 외눈박이의 거인. 분화산을 의인화한 것으로 생각된다.

마하 밴드

에른스트 마하(Ernst Mach, 1838~1916)는 실증주의 과학자였으며, 버클리와 흄의 전통을 이어 모든 과학은 감각들로 환원될 수 있다고 주장하였다. 그는 확신에 가득 찬 음성으로 "전체 과학의, 일반적으로 말하자면 물리학의 참된 기초는 생물학에 의해 밝혀질 것이며, 특히 감각 분석을 통해서 드러날 것이다."라고 말하였다. 『감각의 분석』(*Beiträge zur Analyse der Empfindungen*, 1886)에서 마하는 "사물, 신체, 물질 따위는 색깔, 소리 등, 이른바 '속성'들이 복합된 것에 다름 아니"며 이러한 것들은 '내성법'을 통해 연구되어야만 한다. 따라서 마하의 실증주의는 내성법을 극구 반대한 꽁트의 실증주의와는 다르다고 할 수 있다. 그러나 두 사람 모두 과학을 오류에 빠뜨릴 수 있는 이론화 작업을 신뢰하지 않는 베이컨주의자였다.

마하는 물리적 변인의 변화와 지각된 윤곽 변화 사이에 어떤 관련이 있는지를 연구하여 '형태지각'이라는 새로운 분야를 개척했다. 그는 형태 지각에 관여하는 여러 복합 감각을 연구하면서 형태주의 심리학의 초석을 마련하였다. 그러나 그가 관찰한 한 가지 놀라운 대비 현상은 결코 쉽게 설명되지 않았다. 물리적으로는 빛의 밝기가 밝은 데서 어두운 쪽으로 점차 균일한 정도로 어두워져 가지만, 지각된 밝기는 그렇지 않다. 밝은 쪽 가장자리 옆으로 밝은 띠 모양이 나타나고, 어두운 쪽 가장자리 옆으로 어두운 띠가 나타난다. 이 띠들이 바로 우리가 요즘 마하 밴드라 부르는 것이다. 마하는 이 휘도 변화 현상을 이차 도함수 개념을 써서 수학적으로 기술하였다. "우리 눈에 보이는 것은 미분계수가 아니다. 미분 계수는 하나의 수학적인 가상의 개념일 뿐이다. 물리적 밝기의 변화를 그래프로 표현하면 연속된 곡선으로 표현될 수 있고, 곡선의 여러 부분은 나름의 '방향'을 가진다. 우리 눈에 보이는 것은 바로 이러한 '방향'과 한 곡선 요소에서 다른 곡선 요소로 옮겨 갈 때 방향이 변화하는 '기울기'이다." 마하는 원의 중심부에서 가장자리로 뻗어 나가는 간단한 모양을 그려 넣고, 이것을 원반 위에 올려놓고 회전시켜 마하 밴드를 만들어 보였다. 밝기에서 조금씩 다른 띠들을 차례대로 밝기에 따라 배열하면 띠들의 물리적 밝기는 계단 모양으로 단속적으로 변화하게 되지만, 우리는 마하 밴드를 관찰할 수 있다. 사실 화가들은 이미 수백 년 전부터 이 현상을 이용하고 있었다. 화가들은 처리하기 까다로웠던 사물의 가장자리 부분의 윤곽을 잘 보이게 하기 위해 이 현상을 응용해 왔다. 그전에 1875년에 그는 신체 회전 지각에 관한 책을 출판했다. 이 책에서 그는 실험 결과를 토대로 아직까지도 보편적으로 받아들여지고 있는 세반고리관 기능에 관한 유체 역학 이론을 제안하였다.

당시 오스트리아에 속해 있었던 모라비아에서 태어난 마하는 비엔나 대학에서 물리학 박사 학위를 받았다. 1867년에 그는 프라하 대학의 물리학 교수가 되었는데, 당시 헤링도 그곳의 생리학 교수로 있었지만, 두 사람의 감각을 분석하는 방식은 매우 달랐다. 마하는 1895년에 비엔나로 돌아와 귀납 과학의 역사와 이론을 강의하였다. 밝은 띠와 어두운 띠들 사이로 마하의 얼굴이 희미하게 보인다. 띠들이 갑자기 굵어지거나 가늘어지는 부분을 따라 머리의 전체적 윤곽이 드러나며 얼굴의 세부적인 윤곽을 보려면 그림을 좀 멀리 놓고 보아야 한다. 얼굴의 세부적인 윤곽은 엄격히 말해서 순전히 마하 밴드 현상만으로 만들어 낼 수 없어서, 다른 미술적인 기교를 가미하였다. 그러나 이러한 기교들도 감각들을 잘 분석해 보면 나름대로 일반적인 지각 현상을 이용하고 있음을 알 수 있다 ☑

움직이는 마음을 바라본 심리학자

프란츠 브렌타노(Franz Brentano, 1838~1917)는 분트처럼 의식 경험 내용을 탐구하지 않고 모든 심리학 현상이 드러내는 활동적 측면에 눈을 돌렸다. 심리학 연구를 통해 얻어진 자료들은 외부 세계를 지향하는 마음의 활동을 기록한 것이라 할 수 있다. 이러한 마음의 활동은 '지각하기', '판단하기', '감정 느끼기'라는 세 가지로 분류할 수 있다. 브렌타노는 마음의 활동을 연구하는 데는 실험보다 현상학이 더 적절하다고 보았다. 어떤 활동은 다른 활동이 지향하는 대상이 될 수 있기 때문에 마음은 자신의 활동을 깊이 관찰하고 이해할 수 있다는 것이다. 비록 그는 자신의 접근 방식을 경험론적인 것이라 말하긴 했어도, 실험적인 것은 아니라고 했다. 그에게 심리학과 철학은 별개의 것이 아니었다. 브렌타노는 『경험론적 관점에서 바라본 심리학』(*Psychologie vom empirischen Standpunkt*, 1874)의 서문에서 다음과 같이 시작하고 있다. "이 책의 제목은 내가 하려는 작업의 대상과 방법을 분명하게 알려주고 있다. 나의 심리학이 취하는 관점은 경험론적인 것이다. 오로지 경험만이 내 연구를 인도하는 선생이다. …… 심리학에 가장 시급하게 요청되는 것은 이러저러한 잡다한 원리니 법칙이니 하는 것 따위가 아니라 통일된 하나의 연구 패러다임을 구축하는 것이다. 이러한 패러다임 안에서 우리는 일찍이 수학이 이룩했고 그 다음에 물리학, 화학, 생리학이 성취한 것들을 이룩하기 위해 노력해야 한다. 그것들은 바로 보편적 진리의 핵심을 이루는 것으로, 이것이 이루어지면 다른 모든 분야의 과학들이 성과들을 끌어들이는 능력을 지니게끔 된다." 절대적 진리를 확립하려는 브렌타노의 입장은 아리스토텔레스에서 유래된 철학적 전통의 맥락에 서 있다. 브렌타노는 전체를 요소들로 환원하려는 분트의 원자론적 이론뿐만 아니라 그의 연합주의도 공격했다. 브렌타노가 대안으로 제시한 것은 마하를 포함한 많은 사람들이 이미 지지하고 있었던 역동적인 전체를 중요시하는 심리학이었다. 그의 제자들로는 '게슈탈트 성질'이라는 개념을 만들어 낸 에렌펠즈(Christian von Ehrenfels, 1859~1932), 현상학을 철학의 영역으로 확장시킨 훗설(Edmund Husserl, 1859~1938) 등이 있었다. 분트의 실험실에서 다루었던 것보다 더 복합적인 심리적 과정을 탐구하길 원했던 독일과 오스트리아의 많은 심리학자들이 브렌타노의 주장에 동조하였다. 한편 이들은 프로이트에게도 많은 영향을 끼쳤다고 한다.

브렌타노가 양적인 측정치를 얻는 실험을 전혀 하지 않은 것은 아니었다. 그는 실제로 뮐러 - 라이어 착시에 관해 여러 실험을 했는데, 화살표의 각도를 변화시켜 보면서 경험된 착시의 강도를 측정했다. 그는 예각의 경우 실제보다 착시의 강도가 커지고, 둔각의 경우 착시의 강도가 작게 보인다 하며, 각도 착시 현상을 설명하는 이론을 제안한 바 있다. 또한 그는 뮐러 - 라이어 착시의 원인을 알아보기 위해 화살표 대신 사각형의 도형을 사용해 보기도 하고, 화살표 사이에 있는 선분을 지워 보기도 했다.

브렌타노는 원래 라인 강변의 마리엔바트에서 태어났으나 어려서 바바리아로 이사했다. 그는 카톨릭 성직자가 되는 교육을 받았으나, 사제로 서품되기 전에 튀빙엔 대학에서 철학 박사 학위를 받았다. 그는 결국 교회를 떠나 1874년에는 비엔나 대학의 철학 교수로 임명되었다. 심리학에서 브렌타노가 차지하는 중요성은 주로 다른 심리학자들에게 미친 그의 영향력에 있다. 다작이었던 분트에 비하면 브렌타노는 거의 책을 출판하지 않은 편에 속한다. 그러나 그는 나중에 게슈탈트 운동으로 활짝 피어날 씨앗을 뿌렸다.

자신의 심리학에 붙여 준 이름의 낱자들(ACT) 속에 브렌타노가 나타난다. 그림 속의 그를 알아보려는 지각자들의 편에서 보자면 지향적인 마음의 활동(intentional mental act)이 요청되고 있다 할 것이다. ☑

Another variety of the psychologist's fallacy is the assumption that the mental state studied must be conscious of itself as the psychologist is conscious of it. The mental state is aware of itself only from within; it grasps what we call its own content, and nothing more. The psychologist, on the contrary, is aware of it from without, and knows its relations with all sorts of other things. What the thought sees is only its own object; what the psychologist sees is the thought's object, plus the thought itself, plus possibly all the rest of the world. We must be very careful therefore, in discussing a state of mind from the psychologist's point of view, to avoid foisting into its own ken matters that are only there for ours. We must avoid substituting what we know the consciousness is, for what it is a consciousness of, and counting its outward, and so to speak physical, relations with other facts of the world, in among the objects of which we set it down as aware. Crude as such a confusion of standpoints seems to be when abstractly stated, it is nevertheless a snare into which no psychologist has kept himself at all times from falling, and which forms almost the entire stock-in-trade of certain schools. We cannot be too watchful against its subtly corrupting influence.

Summary. To sum up the chapter, Psychology assumes that thoughts successively occur, and that they know objects in a world which the psychologist also knows. These thoughts are the subjective data of which he treats, and their relations to their objects, to the brain, and to the rest of the world constitute the subject-matter of psychologic science.

실용주의자

윌리엄 제임스(William James, 1842~1910)는 실용주의 관점에서 심리학을 바라보았다. 심리학에 대한 그의 실용주의적 관점은 『심리학의 원리』(The Principles of Psych*ology*)에 잘 나타나 있다. 두 권으로 된 이 책은 12년에 걸친 준비 끝에 1890년에 출판되었다. 줄여서 『원리』(*Principles*)라 불리기도 하는 이 책은 문학적 문체로 심리학의 상황을 잘 표현하고 있어서 이해하기 쉽고 읽기에도 편하다. 이 책에서 제임스는 심리학책들이 일반인들이 잘 이해할 수 없는 전문 용어를 남발하고 있다고 비판하고 있다. "이 책은 사고와 감정이 분명히 존재하며, 지식 전달 도구라고 가정한다. 이러한 가정 위에 서서 이 책이 주장하는 바는, 다양한 종류의 사고나 감정들과 뇌의 상태를 경험적으로 정확하게 관련시킬 수 있을 때 비로소 심리학은 자연 과학으로서 더 뻗어 나갈 수 있다는 것이다. …… 이 책은 결론적으로 연합주의 이론이나 영혼을 가정하는 이론 모두를 거부한다. 이 책에는 오직 실증주의적 관점만이 존재할 따름이다. 이러한 특징이야말로 그 어떠한 심리학책에도 존재하지 않았던 이 책의 독창적인 요소라고 주장하고 싶은 것이다." 그의 실용주의는 개념들을 그것이 얼마나 유용한 것인가에 따라 평가하는 데서 잘 드러난다. 마음의 활동에 대한 포괄적인 재평가에 더하여 제임스는 '의식의 흐름'과 같은 새로운 용어를 만들어 내기도 하고 새로운 이론을 제안하기도 했다. 그가 제안한 새로운 이론의 예로 정서 이론을 보자. 그의 정서 이론은 먼저 신체적 반응에 대한 지각이 일어난 다음에야 비로소 정서의 감정이 생기는 것을 강조하고 있다. 이럼에도 불구하고 제임스는 자신의 작업을 하찮은 것으로 낮추어 겸손한 태도를 보인다. 예를 들어, 많은 사람들이 뛰어난 것으로 평가했던 공간지각을 다룬 장에 대해 그는 서문에서 "끔찍할 정도로 형편없는 글"이라고 적어 놓고 있으며, "그 어떤 작가가 과연 1400 페이지나 되는 내용에 독자들을 계속 붙들어 둘 수 있을지 의심스럽다"고 말하고 있다.

제임스는 뉴욕에서 태어나 미국과 유럽의 여러 도시들을 돌아다니며 공부했다. 그는 한때 예술을 할까 생각했지만 곧 과학으로 진로를 돌렸다. 그는 하버드 대학에서 의학 학위를 받고 그곳에서 잠시 생리학을 가르쳤다. 그가 심리학을 접하게 된 것은 독일을 방문했을 때였다. 그곳에서 제임스는 헬름홀츠의 기계론적 생리학과 당시 새롭게 떠오르고 있던 분트의 심리학을 만날 수 있었다. 1875년에 그는 하버드에 심리학 실험실을 세우기도 했지만, 정작 제임스를 유명하게 만든 것은 실험실 연구가 아니었다. 그는 선생으로 유명했다. 그러나 정작 제임스의 제자들 중 심리학으로 이름을 날린 사람은 거의 없었다. 그는 물론 새로운 심리학을 표방하고 나선 유럽의 여러 이론들에 대해 잘 알고 있었지만, 그의 이론적 작업은 주로 포괄적인 수준에서 실용주의를 확립하는 것이었지 구체적으로 어떤 이론을 구축하는 것에는 큰 관심이 없었다. 『원리』는 바로 그런 맥락에서 씌어진 책으로 실용주의를 지지하는 논거들을 조목조목 열거하고 있다. 제임스는 곧잘 분트와 비교되곤 한다. 두 사람은 각각 자신의 조국에서는 대중적으로 매우 인기 있는 심리학자였지만, 서로를 그리 대수롭게 여기진 않았던 모양이다. 제임스는 분트의 연구를 매우 지루하고 재미없다 했으며, 분트는 제임스의 『원리』를 심리학이라기보다 차라리 문학에 가깝다고 평했다.

『원리』의 한 페이지에 실린 텍스트 속으로 제임스가 보인다. 이 글은 "심리학의 방법과 그 함정"이란 장에서 발췌한 것으로, 상식적 수준에서 의식에 다가가려 한 제임스의 견해가 잘 드러나는 부분이다. 그는 심리학자들에게 도사리고 있는 가장 위험한 함정은 "자신이 지금 보고하려는 마음에서 벌어지고 있는 사실적인 사건과 자기 자신이 취하고 있는 관점을 혼동하는 것"이라고 하였다. ☑

안나(Anna)를 분석(analyze)한 안나 분석가(Anna-lyst)

요셉 브로이어(Josef Breuer, 1842~1925)는 프로이트에게 자신이 치료하던 환자의 증상을 들려주어 프로이트로 하여금 히스테리에 관심을 갖게 한 사람으로 흔히 기억되고 있다. 그러나 정신 질환 연구로 잠깐 외도하기 전에 그는 이미 유명한 생리학자이자 의학자였다. 헤링과 함께 호흡 반사 조절에 관해 연구하던 시절, 그는 오늘날 '헤링 - 브로이어 반사'로 알려져 있는 현상을 발견했다. 허파에 있는 수용기들이 허파가 수축하는 정도를 탐지해서 미주 신경을 통해 뇌로 정보를 전달하면, 뇌는 다시 이 정보를 되먹임하여 호흡 작용을 조절하게 되는데 이러한 일련의 과정을 '헤링 - 브로이어 반사'라고 한다. 브로이어는 호흡 연구를 계속하여 1875년, 마하와 애딘버러에 있던 화학자 브라운(Alexander Crum Brown, 1838~1922)과 거의 동시에 내이(內耳)에 있는 세반고리관의 기능을 밝혀냈다. 우리가 머리를 돌리면 세반고리관 안의 림프액이 팽대부에 있는 수용기들을 움직여서, 머리의 회전 속도가 점점 더 빨라지고 있다는 정보를 뇌로 전달하여 자세를 유지하거나 안구 운동을 조절한다. 브로이어는 또한 전정 기관에 있는 오톨리스 기관은 세반고리관과 달리 우리의 몸이 중력의 방향을 기준으로 얼마나 기울어져 있는지에 관한 정보를 전달한다는 것을 밝혔다.

안나 오(Anna O, 본명은 Bertha Pappenheim, 1860~1936)는 심리학 역사상 가장 축복받은 환자라고 말할 수 있다. 그녀의 증세는 너무나 복잡해서 정확한 관찰력을 지닌 브로이어의 눈에도 잘 걸려들지 않았다. 아마 그녀의 증세가 항상 고정되어 있지 않고 자꾸만 변화한 탓이었을 것이다. 1880년에서 1882년까지 두 해 동안 안나 오를 치료한 브로이어는 그녀의 정신 질환이 네 단계를 거쳐 진행되어 갔다고 기록해 놓고 있다. 모든 단계에서 의식 상태는 뚜렷하게 둘로 구분되었다. 안나 오는 낮에는 마비 증세와 근육 수축 증세를 보였으며, 앞도 잘 보지 못하고, 말도 할 수 없으며, 환상을 보기도 하는 등 고생을 하다가도 밤만 되면 아주 이성적이고 합리적인 사람으로 변했다. 매일 늦은 오후 무렵이 되면 한 의식 상태에서 다른 의식 상태로 옮아가는 전이 과정이 시작되었다. 이때 그녀는 스스로 최면 상태에 빠져 든 다음 깨어나면 어느 새 정상적인 두 번째 성격의 사람으로 변해 있는 것이었다. 브로이어는 그녀와 함께 그녀가 겪고 있는 증상과 그 원인에 관해 자세히 이야기를 나눔으로써, 그녀의 증세가 비록 완전히 치료되는 건 아닐지라도 호전될 수 있다는 것을 발견했다. 이것이 바로 브로이어의 '대화 치료'(talking cure)이다. 그녀가 최면 상태에 빠지면, 브로이어는 가끔씩 다음과 같은 방식으로 치료했다고 한다. "나는 그녀로 하여금 우리가 함께 치료하던 증상에 관해 생각을 집중하고 어떤 경우에 그러한 증상이 일어나는지를 나에게 들려 달라고 요구했다. 그러면 그녀는 아주 짤막한 문장을 써서 빠른 속도로 증상이 일어날 때의 상황을 늘어놓았고 나는 그것들을 빨리 받아 적었다. 나중에 그것을 가지고 환자와 의논하기 위해서였다." 안나의 사례는 프로이트가 치료하던 다른 환자들의 사례와 함께 <히스테리 연구>(*Studien über Hysterie*, 1895)란 학술지에 발표되었다. 브로이어는 이 학술지에 사례 보고 외에 이론적 연구도 발표했는데, 이 연구 논문을 통해 그는 신경증과 무의식적 과정을 연결시켰으며 무의식적 과정을 의식 상태로 끌어올리는 기법을 개발했다는 평가를 받았다. 어떠한 과정을 통해 치료되었는지 자세히 알 수는 없지만, 안나 오는 결국 신경증에서 회복되어 사회적 활동과 종교적 활동을 하며 건강하고 적극적인 인생을 살았다고 한다.

비엔나에서 태어난 브로이어는 그곳의 대학에서 의학을 공부했고 많은 환자들을 다루며 풍부한 임상 경험을 쌓았다. 프로이트도 바로 그 환자들 중의 한 사람이었다. 브로이어는 대부분의 실험을 임상 장면에서 해냈다. 심지어 전정 기관의 기능조차도 직접 비둘기를 해부하는 과정 중에 밝혀 낸 것이다. 브로이어의 얼굴 안으로 안나 오를 두 번 그려 넣었다. 이 두 그림은 그녀의 이중 성격을 표현한 것으로 브로이어의 예리한 눈에 의해 그녀의 두 모습이 구별되고 있음을 알 수 있다. ☑

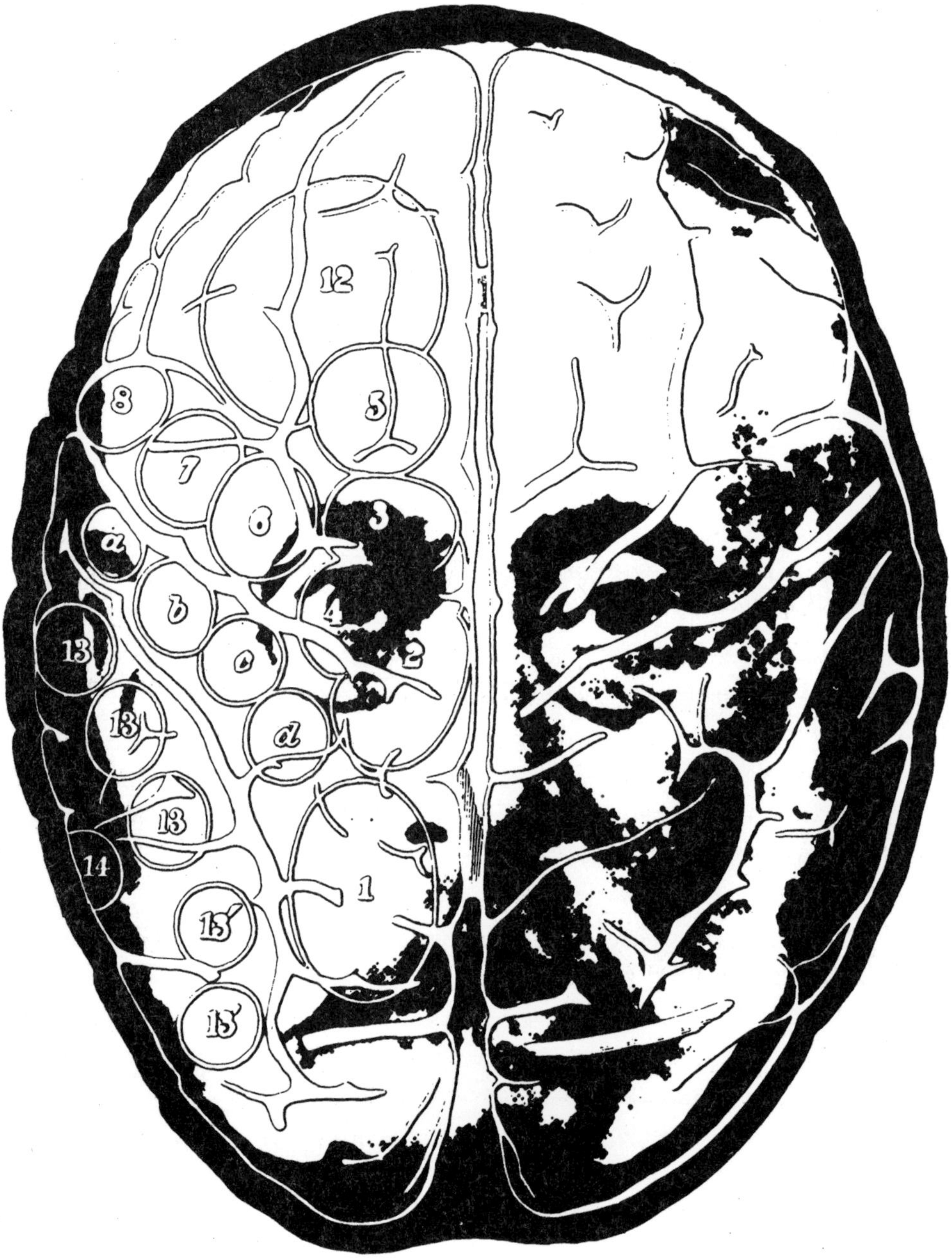

12
8
5
7
6
3
a
b
4
13
c
2
13
d
13
14
1
15
15

뇌에 전기 충격을

데이빗 페리어(David Ferrier, 1843~1928)는 여러 동물들의 뇌에 전기 충격을 가해서 대뇌 피질의 지도를 그려냈다. "크게 보아서 뇌는 감각을 담당하는 곳과 운동의 명령을 내리는 곳으로 나눌 수 있다. …… 이제 과학적 골상학의 시대가 열린 것이다." 1870년에 와서 프리취(Theodor Fritsch, 1838~1927)와 힛치히(Eduard Hitzig, 1838~1907)는 뇌는 직접적인 자극에 아무런 영향을 받지 않는다는 오랫동안 믿어 온 견해를 완전히 뒤집었다. 그들은 마취시키지 않은 개의 노출된 뇌를 전기적으로 자극해서 뇌 중앙의 앞쪽 영역이 근육 수축과 관계 있다는 것을 발견하고는, 대뇌 피질을 운동 영역과 비운동 영역으로 나누었다. 새로운 심리학이 출현한 것과 비슷한 시기에 대뇌 국지화 이론에 바탕을 둔 새로운 생리학이 시작된 것이다. "새로운 연구 방법의 발견은 새로운 질문을 낳고 우리를 새로운 진리의 발견으로 이끈다. 뇌가 전기적으로 자극될 수 있다는 프리취와 힛치히의 발견은 뇌의 기능을 탐구하던 연구자들에게 신선한 충격이었으며, 대뇌 생리학과 대뇌 병리학에 산적해 있던 풀리지 않던 의문들에 새로운 희망의 빛을 던져 주었다."

간질 환자를 연구하던 잭슨(John Hughlings Jackson, 1835~1911)은 피질의 특정한 영역이 운동 기능을 담당하고 있다고 제안하여, 페리어의 연구를 자극하였다. 1873년에 페리어는 개구리, 비둘기, 기니아 돼지, 토끼, 고양이, 개, 원숭이 등 여러 종의 동물들을 마취시킨 채, 피질의 여러 부분을 유도 전류로 자극하고 동일 영역을 절세하기도 했다. 이 실험들을 통해 종 사이에 많은 차이를 발견한 페리어는 플루렌스처럼 종 사이의 차이를 무시하고 하나의 동물에서 얻어낸 결과로부터 지나치게 일반화하는 것을 매우 위험한 발상이라고 비판하였다. 페리어는 그 후 원숭이의 뇌를 집중적으로 연구하여 그 결과를 자신의 책 『뇌의 기능』(*The Functions of the Brain*, 1876)에 소개하고, 이 책을 잭슨에게 헌정하였다. 원숭이 뇌의 중앙 부위의 약간 앞쪽을 자극할 때마다 특정한 근육들만이 변함없이 정확하게 움직였고, 약간 뒤쪽을 잘라 내면 감각 기능이 손상되었고, 전두엽에 손상을 가하면 지적 기능에 장애를 일으켰다. "전두엽을 잘라 낸다고 해서 운동 마비가 생긴다거나, 기타 다른 생리적 변화가 일어나거나 하지는 않는다. 대신 지능이 낮아지는 듯한 인상을 주는데, 잘 분석해 보면 결국은 적절한 대상이나 사건에 주의를 기울이는 능력이 상실된 것임을 알 수 있다."

페리어는 애버딘에서 태어나 그곳에서 고전 문학과 철학을 공부했으며, 베인의 영향을 많이 받았다. 그는 하이델베르크에서 한 해 동안 지낸 뒤 애딘버러 대학으로 가서 의학을 배웠으며, 그후 런던의 킹스 칼리지 병원의 법의학 교수로 임명되었고 나중에 특별히 개설된 신경 병리학과의 학과장이 되었다. 그는 1878년에 창간된 학술지 <뇌>(*Brain*)의 초대 편집인이었고, 최초로 인간의 뇌에 생긴 종양을 수술로 제거하려는 계획에 참여하여 많은 도움을 주었다. 원숭이 피질에서 밝혀진 운동 영역의 지도를 인간의 뇌에 표시한 그림과 페리어의 조상을 겹쳐 놓았다. 각 숫자는 그곳이 담당하는 운동 부위를 가리키며, 문자로 표시된 곳은 손과 손목 부분을 움직이는 곳이다. ☑

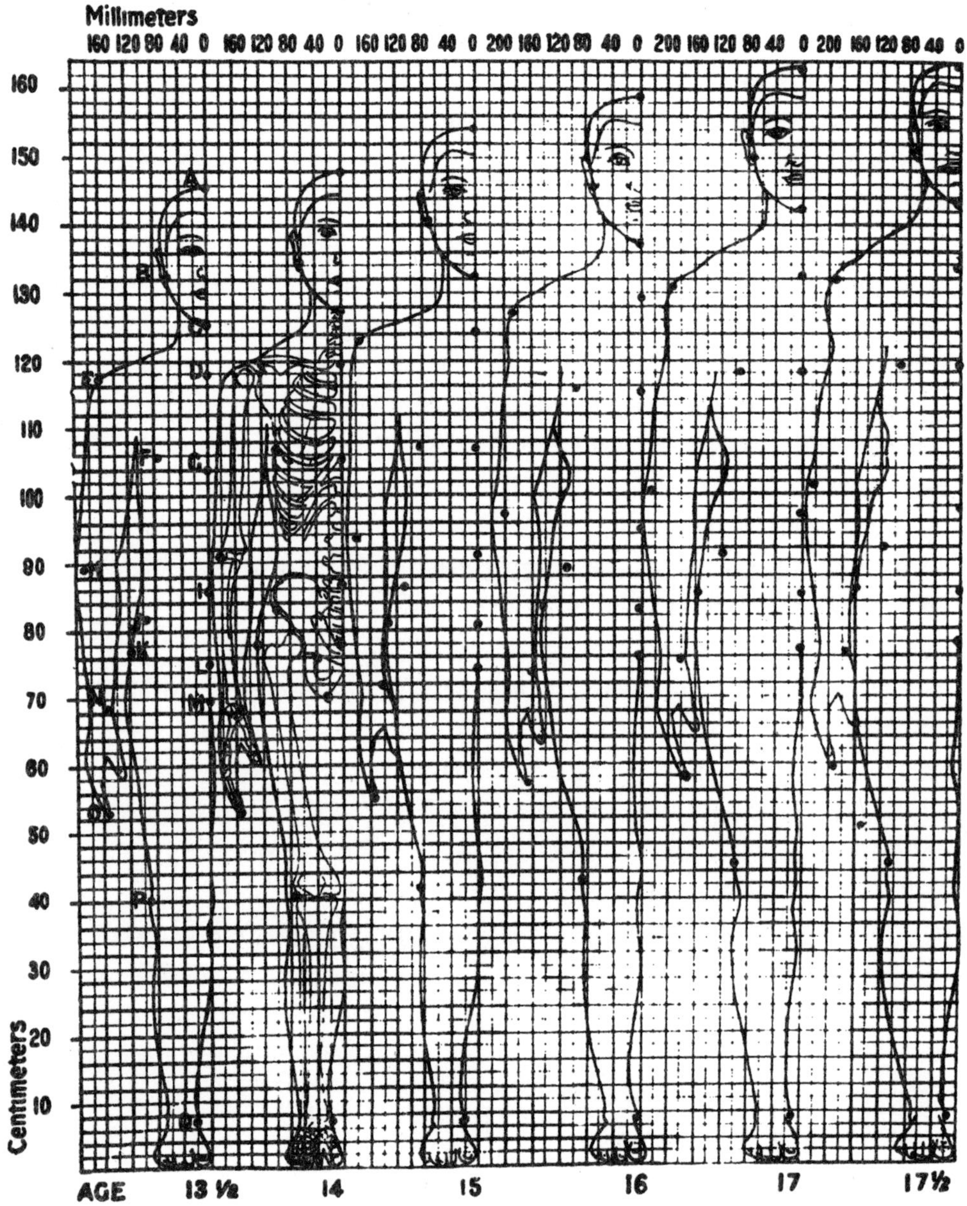
Millimeters
160 120 80 40 0 160 120 80 40 0 160 120 80 40 0 200 160 120 80 40 0 200 160 120 80 40 0 200 160 120 80 40 0
160
150
140
130
120
110
100
90
80
70
60
50
40
30
20
10
Centimeters
AGE
13 ½
14
15
16
17
17½

청년기를 맞이한 심리학

그랜빌 스탠리 홀(Granville Stanley Hall, 1844~1924)은 기능주의자답게 성장기에 있던 미국 심리학의 여러 조직과 기관을 만듦으로써 심리학이 성장하는 데 크게 기여하였다. 그는 보통 사람들이 일상 생활에서 부닥치는 환경에 어떻게 적응하는가에 관심을 가지고 심리 과정의 적응적 기능에 관해 연구하였다. 다윈의 진화론에 많은 영향을 받은 홀의 주된 연구 주제는 발달과 성장의 문제였다. 홀은 『청년기』(*Adolescence*, 1904)에서 자신의 학문적 야심을 다음과 같이 밝히고 있다. "이 책을 관통하고 있는 발상의 핵심은 영혼을 유전학적 관점에서 설명하려는 것으로, 그 주제나 연구 방법에서 무척 참신한 시도라 할 수 있다. 만약 이러한 시도가 성공한다면, 우리의 궁극적 관심인 마음의 문제에 진화론을 도입하는 계기가 될 것이다." 그는 나중에 『노년기』(*Senescence*, 1922)란 책을 쓰기도 했다. 그러나 심리학에 대한 홀의 가장 위대한 공로는 심리학을 체계적으로 잘 조직화하여 성장의 궤도에 올려놓았다는 것이다.

홀은 메사추세츠 주 애쉬필드 근처에서 태어나 교회에서 성직자가 되는 교육을 받았으나, 곧 성직이 자신의 천직이 아님을 깨달았다. 그는 독일로 가서 독학으로 철학과 생리학을 공부하고, 1871년에 미국으로 돌아왔다. 그는 이때 페크너를 만났다고 한다. 그는 하버드에서 윌리엄 제임스를 만나 교분을 쌓았고 그곳에서 공간 지각에 관한 연구로 박사 학위를 받았다. 그후 그는 다시 독일을 방문하여 분트의 실험실에서 공부했으며(홀은 분트의 첫 미국인 제자였다) 헬름홀츠와도 함께 연구했다. 다시 미국으로 돌아와서 얼마 후에 홀은 존스 홉킨스 대학의 심리학 교수가 되었고, 나중에 클라크 대학의 초대 총장이 되었다. 홀은 클라크 대학에서 종신 재직권을 얻는 데 많은 어려움을 겪었는데, 독일식의 대규모 종합 대학으로 만들려는 그의 계획이 대학의 설립 기금을 댄 기부자들의 반대에 부닥쳤기 때문이었다. 존스 홉킨스 대학에 머물던 무렵인 1887년에 그는 영어로 된 최초의 심리학 전문 학술지 <미국 심리학지>(*American Journal of Psychology*)를 창간하였다. 이 잡지가 창간된 배경은 매우 우스꽝스러웠다. 처음에 홀은 실험 심리학에 관한 학술 잡지를 창간하도록 500달러의 기부금을 받았는데, 기부금을 낸 사람은 실험 심리학을 심령학을 연구하는 학문으로 오해하여 돈을 냈다고 한다! 홀은 다른 학술지들도 창간하였는데, 1893년에는 〈교육학 세미나〉(*Pedagogical Seminary*, 이 잡지는 나중에 〈유전 심리학〉(*Journal of Genetic Psychology*)으로 이름이 바뀌었다)를, 1915년에는 〈응용 심리학〉(Journal of Applied Psychology)을 각각 발행하였다. 홀은 또한 1892년에 '미국 심리학회'를 창설하여 그 해 초대 회장을 지냈고, 1924년에 다시 한 번 더 그 자리를 맡았다. 1909년에 그는 클라크 대학 개교 20주년을 기념하여 프로이트와 융을 미국으로 초청하였다. 프로이트의 강의 내용이 편집되어 『미국 심리학지』에 실리자, 미 대륙 전역에서 많은 사람들이 정신 분석에 폭발적인 관심을 보였다고 한다. 홀은 매우 영향력 있는 교수였고, 1890년대에 심리학 박사 학위를 받은 대부분의 사람들은 클라크 대학에서 심리학을 공부하였다. 홀은 당대의 실험 심리학과 생리학을 널리 소개하여 전파하였지만, 정작 자신은 클라크 대학으로 옮긴 뒤 거의 실험 연구를 하지 않았다.

홀의 초상화를 담고 있는 그림은 청년기의 신체 성장 과정을 보여주고 있다. ☑

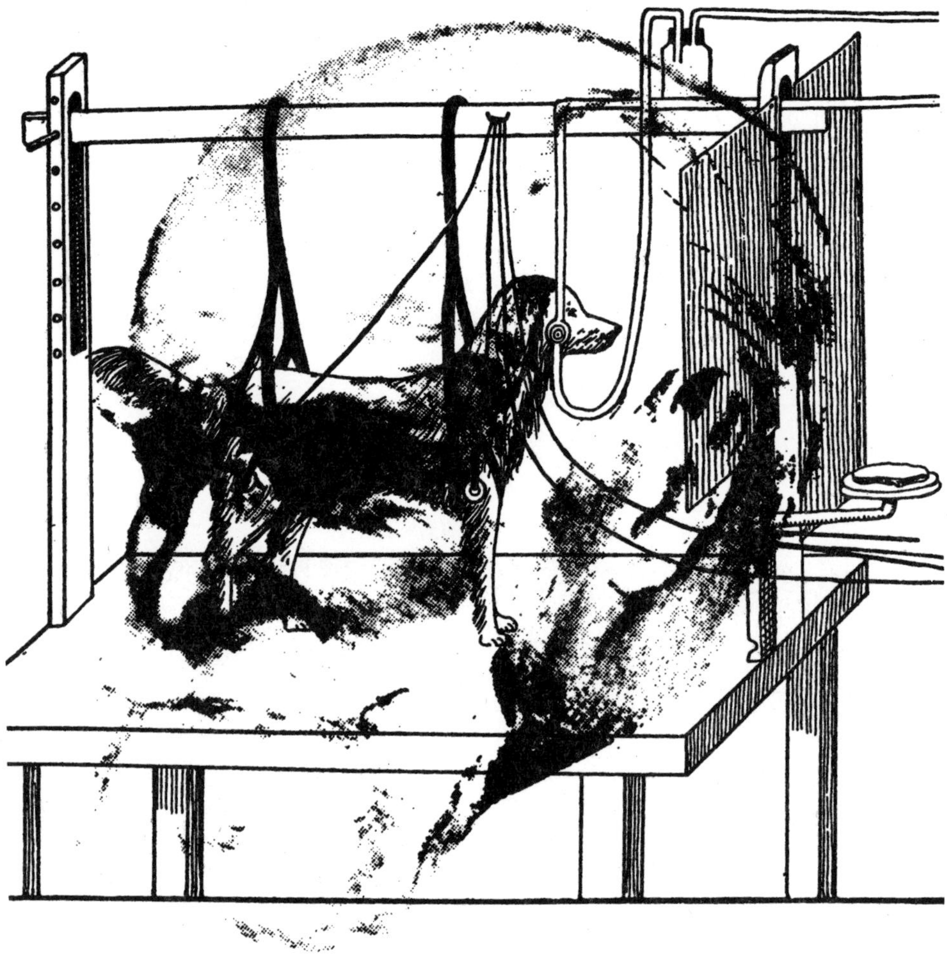

파블로프의 개

이반 페트로비치 파블로프(Ivan Petrovich Pavlov, 1849~1936)는 '반사'라는 개념을 심리학 영역으로 확장시켰다. 그의 일생의 주된 관심은 소화 과정에 관한 것으로, 음식물을 소화할 때 내장 기관에 분비되는 물질에 관한 연구로 1904년에 노벨 의학상을 수상하였다. 소화 과정에 관한 실험을 하던 중, 파블로프는 개가 음식물을 아직 먹지 않아 소화 중이 아닌데도 음식이 나올 것을 기대하여 미리 침을 분비하기 시작하는 것을 우연히 관찰하였다. 우연히 관찰된 이 현상을 탐구하기 위해 파블로프는 그후 35년의 여생을 바쳤다. "심리적 흥분, 즉 아직 먼 거리에 있는 물질에 대해 미리 보이는 이 반응은 실제로 그 물질이 입안에 있을 때 일어나는 반응과 똑같다. 모든 면에서 완벽하게 같은 반응이다. 음식물에 따라 그것이 입안에 들어가면 일으키게 될 침 분비 반응이 서로 다른 것과 똑같이, 개에게 이전에 보여주었던 음식물의 종류에 따라 개들은 구별된 고유의 침 분비 반응을 보인다. 예를 들어 개에게 보여준 음식물이 마른 것이면 개는 마른 음식을 입안에 넣었을 때의 침 분비 반응과 똑같은 반응을, 젖은 음식물이면 젖은 음식을 먹었을 때와 같은 반응을 보인다." 파블로프는 실제로 먹지 않고 보기만 해도 침이 분비되는 이러한 현상을 "심리적 분비"라 부르고 그 과정을 연구하기 위해 음식물과 중립적 자극(즉, 원래는 침 분비 반응을 전혀 일으키지 않는 '종소리'와 같은 자극)을 서로 짝지어 제시한 다음, 침이 얼마나 많이 분비되는지를 측정했다. 파블로프는 중립 자극과 음식물을 짝지어 여러 번 제시하면, 나중에 중립 자극, 즉 종소리만을 들려주어도 개가 침을 분비하는 것을 관찰하고 이를 '조건화'라 불렀다. 이때 음식물은 '무조건 자극'이고 종소리는 '조건 자극'이 되며, 음식물에 대한 침 분비 반응은 '무조건 반사'이고 종소리에 대한 침 분비 반응은 '조건 반사'가 된다.

파블로프는 당대의 심리학을 염두에 두지 않았다. 그는 자신의 동료인 신경 생리학자 쉐링턴(Charles Scott Sherrington, 1857~1952)을 이원론자로, 자넷과 쾰러를 애니미스트(animist)■로 지칭했다. 그는 조건화를 고등 신경계에서 발생하는 흥분-억제 과정으로 해석했으며, 이 현상을 설명함에 있어 어떠한 심성 개념도 사용하려 하지 않았다. 그럼에도 불구하고 파블로프의 체계적 조건화 실험은 심리학 전체에 커다란 반향을 불러일으켰다. 그의 실험의 영향력은 학습 심리학 분야에만 그치지 않고, 실험적 신경증을 유도해 내는 파블로프의 실험을 통해 임상 심리학 및 성격 심리학 그리고 기질에 관한 연구 분야에까지 널리 퍼져 나갔다. "이 모든 실험들을 통해 분명히 밝혀진 사실은 대뇌 반구의 만성적인 병리 상태를 일으키는 원인이 다음의 두 가지 중 하나라는 것이다. 첫째 원인은 대뇌 피질 스스로가 해소할 수 없는 흥분과 억제 사이의 갈등이며, 두 번째는 너무나 강력해서 이상한 반응을 일으키는 극단적 자극 활동이다."

파블로프는 중앙 러시아의 라야잔에서 태어났다. 그는 성 페테르스부르크에서 의학을 공부했고, 나중에 그곳에 있는 의학 군사 학교(Medical Military Academy) 교장이 되었다. 지칠 줄 모르는 연구자였던 파블로프는 현실적으로 먹고사는 일에는 별 관심이 없었다. 그의 아내는 먹을거리를 마련하기 위해 심지어 그의 구두까지 팔아야만 했다고 한다. "나는 사는 데 필요할 수 있는 모든 것을 다 얻었다. 내가 삶을 시작할 때 성했던 원칙을 완벽하게 실현했다. 내가 꿈꾸었던 것은 지적인 작업에서, 즉 과학에서 인생의 행복을 발견하는 것이었다. 그리고 나는 결국 그것을 발견했다."

파블로프의 초상화와 함께 개의 조건화 과정을 연구하기 위해 그가 사용했던 실험 장비들을 자세하게 그려 넣었다. 이 실험에서 파블로프는 무조건 자극으로 피부에 전기적 자극을 주었다. ☑

■ 애니미즘(animism)은 종교 기원에 관한 하나의 설로서, 인간 사후 생명력이 신체에서 이탈된다는 생각과 꿈과 같은 경우 제2의 자기 자신이 신체를 튀어 나간다는 생각이 융합하여 신체와 분리되는 영혼의 관념이 발생하여 인간 이외의 것에 대해서도 영혼의 존재를 확신하는 믿음을 가리킨다.

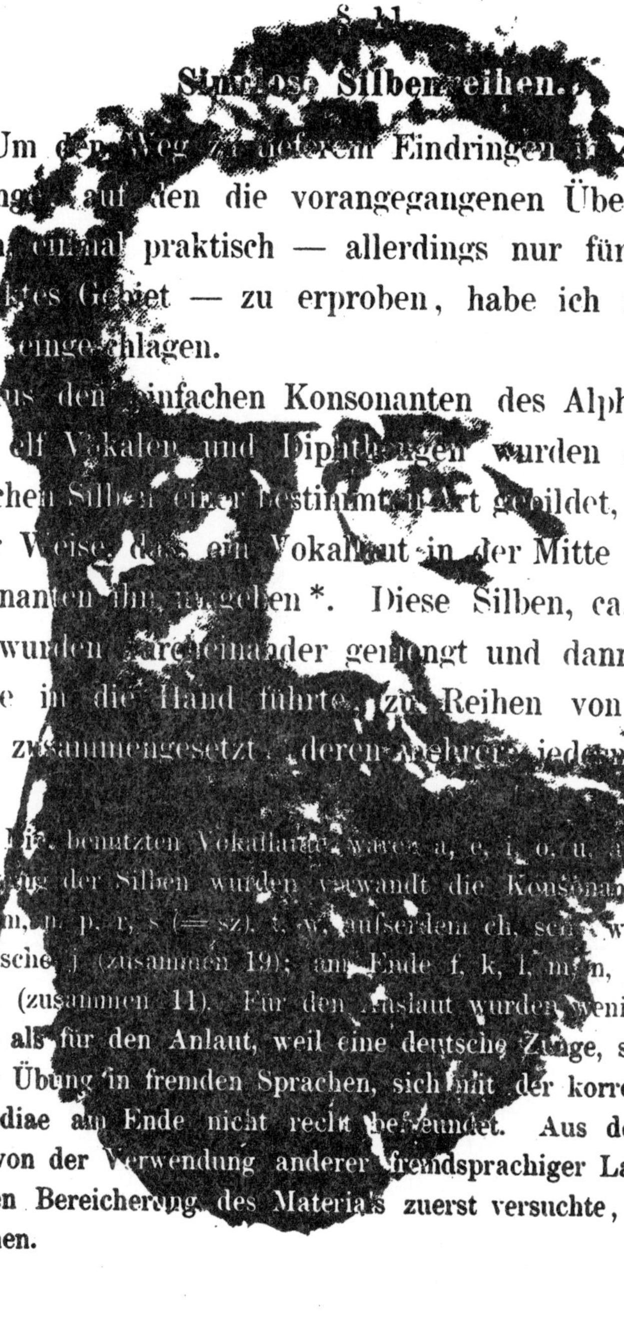

§ 11.

Sinnlose Silbenreihen.

Um den Weg zu tieferem Eindringen in die Gedächtnisvorgänge, auf den die vorangegangenen Überlegungen hinweisen, einmal praktisch — allerdings nur für ein sehr beschränktes Gebiet — zu erproben, habe ich folgendes Verfahren eingeschlagen.

Aus den einfachen Konsonanten des Alphabets und unseren elf Vokalen und Diphthongen wurden alle überhaupt möglichen Silben einer bestimmten Art gebildet, und zwar alle in der Weise, dafs ein Vokallaut in der Mitte steht und zwei Konsonanten ihn umgeben*. Diese Silben, ca. 2300 an der Zahl, wurden durcheinander gemengt und dann, wie der Zufall sie in die Hand führte, zu Reihen von verschiedener Länge zusammengesetzt, deren mehrere jedesmal das Objekt

* Die benutzten Vokallaute waren a, e, i, o, u, ä, ö, ü, au, ei, eu. Am Anfang der Silben wurden verwandt die Konsonanten b, d, f, g, h, j, k, l, m, n, p, r, s (= sz), t, w, aufserdem ch, sch, weiches s und das französische j (zusammen 19); am Ende f, k, l, m, n, p, r, s (= sz), t, ch, sch (zusammen 11). Für den Auslaut wurden weniger Konsonanten benutzt als für den Anlaut, weil eine deutsche Zunge, selbst nach mehrjähriger Übung in fremden Sprachen, sich mit der korrekten Aussprache der mediae am Ende nicht recht befreundet. Aus demselben Grunde wurde von der Verwendung anderer fremdsprachiger Laute, die ich zur gröfseren Bereicherung des Materials zuerst versuchte, wieder Abstand genommen.

망각으로 기억되는 사람

헤르만 에빙하우스(Hermann Ebbinghaus, 1850~1909)는 학습 과정을 양화하여 연구할 수 있는 방법을 고안하였다. "심리 현상을 연구할 때, 실험과 측정법은 지금까지 주로 심성 과정들 사이의 시간적 관계와 감각 및 지각 과정을 다루는 분야에만 제한적으로 사용되어 왔다. 다음과 같은 탐구 방법들을 통해 우리는 마음의 작용에 더 깊이 들어가 기억의 문제도 실험적으로 그리고 양적으로 다루려고 시도하였다. 여기서 기억이라 함은 학습, 기억의 유지, 연합, 기억의 재생 등을 포함하는 포괄적인 의미를 가리킨다."

철학 교육을 받은 에빙하우스는 계속해서 철학을 전공할 수도 있었으나, 런던에 들렀다가 우연히 페크너의 『성신 물리학 원리』(*Elements of Psychophysics*)를 접하고 심리학의 길로 들어서게 된다. 그는 엄격한 정신 물리학 방법을 기억 연구에 적용시키려 하였다. 이런 점에서 당시 유행하던 내성법은 문제가 많았고 새로운 기법이 요청되었다. 그가 고안해 낸 기법은 무의미 철자를 사용하는 것이었다. 그는 대략 2300개에 이르는 자음 - 모음 - 자음으로 이루어진 의미 없는 철자들을 만든 다음 무작위적으로 뒤섞어 다양한 길이의 철자 목록들을 마련했다. 이렇게 만들어진 무의미 철자들은 실제 단어들을 사용할 때 생기기 쉬운 원하지 않는 고유한 의미가 기억에 미치는 영향을 완전히 제거할 순 없지만 어느 정도 감소시킬 수 있었다. 실험에 참가한 피험자들은 이러한 무의미 철자 목록들을 정해진 나름의 기준에 이를 때까지 학습한 다음, 일정한 시간이 흐른 후 회상하고 다시 학습해야 했다. "이처럼 매 시행마다 연속된 철자들을 소리내어 반복해서 읽도록 하고 그 사이사이에 검사하는 목적은 피험자들에게 강한 인상을 주어서 즉시 철자들을 자동적으로 회상할 수 있도록 하려는 것이다. 충분히 학습했다는 판단의 기준은 피험자가 연속된 철자들 중 첫 철자를 받으면 그 다음에 나오는 철자들을 지체없이, 단번에, 정해진 속도로, 그리고 정답이라는 확신을 가지고 보고하는 것이다." 자신이 직접 피험자가 되어 실험한 에빙하우스는 망각 곡선을 포함하여 학습과 기억파지의 기초 원리들을 확립하였고, 학습량이 조금 늘어나더라도 학습에 걸리는 시간은 큰 폭으로 늘어난다는 사실을 밝혀 내었다. 이 사실은 요즈음 에빙하우스의 법칙이라 불린다.

바르멘에서 태어난 에빙하우스는 본, 할레, 베를린 대학에서 인문학을 공부하였고 본 대학에서 철학 박사 학위를 받았다. 학위를 받은 후, 그는 일곱 해 동안 혼자서 연구하다가 베를린 대학 교수가 되었다. 기억에 관한 책을 출판한 이듬해에 그는 베를린 대학에 심리학 실험실을 세웠고, 1894년에 브레슬라우 대학에 또 다른 실험실을 열었다. 1890년에 그는 다른 사람들과 함께 〈감각 기관의 생리학과 심리학을 위한 저널〉(*Zeitschrift für Psychologie und Physiologie der Sinnesorgane*)이란 학술지를 창간했으며, 그가 쓴 교과서인 『심리학의 원리』(*Grundzüge der Psychologie*, 1897)는 매우 인기가 높아 3판까지 인쇄되었다. 심리학에 미친 그의 영향은 이렇듯 폭넓었지만 정작 그를 '기억'에 남도록 만든 것은 역설적이게도 '망각'에 관한 연구였다.

에빙하우스의 초상화를 담고 있는 텍스트는 무의미 철자를 사용한 연구를 처음으로 소개한 『기억에 관하여』(*Uber das Gedachtnis*, 1885)에 실린 것이다. ☑

로이드 모간의 공준

코뉘 로이드 모간(Conwy Lloyd Morgan, 1852~1936)은 동물 행동을 해석하는 데 '경제성의 공준'을 마련하였다. 이 공준은 "어떠한 경우라도 한 행동이 하위 수준의 심리적 능력으로 설명될 수 있으면 그보다 더 상위 수준의 심리적 능력으로 설명되어서는 안 된다"는 것이다. 당시의 생물학자들은 다윈을 좇아서 많은 종들에서 나타나는 행동을 연구하여 그 행동의 계통 발생학적 위치를 찾아내려 하였다. 이처럼 동물 행동을 일화적으로 기술하려는 연구의 원조는 로마네스(George John Romanes, 1848~1894)로, 그는 동물들이 이성적 능력에서 차이가 난다고 보았다. "동물들의 행동을 일화적으로 수집한 로마네스의 작업은 물론 그 자체로도 흥미롭기는 하나, 내 생각으로는 그런 식의 일화적 자료를 가지고서는 비교 심리학이 과학으로 성립될 수 없을 것 같다." 일화적 접근에 대한 모간의 비판적 시각은 자기가 기르던 폭스 테리어가 문의 빗장을 들어올리는 행동을 설명하는 대목에서 더 잘 드러난다. "내가 기르는 개가 정원의 문에 가로놓인 빗장을 들어올리는 것을 배워 밖으로 나가는 것은 지적인 행동의 좋은 예로 볼 수 있다. …… 그러나 문제는 개가 그러한 방법을 어떻게 배웠는가 하는 것이다. 이 경우 개의 행동을 자세히 관찰할 수 있기 때문에, 즉 일화적 사건을 수집하는 것이 아니라 직접 관찰할 수 있으니까 그 질문에 답할 수 있다. 개가 처음에 빗장을 들어올리게 된 것은 의심할 바 없이 우연이다. 개가 지닌 듯이 보이는 묘기란 그렇게 우연히 행동해 본 후 그 우연한 행동과 탈출이 주는 만족감이 반복적으로 연합되어 습관적이 된 것일 따름이다. 그러나 일단 단단히 확립되고 나면, 그 행동은 그 개의 일생 동안 사라지지 않고 유지된다." 모간의 개가 초기에 보였던 활동을 그는 '시행 - 착오 학습'이라 부르고, 겉으로 보기에는 매우 지적으로 보이는 행동이라 하더라도 그 행동이 습득되는 과정을 면밀히 조사해 보고 난 뒤에야 비로소 그 행동을 제대로 해석할 수 있다고 주장하였다.

런던에서 태어난 모간은 왕립 광업 학교에서 공학을 공부하고, 런던의 로열 칼리지에서 생물학을 배웠다. 그의 학문적 이력은 대부분 브리스톨 대학에서 이루어진 것이다. 그는 이곳의 동물학과와 지리학과의 학과장을 역임하다가 나중에 심리학과와 윤리학과의 학과장을 맡았다. 1896년에 미국을 방문한 그는 하버드에 머무는 동안 학습에 관해 연구하고 있던 쏜다이크를 도와주면서 쏜다이크의 연구 방향에 많은 영향을 미쳤다. 『비교 심리학 입문』(*An Introduction to Comparative Psychology*, 1894)에서 모간은 '비교 심리학'이 지칭하는 분야가 무엇인지를 핵심적으로 정의하고 있다. "이 책의 첫 번째 주제는 인간의 심리학과 동물의 심리학 사이의 관계를 논하는 것이다. …… 두 번째 주제는 자연계에서 의식이 차지하는 위치, 심리적 진화와 물리학적 · 생물학적 진화 사이의 관련성, 그리고 철학적 물음에 대해 비교 심리학이 시사하는 바 등을 고려해 보는 것이다." 그는 브리스톨 대학에서 은퇴한 후 클라크 대학과 하버드 대학에서 학생들을 가르쳤다. 길게 흘러내린 턱수염을 한 모간의 초상화와 함께 그가 길렀던 폭스 테리어가 정원의 문에 걸린 빗장을 들어올리는 장면을 그려보았다. ☑

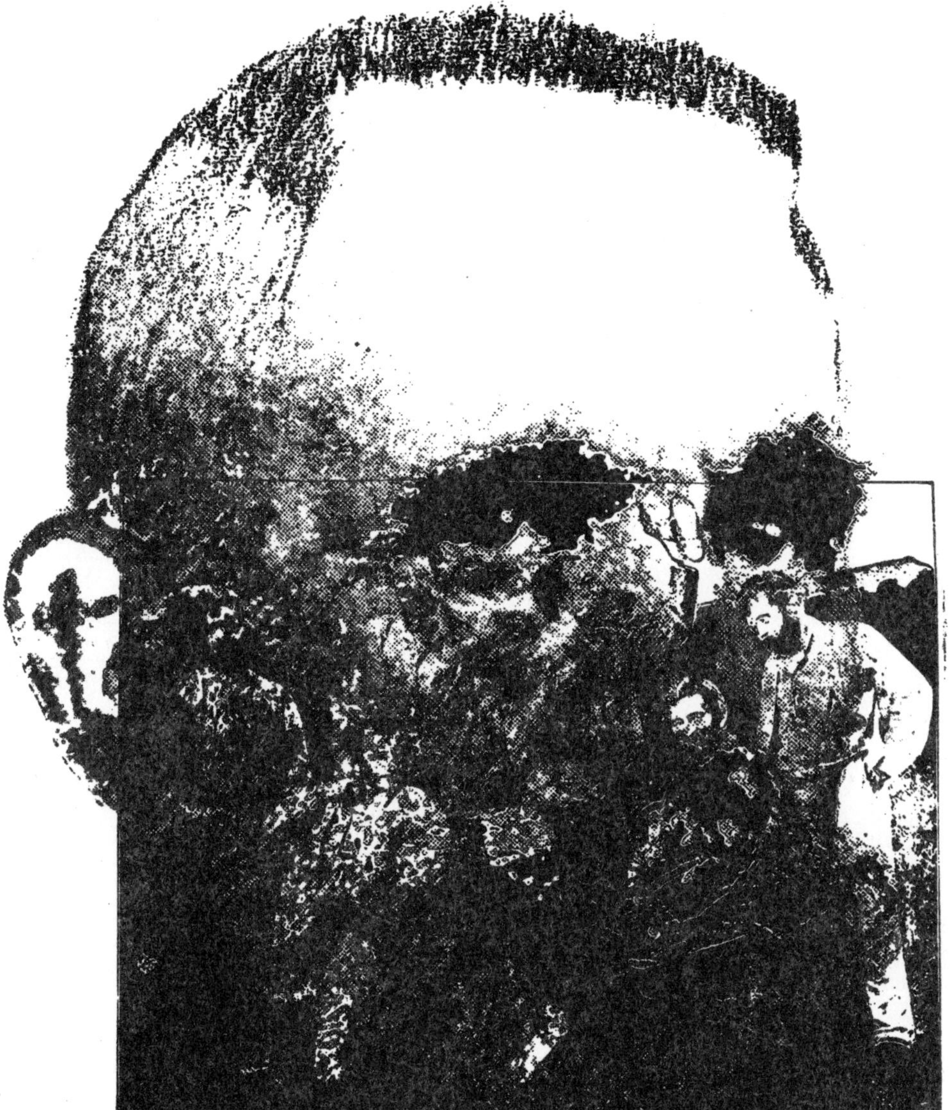

A B C

Katatonikergruppe.

질병 분류가

에밀 크레펠린(Emil Kraepelin, 1856~1926)은 정신 질환을 체계적으로 분류하였다. 그가 자신의 질병 분류학을 처음으로 소개한 책은 『정신 치료학 —— 학생 및 의사들을 위한 교과서』(*Psychiatrie. Ein Lehrbuch für Studierende und Artze,* 1883)로, 여러 차례에 걸쳐 개정되어 출판되었다. 이 책에서 크레펠린은 많은 수의 사례들을 수집하여 통계 분석을 거친 후, 이에 기초하여 정신 질환 분류를 위한 모델을 제시하였다. 그의 이러한 작업을 통해 정신 치료학은 일반 의학에 한층 더 가까워졌는데, 많은 종류의 정신 질환들이 의학적 질병의 개념으로 다루어졌기 때문이다. 즉, 크레펠린은 정신 질환이 정확히 분류될 수 있고, 특정한 발생 과정을 가지며, 종종 근본적 치유가 불가능하기도 한 뇌의 기질적 장애라고 생각하였다. 정신병에 대한 크레펠린의 이론 및 치료는 신경증에 대한 프로이트의 이론과 뚜렷하게 대비되었다. 크레펠린의 분류 체계에서 가장 혁신적인 점은 조울증과 조발성 치매를 구분했다는 것이다. 강의할 때 그는 학생들에게 다양한 종류의 정신 질환을 앓고 있는 사람들을 직접 보여주고, 그들의 신체 조건, 병력, 심리적 증상을 기술하고 그들이 각각 어떤 종류의 질병에 해당하는지 진단해 보였다. 예를 들어, "나의 임상 경험으로 볼 때, 지금 보는 이 환자의 상태는 단순한 우울증과는 전혀 다른 특징을 보이고 있다. 이러한 상태를 '조울증적 정신 착란'이라 부를 것이다. …… 이 질병은 전혀 다른 성질의 상태가 연속적으로 발병하는 증세를 보인다. 즉, 이 질병은 일관된 증상을 보이지 않고 의기소침해서 우울한 상대를 보이나가 일종의 흥분 상태를 보이기도 한다. …… 일반적으로 이러한 우울 증세가 발병하는 시기와 흥분 증세가 발병하는 시기 사이에 두 증세가 전혀 보이지 않는 상태가 짧게 혹은 길게 유지되는 경향이 있다." 의기소침하고, 멍하고, 정서적인 표현을 전혀 하지 못하는 한 환자에 대해 크레펠린은 다음과 같이 보고하고 있다. "지금 다루고 있는 '정신적으로 그리고 정서적으로 취약한' 이 환자는 겉으로 보기에는 앞서 조울증으로 분류해 보인 환자의 우울한 상태를 연상시킨다. 이 환자에게서 나타나는 정서적 취약성은 다른 여러 환자들에서도 공통적으로 나타나는 것으로 치유가 불가능하다. 이 질병을 잠정적으로 '조발성 치매'라 부르기로 하자." 그는 또한 우울증, 광기에 의한 전반적 마비증, 긴장증, 편집증, 히스테리, 알콜 중독증, 모르핀 중독증, 코카인 중독증 등의 질병을 분류해 냈다. 나중에 블로일러(Eugen Bleuler, 1857~1939)는 조발성 치매는 치유 불가능하다는 크레펠린의 주장을 반박하며, 정신 분열증에서 회복된 환자의 사례를 발표하였다. 블로일러는 이 질환의 이름을 '조발성 치매'에서 '정신 분열증'으로 바꾸어, 정신적 연합성이 파괴되었다는 점을 이 질환의 근본 특징으로 강조하였다.

크레펠린은 멕클렌부르크에서 태어났다. 그는 뷔르츠부르크 대학과 라이프치히 대학에서 의학을 전공했고, 도르파트, 하이델베르크, 뮌헨 등에서 정신 의학 과장을 역임했다. 분트의 심리학에 깊은 감명을 받았던 그는 분트의 실험실에서 약물이 행동에 미치는 영향을 연구하였다. 이후에도 분트와 가깝게 지냈던 크레펠린은 분트의 영향으로 정신 질환자들에게서 보이는 주의 통제력 상실에 대해 관심을 가지고, 연합 기법을 정신 질환 연구 및 치료에 이용하기도 했다. 이러한 연구를 통해 그는 알콜과 피로가 고등한 정신적 연합을 감소시키는 대신 습관들의 연합을 증가시키는 등 정신 질환자들의 사고 장애와 유사한 증상을 일으킨다는 것을 발견하였다.

크레펠린의 초상화와 긴장증을 앓고 있는 환자들이 그와 대화하는 장면을 함께 그려보았다. ☑

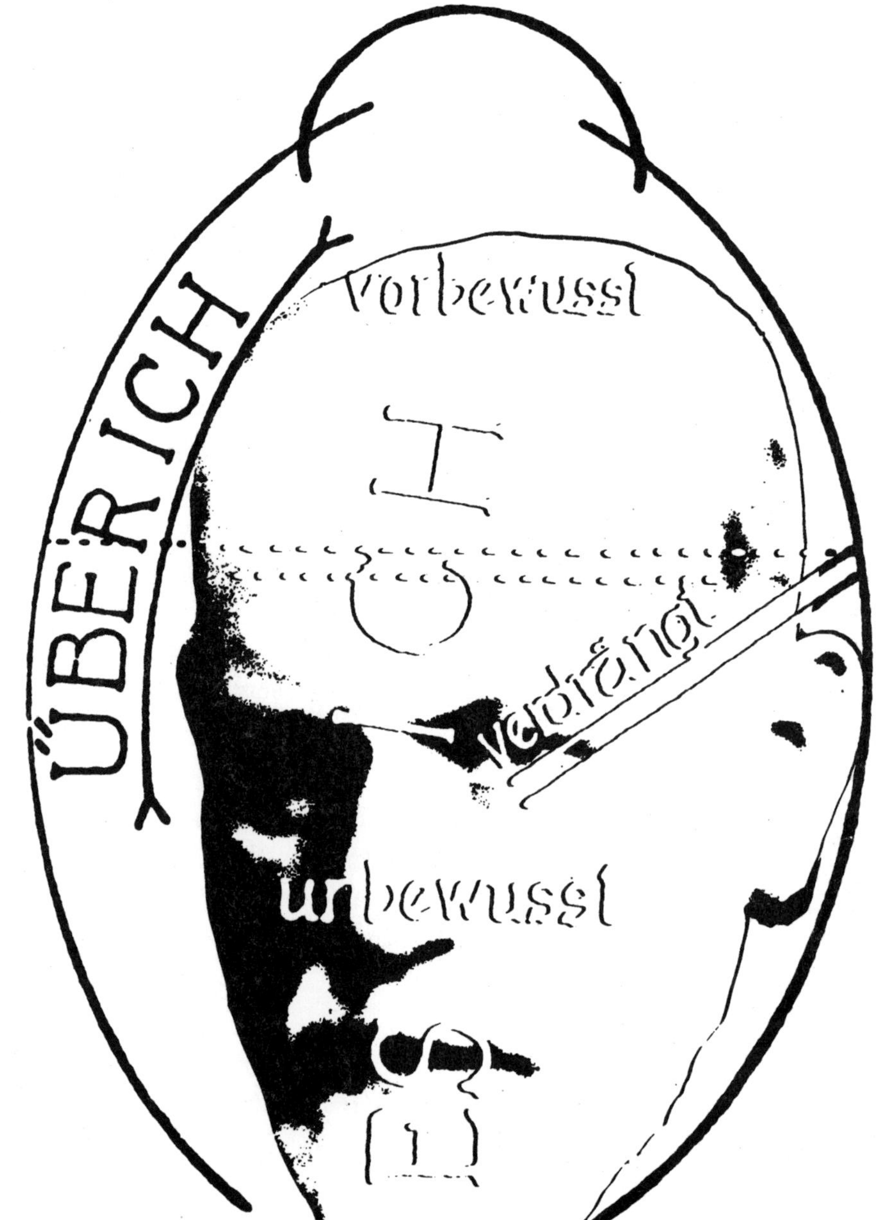
ÜBER ICH
vorbewusst
ICH
verdrängt
unbewusst
ES

우상 파괴론자

지그문트 프로이트(Sigmund Freud, 1856~1939)는 신경증 치료를 통해 정신 분석학을 확립하고, 무의식적 동기를 강조하는 심리학을 발전시켰다. 그는 당시에 지배적이었던 많은 지적 우상들, 특히 어린 시절의 성 경험과 성격 발달에 관련된 지적 우상들에 대해 강력하게 도전하였다. 프로이트는 이제는 너무나도 익숙해져 버려서 거의 일상 언어의 일부가 되다시피 한 많은 신조어들을 만들어 냈다. 아마도 그의 영향력이 가장 크게 발휘된 곳은 정작 심리학 자체라기보다도 심리학에 대한 대중들의 관심일 것이다. 그의 정신 병리학적 방법 속에는 신경학에서 훈련받은 그의 경험이 교묘하게 스며들어 있으며, 그의 이론적 개념들 역시 그가 당대의 기계론적 신경 생리학에 영향받고 있었음을 간접적으로 보여준다. 프로이트 이론에 등장하는 대부분의 개념들은 원래 오래 전부터 사용되어 왔고 잘 정의된 것들이었지만, 프로이트는 그 개념들을 새롭고 독창적인 방식으로 연결하고 그렇게 연결된 개념들을 또다시 연결하였다.

브로이어와 안나 오의 사례에 관해 의견을 나누고 파리에서 샤르코와 함께 연구하면서, 프로이트는 점차 히스테리에 관심을 가지게 되었다. 브로이어와 함께 비엔나에서 계속 연구하면서 프로이트는 다른 몇 사례를 더 분석하고 난 뒤 히스테리의 바탕에 성적 갈등이 존재한다고 확신하였다. 최면이 모든 환자들에게 항상 먹혀드는 것이 아니라서, 프로이트는 브로이어의 대화 치료를 발전시켜 자유 연상법을 개발하였다. 그는 환자를 소파에 드러눕게 한 다음 마음속에 떠오르는 것을 고르거나 망설이지 말고 모두 말하도록 하였다. 이 방법을 통해 프로이트가 노린 것은 그 동안 억압되어 왔던 기억이나 욕망들을 간접적으로 드러내려는 것이었다. 이러한 억압된 기억이나 욕망들은 또한 꿈을 통해서도 드러날 수 있다고 보았는데, 꿈의 분석은 무의식적 동기를 강조하는 프로이트 이론에 매우 중요한 역할을 한다. 그는 꿈을 "억압된 소망을 위장하여 충족시키는 과정"으로 보았다. 행동을 결정하는 것은 세 가지 힘과 그 세 가지 힘들 사이의 상호 작용이며, 프로이트는 이것을 그림으로 설명해 보이기도 했다(왼쪽 페이지에 있는 그림을 보라). '원초아'는 무의식적이고 생물학적인 욕망으로 '초자아'에 의해 부분적으로 억압받고 있는데, 두 힘들 사이의 갈등은 전의식적 '자아'에 의해 해소된다. 또한 자아는 감각을 통해 실제 세계와 상호 작용한다. 왼쪽 그림의 위쪽 꼭대기에 작게 솟아오른 부분이 바로 그 실제 세계를 가리킨다. 이러한 개념들은 원래 1923년에 처음 형성된 것이지만, 이처럼 그림이나 형태로 설명된 것은 그로부터 10년이 지난 후였다. 여기에 보이는 프로이트의 초상화는 그의 이론이 발표된 그 해(1922년)에 찍은 사진을 보고 그린 것이다. 그의 이론의 핵심을 그린 그림 속에 프로이트가 담겨 있는 셈이다.

프로이트는 모라비아 지방의 프라이베르크에서 태어나 어릴 때 비엔나로 이사갔다. 비엔나 대학에서 의학을 전공한 프로이트는 그곳에서 브렌타노의 철학 강의를 들었지만, 그에게 가장 큰 영향을 준 사람은 생리학자 에른스트 브뤼케(Ernst Brücke, 1819~1892)였다. 신경학에서 뛰어난 성적을 보였던 프로이트는 약간의 장학금을 받아 1885년에 샤르코를 방문하게 되는데, 여기서 프로이트는 자신의 삶에 대전환을 맞이하여 이상 행동의 심리학을 전공하게 된다. 프로이트를 열렬히 추종했던 제자들이라고 해서 일사불란하게 모든 점에서 같은 견해를 가진 것은 아니었는데, 특히 어린 시절의 성적 경험의 중요성을 둘러싸고 많은 논쟁이 벌어졌다. ☑

착각을 이용한 심리학자

프란츠 칼 뮐러 - 라이어(Franz Carl Müller-Lyer, 1857~1916)는 이상한 그림들을 만들어서 공간 지각에서 착각이 일어날 수 있음을 보여주었다. 이른바 '뮐러 - 라이어 착시'란, "실제로는 똑같은 길이의 화살표지만, 직각의 화살표에 비해 예각의 화살표는 더 짧아 보이고 둔각의 화살표는 더 길어 보이는" 현상을 가리킨다. 뮐러 - 라이어는 이처럼 단순한 그림에 많은 변형을 가해서 여러 가지 다른 그림들을 만들어 연구하였고, 이리하여 뮐러 - 라이어 착시는 가장 많이 연구된 기하학적 착시들 중 하나가 되었다. 그는 이 착시 현상의 몇몇 측면들을 매우 체계적으로 탐구해 나갔다. 화살표를 이루는 각의 크기와 길이를 변화시켜 그 효과를 측정했고, 이러한 현상을 자연스런 환경 속에 있는 각들 사이의 상호 작용에 연결하여 설명하기도 했다. 물론 뮐러 - 라이어는 사회학에 많은 영향을 끼쳐 유명해지기도 했지만, 만약 그가 이 단순한 도형을 1889년에 발표하지 않았더라면 그의 이름을 기억하는 심리학자는 거의 없었을 것이다.

기하학적 착시에 관한 연구는 19세기 후반의 시대 정신을 잘 대변하고 있으며, 실제로 지금은 익숙하게 되어 버린 많은 그림들이 당대 심리학자들의 이름을 달고 있다. 뮐러 - 라이어 착시에는 브렌타노 판도 있고 에빙하우스 판도 있다. 그리고 델뵈프 착시, 헬름홀츠 착시, 헤링 착시, 뮌스터베르크 착시, 티치너 착시, 분트의 공간 착시도 있었으며, 마하는 밝기에 관한 착시 현상을 연구했고 홀은 운동 착시를 연구했다. 착시를 일으키는 그림들이야 물론 이 천년 전부터 언제든 그려질 수 있는 것들이긴 했지만, 이제 그것들에 대한 이론적 조명이 요구된 것이다. 시각적 착각 연구는 심리학이 생리학의 굴레로부터 독립했음을 의미하였다. 안구의 굴절 광학 연구로 인해 망막으로 투사된 형태의 차원들이 결코 왜곡되지 않는다는 것이 생리학자들에 의해 이미 충분히 밝혀져 있었으므로, 착시 현상은 생리학적으로 탐구될 수 없는 좀더 고등한 정신 과정에서 비롯된 결과임이 분명했고, 이는 곧 착시가 새로운 심리학의 영역에 해당한다는 것을 의미했다. 기하적적 착시에 대한 설명이 다양한 관점에서 시도되었는데, 안구 운동(델뵈프, 분트), 각의 팽창 효과(브렌타노), 시각적 조망의 작용, 비교해야 할 부분들의 혼동 등 여러 가지 설명이 있었다. 뮐러 - 라이어는 가장 나중의 설명을 좋아했다. "선분들의 길이를 서로 다르게 판단한 것은 길이를 판단할 때 선분들만을 고려한 것이 아니라 의도적인 것은 아니지만 공간상의 다른 부분들, 예를 들어 화살표도 고려했기 때문이다."

바덴바덴에서 태어난 뮐러 - 라이어는 슈트라스부르크, 본, 라이프치히 대학에서 의학을 공부했고 베를린, 비엔나, 파리, 런던 대학에서 심리학과 사회학을 공부하였다. 그의 선생들로는 생리학자 부와 - 레이몽(Emil Du Bois-Reymond, 1818~1896)과 샤르코 등이 있었다. 1888년부터 그는 뮌헨에 사설 연구소를 만들고 정착하여 사회학에 관한 폭넓은 저술 활동을 하였다. 그는 꽁트에게서 많은 영향을 받았으며 새로운 연구법을 개발하여 스스로 발달 단계적 방법이라 불렀다. "이 연구법은 인류 문화와 문명의 역사를 여러 시기 혹은 '단계'로 나누는 것이다. 각각의 분리된 단계들을 서로 비교함으로써 연구자는 '진화의 줄기'를 볼 수 있다. 이때 진화의 줄기란 각 단계를 관통하여 존재하는 경향을 가리키며, 그것을 통해 우리는 문화와 진보의 방향을 알 수 있다."

여기서 보여주고 있는 것은 원래의 착시 그림을 윤색하여 복잡하게 만든 변형이다. 검은 새의 수평선들은 실제로 똑같은 길이이지만, 위에 있는 것이 더 길어 보인다. 뮐러 - 라이어의 초상화가 이 그림 속에 담겨 있는데, 수평 선분들이 그의 눈과 입을 눈보 쪼개듯 지나가고 있다. ☑

피어슨의 r

칼 피어슨(Karl Pearson, 1857~1936)은 현대 통계학의 기초를 마련했다. 그는 '상관'(correlation)의 수학적 기초를 탐구하여 두 변인들 사이의 관계를 하나의 계수로 나타냈고, 관찰된 분포와 이론적 분포가 서로 얼마나 잘 들어맞는지를 검사하는 절차(chi-square)를 확립했다. 수학자였던 그는 자신의 수학적 방법을 생물학에 적용하여 '생물 측정학'(biometrics)■이란 분야를 개척했는데, 생물의 변이를 통계적으로 연구하여 다윈의 진화 이론을 지지하려 했다. 1898년에 그는 왕립 협회에서 다윈 상을 받고 회원이 되었다. 철학적으로 흄과 마하의 전통을 따르는 논리 실증주의자였던(실제로 마하의 '감각 분석'은 피어슨에게 헌정되었다) 그는 인과 관계란 단순히 사건들 사이의 시간상의 상관 관계를 나타내는 것일 뿐이라고 보았다. 그는 『과학 문법』(*The Grammar of Science,* 1892)에서 자신의 철학을 다음과 같이 표현하고 있다. "과학의 기능은 개개의 사실들을 분명하게 분류하고, 사실들이 일어난 순서를 조사하여 그 사실들 사이에 어떤 중요한 관계가 성립하는지를 파악하는 것이다. 그리고 주관적인 느낌에 치우치지 않고 사실들에 기초하여 판단하는 습관이야말로 이른바 과학적 자세의 바탕을 이룬다고 할 수 있다. …… 모든 과학에 통일성을 부여하는 것은 방법이며, 주제가 무엇인지는 상관없다." 갈턴의 작업에 고무되어 생물 측정학에 더욱 심혈을 기울인 피어슨은 1896년에 갈턴보다 더 편리하게 상관을 계산하는 공식을 만들어 내고, 상관 계수를 'r'로 표기하였다. 피어슨은 'r'을 '갈턴 함수'(Galton function) 또는 '상관 계수'(coefficient of correlation)라고 불렀지만, 요즈음엔 '적률 상관 계수'(product-moment correlation coefficient)라 부른다. 갈턴과 피어슨은 1901년에 '생물 측정'(Biometrika)이라는 잡지를 창간하였으며, 피어슨이 편집을 맡았다. 피어슨은 갈턴의 전기를 쓰기도 했다.

런던에서 태어난 피어슨은 케임브리지 대학으로 가서 맥스웰의 지도 아래 수학을 공부하였다. 그후, 그는 독일로 가서 물리학에서 형이상학에 이르기까지 여러 강의를 들으면서, 자신의 여러 관심 분야들을 서로 연결시키는 데 몰두하였다. 한편, 그는 독일의 과학과 문학을 매우 사랑했는데, 원래 이름인 'Carl'보다 독일식인 'Karl'을 더 좋아한 것도 독일의 과학과 문학에 대한 그의 남다른 애정 때문이 아닌가 짐작된다. 그는 영국으로 다시 돌아와 법률을 공부했지만, 실제로 법률과 관계된 일을 한 적은 없다. 그는 1884년에 런던의 유니버시티 칼리지의 응용 수학 및 역학 교수가 되었는데, 그의 통계학 연구들 중 가장 영향력 있는 것들은 대부분 이곳에 머물던 19세기의 마지막 10년 동안 이루어진 것들이다. 갈턴이 출판한 『자연 유전』(*Natural Inheritance,* 1889)이란 책과 갈턴의 동료였던 동물학자 월터 프랭크 라파엘 웰던(Walter Frank Raphael Weldon, 1860~1906)의 연구가 이 시기의 피어슨의 연구에 많은 자극을 주었다고 한다. 1911년에 갈턴이 피어슨에게 런던 대학의 우생학 과장을 맡아 줄 것을 유언으로 남기자, 피어슨은 그것을 받아들였다. 덕분에 생물 측정학과 우생학이 계속적으로 서로 연결될 수 있었다. 피셔는 한편으로 피어슨과 격렬한 논쟁을 벌인 경쟁자였지만, 다른 한편으로 갈턴의 '천재의 유전'(Hereditary Genius)으로 시작되고 피어슨에 의해 계승된 생물 측정학과 우생학 사이의 연결을 더욱 확대하고 발전시킨 인물이기도 하다.

피어슨이 개발한 절차를 따라 얻어진 적률 상관 계수를 가리키는 기호인 'r'을 가지고 그의 초상화를 그려보았다. 그는 나중에 자신이 주로 하나의 기호나 등식으로 기억되리라는 씁쓸한 예언을 한 적이 있었는데, 그의 예언이 적중한 것 같다. ☑

■ 생물의 변이 상태를 수리적, 통계적으로 연구하는 학문.

지능 검사

알프레드 비네(Alfred Binet, 1857~1911)는 지능을 검사하는 새로운 방법을 도입하였다. 1905년, 프랑스 정부의 요청으로 그는 테오도르 사이먼(Théodore Simon, 1873~1961)과 함께 아동의 지능을 측정하는 검사를 만들었다. 이 검사는 특히 정상 지능보다 낮은 평균 이하의 아동을 구분하는 데 목표를 두었다. "이 방법을 만든 기본적인 생각은 지능을 측정하는 척도라 부를 만한 것을 만들려는 것이다. 이 척도는 질문이 계속될수록 난이도가 증가하는데, 관찰 가능한 가장 낮은 지능 수준에서 시작하여 정상적 지능의 평균 수준으로 끝나는 방식으로 구성되어 있다. 제시되는 문제들은 한 단위씩으로 묶여 있는데, 그 각각의 단위는 각기 다른 지적 수준에 해당한다." 그는 먼저 자신의 딸들을 대상으로 (갈턴의 전통을 좇아) 감각 예민도와 반응 시간을 알아보는 약식 검사를 만들어 실시해 보았다. 그는 이런 검사들로는 지능의 적절한 지표를 구할 수 없으며, 이에 비해 기억, 주의, 이해 등을 측정하는 것이 더 적절하다고 생각했다. 처음에 만들어진 검사는 30개의 항목으로 구성되었으며, 문제가 제시될 때마다 점차 난이도가 증가했다. 그 검사는 1908년에 확장 개정되었다. "주요 결론은 우리가 드디어 실제로 어린 아동의 지능 발달을 측정할 수 있는 도구를 확보했다는 것이다. 이 검사로 지능을 측정할 수 있는 아동의 나이는 3세에서 12세 사이다. 우리는 이 방법이 실용적이고 편리하며 신속한 것이라 생각한다." 1912년에 윌리암 스턴(William Stern, 1871~1938)은 정신 연령과 신체 연령 사이의 비율을 구하여 지적 능력의 비율, 즉 'IQ'(intelligence quotient)라는 측정치를 고안했고, 1916년에 루이스 매디슨 터먼(Lewis Madison Terman, 1877~1956)이 스탠퍼드-비네 척도(Stanford-Binet scale)를 개발할 때에 IQ 개념을 사용하였다.

비네는 니스에서 태어나 파리에서 교육받았다. 그는 법학 교육을 받았지만, 피어슨과 마찬가지로 그것을 계속 공부하지는 않았다. 그는 혼자 책을 읽으며 심리학에 대한 관심을 키워 나갔으며, 특히 영국 연합주의자들의 책을 읽었다. 그리고 그는 8년 동안 함께 일했던 샤르코와 함께 강단에 서게 되었다. 그는 초기에 최면에 관한 책을 썼는데, 이 책에서 비네는 자기장을 통해 신체의 한 부위에서 발생한 지각적 효과가 다른 부위로 이동할 수 있다고 주장했다. 그러나 델뵈프는 피험자들이 실험자의 기대를 잘 의식하고 있기 때문에 그러한 결과가 빚어진 것이라고 지적하였다. 비네는 결국 이 비판을 인정했다. "중요하면서도 항상 있기 마련인 오류의 원인들 중의 하나…… 그것은 암시이다. 다시 말해서, 실험자는 단어, 몸짓과 손짓, 태도 등을 통해서, 심지어 침묵으로도 피험자에게 영향을 미칠 수 있다. 이러한 것들은 몽롱한 상태에 있는 피험자의 미묘하고 예민한 지능에 영향을 미칠 수 있다."

비네는 프랑스 소르본느에 처음으로 세워진 심리학 실험실에서 연구했으며, 1894년에 그곳의 책임자가 되었다. 일년 후 그는 다른 사람들과 함께 〈심리 연보〉(*L'Année Psychologique*)란 잡지를 창간하였다. 비네는 지능이란 복잡한 개념은 단순한 하나의 비율만으로 포착할 수 없다고 생각했다. 그는 직접 IQ 개념을 도입하지는 않았지만, 그 개념의 씨앗을 뿌렸다고 할 수 있다. 이러한 점을 반영하여 비네의 초상화를 그려보았다. 그림에서 아직 완선한 모습을 띠지 않고 있는 'IQ'라는 글자는 그 개념이 태동되는 과정에서 비네의 통찰을 필요로 하고 있음을 암시한다. ☑

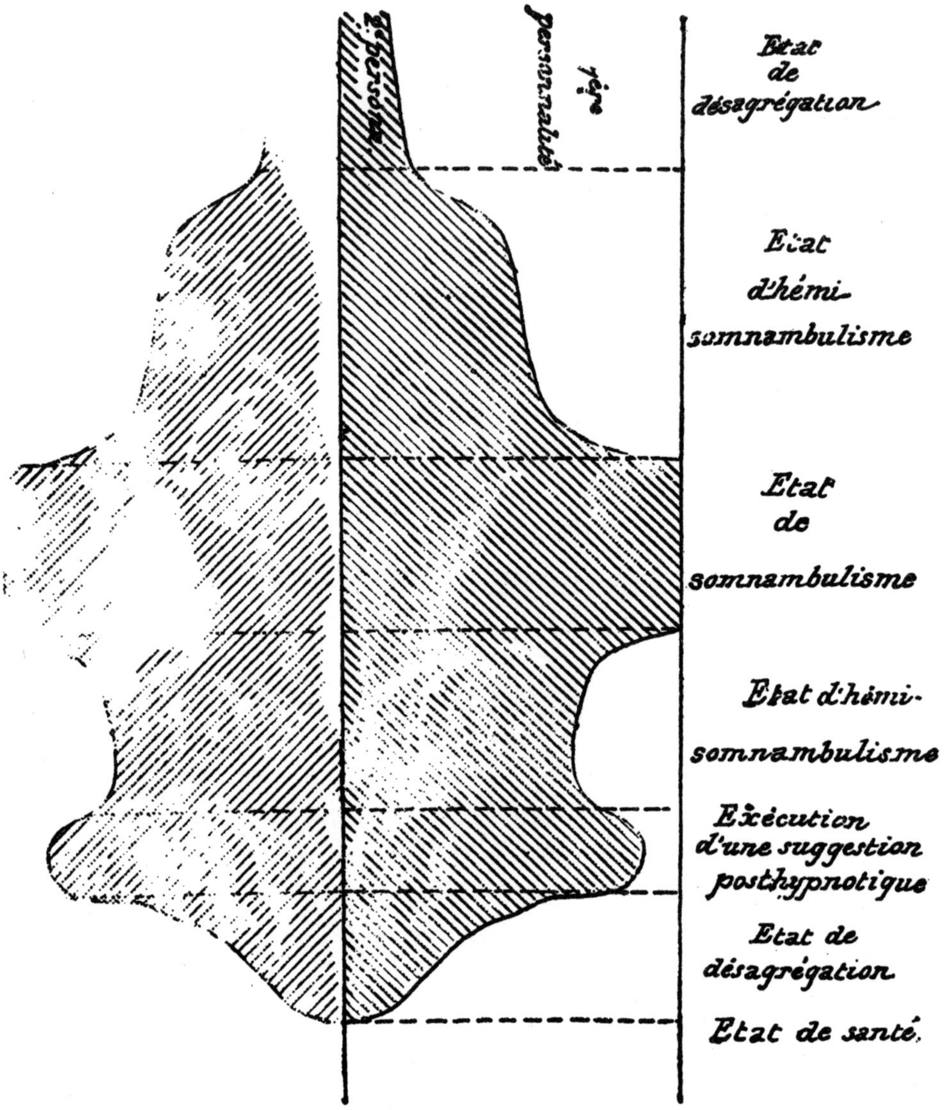
2e person.
1ère personnalité
Etat de désagrégation
Etat d'hémi-somnambulisme
Etat de somnambulisme
Etat d'hémi-somnambulisme
Exécution d'une suggestion posthypnotique
Etat de désagrégation
Etat de santé.

정신 병리학자

피에르 마리 펠릭스 쟈네(Pierre Marie Felix Janet, 1859~1947)는 신경증을 연구했으며, 심리 분석이라 불리는 방법을 개발하여 신경증 환자들을 치료하였다. 그는 '하의식'(subconscious)이나 '강박 관념'(l'idée fixe) 같은 개념들을 만들었다. "히스테리 환자의 강박 관념은 하의식적이다. 하의식이란 말로 어떤 철학적 논쟁을 하려는 것은 아니다. 다시 말해서, 마음을 여러 단계로 나눌 수 있는지, 없는지를 결정하려는 것이 아니다. 그 용어는 단순히 환자가 때때로 강박적 사고를 표현할 수도 있고 표현할 수 없기도 하다는 사실을 표현하기 위해 사용한 것이다." 그는 히스테리와 신경 쇠약의 신경증적 상태를 구분하였으며, 이러한 구분은 융이 외향적 성격과 내향적 성격 범주를 구분하는 데 영향을 주었다. 쟈네의 심리 분석은 델뵈에 의해 그리고 나중에 프로이트에 의해 독립적으로 발전된 것과 유사했다. 그의 방법은 다음에 보게 될 마리의 경우에서처럼 신경증을 촉진시키는 외상(traumatic) 효과에 대한 암시를 주어 그 환자의 병세를 재발시키는 것이었다. "나는 단 하나의 방법만으로 생각을 지울 수 있었다. 그 방법이란 13살의 나이라고 생각하게 함으로써 그녀를 그 나이로 되돌려 정신 착란의 초기 상태를 일으키도록 한 다음, 그녀에게 (월경) 기간이 사흘 동안 지속되었고 어떤 불행한 사고에 의해 중단되지 않았다는 것을 확신시키는 것이었다."

쟈네는 파리에서 태어났으며, 그곳 대학에서 교육받았고, 그 도시에서 대부분의 인생을 보냈다. 초기에 그의 심리학적 관심은 유명한 예언자이자 히스테리 환자였던 레오니(Léonie)란 사람을 비롯한 여러 환자들을 최면을 사용해 치료하는 데 집중되었다. '심리적 자동주의'(L'Automatisme Psychologique, 1889)로 발표된 이 연구로 그는 문학 박사 학위를 받았다. 이 연구를 읽어 본 샤르코(Charcot)는 쟈네를 살페트리에르 병원에 새로 세워진 실험 심리학 실험실의 감독관으로 임명했다. 그러나 샤르코는 쟈네가 임명된지 얼마 되지 않아 사망했다. 쟈네에게 최면은 생리적인 현상이라기보다는 심리적인 것이었다. 실제로 쟈네는 초기의 자기장 치료사들에 관한 역사를 공부하던 중, 샤르코가 히스테리 환자들의 행동을 잘못 해석하게 만든 그럴듯한 원인을 알게 되었다. 1902년에, 비네와의 경쟁 끝에 쟈네는 프랑스 심리학에서 가장 권위 있는 직위인 꼴레쥬 드 프랑스의 실험 심리학 및 비교 심리학 교수가 되었다. 그는 해마다 다른 주제를 가지고 강의했으며, 1935년 그가 은퇴할 때까지 많은 책을 펴냈다. 그러나 이러한 지위 상승은 쟈네로부터 학문의 영감을 제공해 주는 원천을 빼앗았다. 즉, 그는 더 이상 환자들을 직접 만날 수 없게 되었다. 1904년, 그는 〈정상 및 병리의 심리학지〉(*Journal de Psychologie Normale et Pathologique*)을 공동으로 창간하고 편집을 맡았다.

쟈네의 생각은 프로이트가 발전시킨 것과 매우 유사했으며, 그러한 생각들은 금세기 초에 형성되고 있었다. 그러나 프로이트의 영향력이 커지자, 쟈네의 영향력은 사라지게 되었다. 부분적으로 그가 프로이트처럼 헌신적인 학파를 이끌지 못했기 때문이기도 하고, 다른 한편으로 그의 연구가 영어로 번역되지 못한 탓이기도 하다. 그의 요덧한 초상화는 두 상태로 조각나 있는데, 이것은 최면 상태에서의 성격의 해리를 나타낸다. 이 그림은 그가 처음 냈던 책에도 실려 있다. ☑

흐트러진 체스 판의 무늬

후고 뮌스터베르크(Hugo Münsterberg, 1863~1916)는 심리학을 산업 장면으로부터 법정이나 일반 생활에 이르기까지 매우 폭넓은 분야에 적용하였다. 그는 심리학에 대해 다음과 같이 말했다. "심리학은 소수의 철학자들에 의해 시작되었지만, 지금은 정신 활동이 관계되는 곳이면 어느 곳에서나 만날 수 있는 친근한 학문이다. 역사가는 오늘날 심리학적인 설명을 찾고자 노력하고 있고, 경제학자들은 심리적 법칙을 추구한다. 법학은 범죄를 심리학적 관점에서 바라본다. 의학은 의료 행위가 지닌 심리적 가치를 강조한다. 사실주의적 예술가와 시인은 심리적 진리를 얻기 위해 자신과 싸운다. 생물학자들은 진화 이론에 심리학을 접목시켰다. 언어학자는 언어를 심리학적으로 설명한다. 그리고 미학적 비평은 매우 체계적인 방식으로 심리학을 이용하며 재미를 톡톡히 보고 있다. 심지어 교육학은 심리학과 마치 결혼이라도 할 것 같은 태세다." 그는 법 심리학과 산업 심리학 분야에 큰 영향을 미쳤다. 실제로 우리는 법정 심리학의 뿌리를 『증인석에서』(*On the Witness Stand*, 1909)라는 책에서 찾아볼 수 있는데, 이 책에서 뮌스터베르크는 목격자 증언에서부터 심문에 이르기까지 많은 법적 절차들이 얼마나 믿을 만한 것이 못되는지를 강조했다. 『심리학과 산업 효율성』(*Psychology and Industrial Efficiency*, 1913)에서 그는 어떤 것이 최적의 작업 환경이고, 회사가 신입 사원을 어떻게 선발해야 하고, 개인의 입장에서 바람직한 직업 선택 방식은 무엇인지를 실험을 통해 결정지으려 하였다. 그는 또한 『심리학과 교사』(*Psychology and the Teacher*, 1909)와 같은 대중적인 책들도 많이 썼으며, 『하의식 현상』(*Subconscious Phenomena*, 1909)을 편집하기도 했다. 『하의식 현상』에는 쟈네가 쓴 부분도 있다. 뮌스터베르크는 자신이 쓴 장에서 자신이 행한 "최면, 히스테리, 자동적 글쓰기나 그 밖의 이상 행동들을 다룬 실용적 연구들"을 소개하며 다음과 같이 말하고 있다. "하의식을 발견하려면 '가설적인 구성체 개념'(constructions)의 도움을 빌어 설명해야만 된다는 점을 인정한다고 해서, 곧 이러한 작업이 과학적인 실재성을 결여하고 있다고 볼 이유는 없다. 직접 관찰할 수 없는 지구의 핵을 연구하는 작업도 동일한 논리를 따른다. 오히려 그러한 설명 방식을 인정하는 것은 그러한 주제를 연구할 때 우리가 던질 수 있는 유일한 질문 방식이 다음과 같은 것이어야 함을 함축한다. 즉, 직접 의식되지 않는 원인들로서 제안된 여러 '가설적 구성체 개념들' 중 어느 것이 알려진 사실들을 설명하는 데 가장 유용한가?"

뮌스터베르크는 단치히에서 태어났다. 그는 라이프치히에서 분트의 지도 학생이 되어 심리학을 연구했고, 그후 하이델베르크에서 의학 학위를 마쳤다. 그는 분트와 함께 연구했지만, 자발적 행동에 관해서 분트의 해석을 따르지 않고 윌리엄 제임스의 해석에 더 일치하는 이론적 입장을 받아들였다. 제임스는 뮌스터베르크의 『실험 심리학에의 공헌들』(*Beiträge zur experimentellen Psychologie*, 1889)에 감명 받아, 1892년에 그를 미국으로 초대하여 하버드의 심리학 실험실을 지도하도록 부탁했다. 그는 1899년에 미국 심리학 회장으로 선출되었으며, 당시 그는 취임사로 심리학과 역사에 관해 연설했다.

뮌스터베르크는 매우 복잡하고 역설적인 성격의 인물이었다. 그의 고국인 독일을 떠나 떠돌고 있었지만 스스로 귀화한 나라인 미국도 그를 온전히 받아들여 주지 않았다. 1차 세계 대전이 터지자 사람들은 고향에 대한 그의 애정을 비애국적인 것으로 받아들였다. 그러나 그는 남달리 독특한 인물에게 으레 요구되기 마련인 죽은 듯 사는 순응적인 삶을 거부했다. 아이러니컬하게도, 독일에서 학문을 연마하고 교육받았지만, 다른 많은 미국인 동료들이 보기에도 급진적이라 할 수 있는 방식으로 심리학을 실생활에 적용하려 애썼다. 그의 초상화는 자신이 그렸던 착시를 배경으로 그려져 있다. 선분들이 엇갈린 듯 보이지만 실제로는 평행을 이루고 있는데, 이는 검은 색 사각형들을 사이에 끼워 넣었기 때문이다. ☑

짝짓기 - 연합

메리 휘튼 캘킨스(Mary Whiton Calkins, 1863~1930)는 1896년에 인간의 학습을 연구하기 위해 '짝짓기 - 연합'(paired-associate)이란 방법을 고안하였다. 이와는 별도로 괴팅엔 대학의 게오르크 엘리아스 뮐러(Georg Elias Müller, 1850~1934) 역시 몇 년 후에 이 방법을 독자적으로 개발하였다. 캘킨스는 에빙하우스가 무의미 철자를 이용해서 기억을 연구했다는 사실을 몰랐던 것으로 보이지만, 그녀 역시 에빙하우스처럼 연합의 법칙을 이해하려는 목적에서 연구를 시작하였다. 그녀가 사용한 방법은 색깔과 숫자를 짝짓는 것이었다. "한 색깔을 4초 동안 보여주고, 곧 이어 하얀 바탕에 검은 색 숫자를 같은 시간 동안 보여준다. 약 8초 동안의 휴식 후에 …… 또 다른 색을 보여주고 즉시 두 번째 숫자를 계속 보여주는데, 역시 매번 4초 동안만 보여준다. 또 8초 동안 쉰 후, 피험자는 동일한 방식으로 일곱, 열, 혹은 12개의 색깔 - 숫자 쌍들을 보게 된다. 다 보여준 다음, 이번에는 원래 보여준 것과 다른 순서로 색깔만을 차례로 피험자에게 보여주고, 각 색이 나타날 때마다 어떤 숫자가 나타났었는지를 기억해 적도록 요구하였다." 그녀는 얼마나 자주 보여주었는지, 얼마나 최근에 본 것인지, 얼마나 먼저 본 것인지, 기억해야 할 색깔이 얼마나 생생한 것인지 등의 요인들을 각각 변화시켜 기억에 미치는 영향을 알아보았는데, 그중 얼마나 자주 보았느냐가 가장 중요하다는 것을 관찰했다. 나중에 그녀가 지적한 바대로, 사실 더 중요하게 여겨진 것은 그녀가 얻은 특정한 결과라기보다는 그녀가 사용한 방법이었다. 처음에 그것은 '올바른 연합법'(the method of right associates)으로 불리다가 나중에 '짝짓기 - 연합법'으로 바뀌었다. 기억을 연구하기 전 그녀는 꿈을 먼저 연구했다. 그녀는 자명종 시계를 수면 중에 울리도록 한 다음 잠자리에 든 후, 중간에 일어나 그 순간 꾸고 있던 꿈의 내용을 기록하였다. 이러한 연구를 통해 그녀는 사람들이 꾸는 꿈은 대부분 인생에서 중요한 사건들에 관한 것이 아니라고 결론 내렸다. 20세기로 접어들면서 그녀의 관심은 '자아'(self)에 대한 연구로 옮아갔다. "자아의 심리학(self-psychology)에서 기본을 이루는 세 가지 개념은 자아(self), 대상(object), 자아가 대상에 대해 가지는 관계 또는 태도(relation or attitude)이다." 이런 면에서 보자면 그녀는 내성주의 심리학자로서 행동주의를 열렬히 비판하기도 했지만, 구조주의(structuralism)와 기능주의(functionalism)를 서로 화해시키려 노력하기도 했다.

코네티컷의 하트포드에서 태어난 켈킨스는 스미스 칼리지에서 공부했고, 그후 웰레슬리 칼리지의 강사로 임명되었다. 그녀의 대부분의 연구 활동은 이곳 웰레슬리 칼리지에서 이루어졌다. 하버드의 윌리엄 제임스가 진행한 토론 수업을 듣기 위해 그녀는 남달리 특별한 준비를 해야만 했다. 당시 대부분의 미국 대학들과 마찬가지로 하버드 역시 여자 대학원생을 인정하지 않았기 때문이었다. 그녀는 웰레슬리 칼리지에 심리학 실험실을 세웠고, 하버드로 가서 뮌스터베르크와 함께 연구하며 연구 활동을 계속했다. 그녀는 짝짓기 - 연합에 관한 논문으로 하버드에서 박사 학위를 받고자 했다. 그러나 교수들의 강력한 추천에도 불구하고 그녀의 논문은 거절되었다. 당시의 대학 당국은 여자에게 학위를 수여할 만큼의 준비가 미처 되어 있지 못했던 것이다. 그녀는 이러한 좌절에 굴하지 않고 웰레슬리로 가서 연구를 계속하여, 1905년 미국 심리학회의 회장으로, 1918년에 미국 철학회의 회장으로 선출되었다. 캘킨스를 그린 두 장의 초상화가 그녀에게 의미 깊은 숫자들인 '1905', '1918'과 '연합'되어 있다. ☑

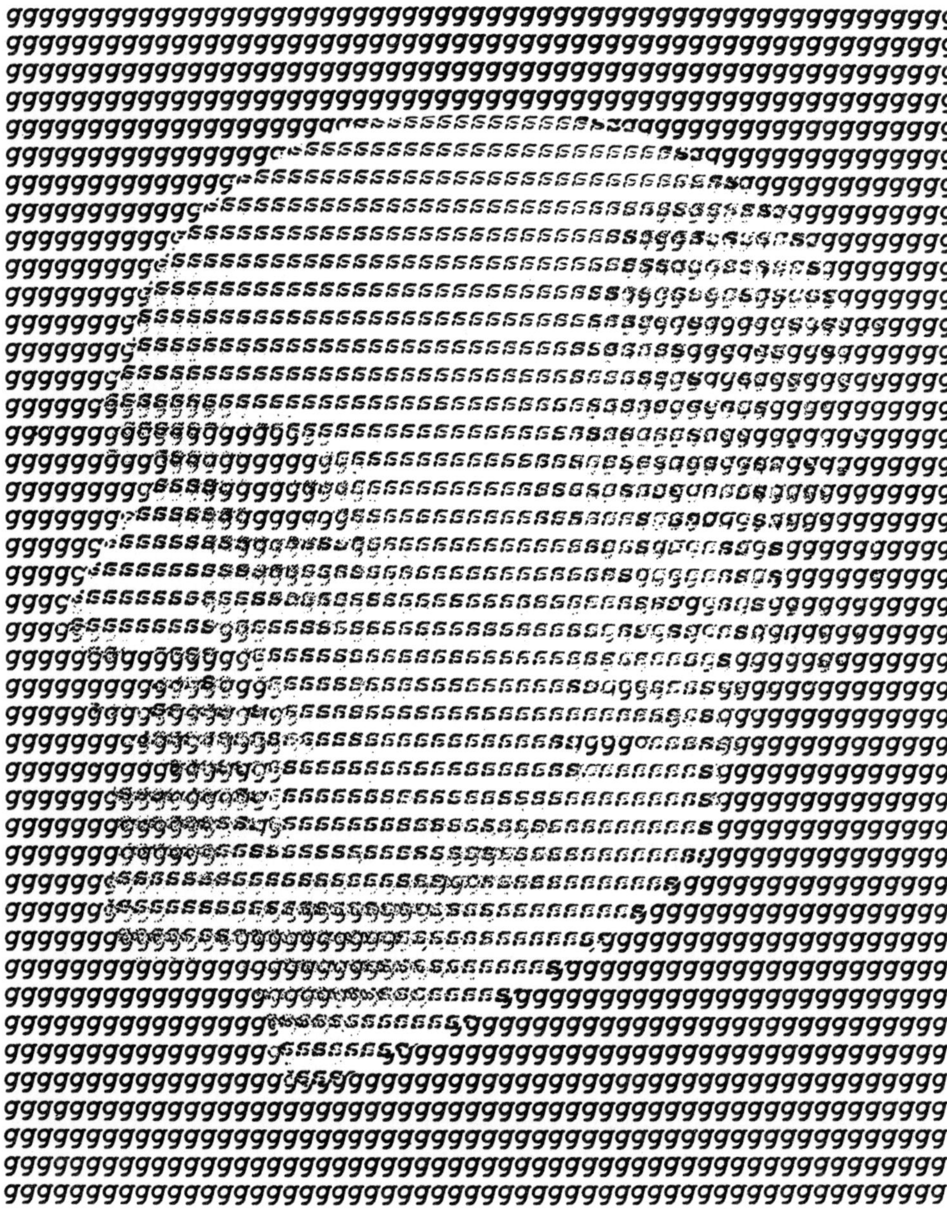

스피어만의 g와 s

찰스 에드워드 스피어만(Charles Edward Spearman, 1863~1945)은 상관법을 사용하여 심리 검사의 신뢰도를 평가했으며, 지능 2요인 이론을 내놓았다. "모든 인지적 수행의 바탕에는 반드시 가설적으로는 일반적(general)이면서, 순수하게 양적인(quantitative) 요인이 있다는 개념이 등장했다. 그렇다고 해서 이와 같은 요인에 '지능'(intelligence)이란 이름을 붙이기는 힘들다. 이러한 요인이 비록 매우 다양한 인지 수행들 사이에 존재하는 상관 관계를 설명할 수 있다 하더라도, 어떤 특정한 종류의 인지적 능력을 지칭하는 이름을 붙여 줄 만한 것은 못된다. 이러한 이유로 그러한 요인을 나타내는 이름을 종종 역전된 쉼표들 안에다 쓰거나, 또는 단순한 철자 g로 대신 나타내기도 한다." 스피어만은 상관 개념을 이용하여 지능을 연구하였다. 그는 아동에게 지능 검사 문제를 풀게 하고 점수를 비교한 결과, 어떤 문항들의 점수들은 서로 매우 높은 상관을 보인다는 것을 관찰하였다. 그는 모든 과제들에서의 수행은 어떤 일반적인 수준의 지능에 기초하며, 그것은 비네가 생각했듯이 기억, 주의 이해, 추리와 같이 독립적인 능력의 집합이라기보다는, 구체적인 과제에 따라 가중치가 다르게 주어질 수 있는 것이라고 생각했다. 이러한 가정에 바탕을 두고 스피어만은 모든 수행의 기초가 되는 일반 요인(g)과 특정 유형의 지능 검사 과제에만 관련된 특수 요인(s)을 가정하는 지능 이론을 제안하였다. "그러나 이처럼 인지적 작업 전체는 어떤 공통의 일반 요인에 의존할 것이나, 개별적인 작업 하나 하나는 반드시 그것에만 독특한 어떤 특수 요인에 더 많이 의존할 것이 분명하다." 스피어만은 요인 분석의 아버지였으나, 현대적인 요인 분석 기법이 발달되기 전에 이 기법을 이용하여 연구했다. 그는 또한 서열 자료들 사이의 상관을 측정하는 기법(Spearman rank-order correlation)을 고안한 것으로도 유명하다. 이런 통계적인 절차와 그 이점을 잘 알고 있었음에도, 스피어만은 그것들을 적용하는 데 매우 조심스러웠다. 그는 통계를 잘 부리면 좋은 하인이지만, 잘못 섬기면 고약한 주인이 될 수도 있는 것이라 보았다. 그는 『지능의 본질』(*The Nature of Intelligence*, 1923), 『인간의 능력』(*The Abilities of Man*, 1927), 그리고 두 권으로 된 역사서 『고금의 심리학』(*Psychology down the Ages*, 1937)을 썼다.

스피어만은 런던에서 태어나 그곳에서 대부분의 생애를 보냈다. 진로에 대해 확신을 하지 못하던 그는 데카르트의 전철을 밟아 군대에 지원하게 된다. 그러나 그는 나중에 군대에 간 것을 후회하며 일생의 실수라고 말했다. 그는 심리학의 튼튼한 기초를 쌓고자 독일로 가서 뷔르츠부르크에서 오스발트 퀼페(Oswald Külpe, 1862~1915)와 함께 연구했으며, 그후 괴팅엔에서는 뮐러와 함께, 또 라이프치히에서는 분트와 함께 연구했다. 1907년 영국으로 돌아온 후, 그는 런던의 유니버시티 칼리지에서 조그만 실험 심리학 실험실을 운영하였다. 그는 이곳에서 1911년에 마음과 논리 교수로 임명되었고, 1928년에는 첫 심리학 교수가 되었다. 그의 연구는 분트의 실험 심리학 방법론 개론과 갈턴의 측정 연구에 가장 큰 영향을 받았다. 곳수염을 기른 스피어만의 초상화에서 젊은 시절 군대에 몸담은 적이 있었던 그의 군인적 풍모를 느낄 수 있다. 초상화에서 스피어만의 얼굴은 일반적 배경(g)과 구별되어 특수 요인(s)으로 나타나고 있다. ☑

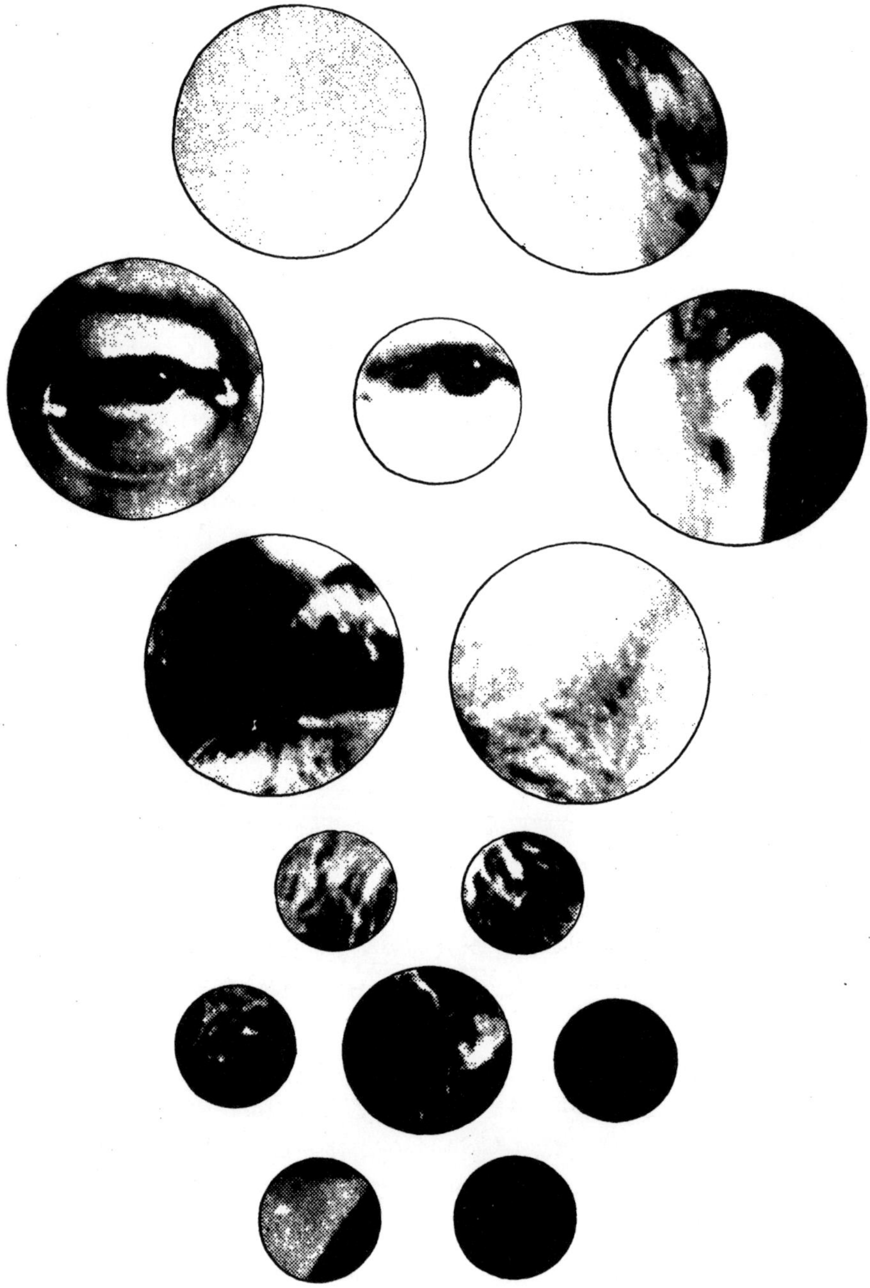

구성주의자

에드워드 브래드포드 티치너(Edward Bradford Titchener, 1867~1927)는 '내성'(introspection)을 이용하여 인간 의식의 구조를 밝히려 하였다. 그는 스승인 분트가 간 길을 뒤따르긴 했지만, 의식을 이루는 요소들과 연합에 의한 요소들 사이의 결합에 더 많은 비중을 두었다. "실험 심리학이 '구조'(structure)의 문제에 많은 관심을 보였다면, 고대와 현대의 '기술적(descripitve)' 심리학은 주로 '기능'(function)의 문제들에 집착했다고 볼 수 있다." 그는 윌리엄 제임스나 브렌타노 등, 기능주의 이론가들로 여겨진 사람들을 다음과 같은 이유로 비난했다. "기능주의 심리학이 구조주의 심리학에 비해 더 알기 쉬운 연구를 한다고 주장하지만, 구조주의 심리학이 지닌 만큼의 과학적 엄격함과 끈질긴 열정으로 연구해 왔다고 결코 말할 수 없다". 티치너는 구성주의를 정의하면서 동시에 상대방을 기능주의라는 이름으로 불렀는데, 결국은 기능주의가 구성주의를 대치하게 된다. 그는 직접 관찰할 수 없는 사건들에 바탕을 둔 설명은 믿지 못했는데, 이러한 불신은 마하의 실증 철학에서 받은 영향이 컸다.

티치너는 의식의 요소로 감각(sensations), 이미지(images), 감정(affections)을 들었다. 그는 내성법을 이용하여 이 요소들을 분리할 수 있다고 하였다. 내성법에서 피험자는 사물의 명칭을 사용할 수 없었다. 왜냐하면 한 사물이 의미하는 바를 기술하다 보면 "자극 오류"(stimulus error)가 생기기 때문이었다. 그의 실험 연구는 의식의 요소들 중 주로 감각에 초점을 두었는데, 감각은 질, 지속 시간, 강도, 연장성(extension), 명료함과 같은 속성을 지닌 것으로 분석되었다. 감각들은 이러한 속성들의 연합으로 결합되어 지각(perception)을 산출하게 된다. 이러한 주장은 로크의 정신 화학(mental chemistry)과 꽤 유사한 것이다. 한편, 사고(ideas)는 이미지의 속성들이 연합되어 나타나는 것이며, 정서(emotion)는 감정의 속성들이 연합되어 나타나는 것이다.

치체스터에서 태어난 티치너는 옥스퍼드 대학에서 고전을 공부했으며, 바로 이곳에서 분트의 심리학을 처음으로 만나게 된다. 분트의 실험실에서 보낸 2년은 그의 인생에 깊은 영향을 주었는데, 이 시절 티치너는 분트와의 사적인 친분도 쌓았고 심리학에 대한 기본적 입장도 분트와 공유하게 되었다. 그는 라이프치히에서 프랑크 앙겔(Frank Angell, 1857~1939)을 만났는데, 앙겔은 미국으로 돌아가 티치너를 코넬 대학으로 초대하였다. 앙겔이 스탠퍼드 대학으로 옮겨 간 이듬해인 1892년에 티치너는 코넬 대학의 교수가 된다. 티치너 역시 뮌스터베르크와 마찬가지로 미국이라는 새로운 세계에 진정으로 적응한 적은 없었다. 그는 1921년부터 죽기 바로 전까지 『미국 심리학지』를 편집했지만 미국 심리학의 연구 풍토에 결코 동화되지 않았다. 그는 귀화한 나라에 와서도 여전히 가슴에 유럽적 사고와 이상을 품고 키워 나가고자 했다. 코넬에서 그는 독일식으로 꼼꼼하게 실험실을 운영했으며, 독일어로 쓰인 책들을 영어로 번역하기도 했다. 그러나 그는 번역을 하던 중 때때로 좌절하기도 했는데, 그것은 티치너가 분트의 초판본 책을 다 번역하기도 전에 이미 분트가 개정판을 내놓곤 했기 때문이었다.

티치너 얼굴의 요소들(elements)이 크기 대비 착시(이는 티치너의 이름을 따 티치너 착시라 불리기도 했다)를 일으키는 원들을 통해 나타나고 있다. 이 착시는 델뵈 착시와 밀접하게 관련되어 있다. 위에 있는 한 원은 큰 원들로, 아래에 있는 다른 원은 작은 원들로 둘러싸여 있다. 이때 위와 아래의 원은 실제로 크기가 똑같지만 위의 원이 아래의 것보다 더 작아 보인다. ☑

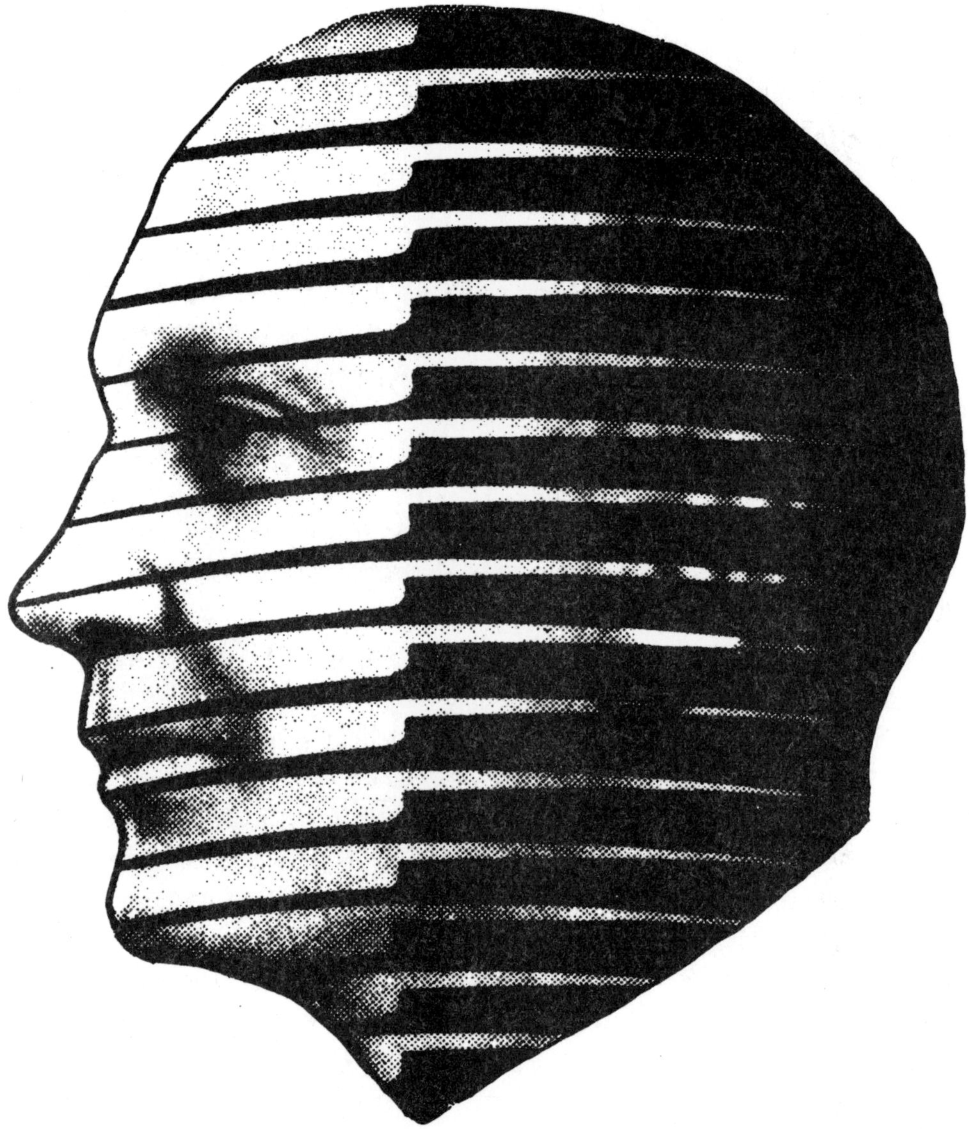

역동 심리학자

로버트 세션즈 우드워스(Robert Sessions Woodworth, 1969~1962)는 특정 학파에 소속되기를 꺼려했지만, 자신이 내세운 기능주의에 "역동적 심리학"(dynamic psychology)이라는 이름을 달았다. 그는 티치너, 왓슨, 맥도우걸 등의 이론들에 대한 응답으로 『역동적 심리학』(1918)을 썼는데, 이 책에서 그는 "독립적 성격을 띠면서도 순수한 심리학적 탐구의 다른 모든 노력들을 인정하고 받아들일 여지를 반드시 남겨 두고 있는 입장"을 취한다. 동기(motivation)를 연구한 우드워스는 유기체가 행동할 때 동기가 매우 중요한 역할을 한다고 생각했다. "나는 동기가 실제 수행(performance)에 견줄 만큼의 충분한 연구 가치가 있는 주제라고 늘 생각해 왔다. 즉, 우리는 개인이 무엇을 할 수 있는지 그리고 그것을 어떻게 해내는지도 물론 알아야겠지만, 개인으로 하여금 다른 어떤 것보다 특정한 무엇을 더 하고 싶도록 만들며 자신이 하는 일에 많은 노력을 기울이게 만드는 것이 과연 무엇인지도 알아야만 한다." 그는 기제(mechanism)와 추동(drive), 즉 과제를 수행하는 것과 과제 수행에 필요한 동기를 구분하였다. 그가 펴낸 다른 책들로는 『현대 심리학파』(*Contemprary Schools of Psychology,* 1931)와 『실험 심리학』(*Experimental Psychology,* 1938)이 있다. 『실험 심리학』은 1954년에 개정될 때까지 교과서로 널리 사용된 것으로, 이 책에서 우드워스는 '동기'라는 주제에 대한 자신의 희망을 다음과 같이 표현하고 있다. "여러 학파들이 벌이는 끝없는 논쟁에 불만을 품은 일부 심리학자들은 경험적으로 관찰 가능한 사실에 비중을 두고 납할 수 있는 질문들만을 다루려고 노력한다.…… 몇몇 중요한 문제들의 경우, 어떻게 그것들을 엄격한 실험에 적용할 것인지를 아직 정확히 모른다는 것을 인정하지만, 오늘날 우리는 실험 심리학의 범위를 심리학 그 자체의 범위만큼이나 넓다고 주장하고 싶다. 그러한 문제들은 실험을 통해 다루어지지 않는 한 결코 해결될 수 없을 것이다." 여기서 언급된 '몇몇 중요한 문제들'이 아동 심리학과 이상 심리학에 있다고 우드워스는 지적했다. 우드워스는 다양한 심리학 주제들에 걸쳐 강의하고 책을 썼다. 그가 쓴 '심리학 : 정신 생활의 연구'(Psychology : A Study of Mental Life, 1921)는 무척 인기 있는 심리학 개론서였다.

우드워스는 메사추세츠의 벨처타운에서 태어나, 앰허스트 칼리지에서 철학과 심리학을 공부한 후, 하버드 대학에서 공부했다. 하버드에서 공부할 무렵, 우드워스의 지도 교수는 제임스였고 뮌스터베르크가 프라이부르크에서 그곳으로 돌아왔다. 1899년, 그는 콜롬비아 대학에서 제임스 맥킨 커텔(James McKeen Cattell, 1860~1944) 밑에서 심리학으로 박사 학위를 받고, 리버풀에서 쉐링턴과 함께 생리학을 연구한 후 다시 콜럼비아로 돌아와 학생들을 가르쳤다. 그는 미국 심리학회의 열성적인 회원으로 연차 대회에 거의 빠진 적이 없었으며, 1914년에 회장으로 선출되었다.

근육 감각 및 근육 운동의 통제는 우드워스가 실험으로 연구한 첫 번째 주제들 중이 하나였다. 손으로 표면을 때리는 역동적인 행위를 나타내는 그림 속에 우드워스의 추상화가 그려져 있다. 이 그림은 피험자가 항상 같은 힘으로 때리려 할 때의 손 운동의 정도와 그에 따른 편차의 강도를 동시에 기록한 그래프를 90도 회선시켜 돌려놓은 것이다. ☑

목표를 찾아서

윌리엄 맥도우걸(William McDougall, 1871~1938)은 프로이트와 우드워스처럼 행동에서 동기의 역할을 강조했지만, 주로 동기의 본능적 기초에 주목하였다. 본능(instincts)은 행동의 추진력으로, 본능을 충족시키는 방향으로 행동을 향하게 한다. 이런 이유로 그는 자신의 심리학을 목적의 심리학이라 불렀으며, 나중에 '호르믹 심리학'(hormic psychology)이라 불렀다. "호르믹 심리학은 본능적 행위뿐만 아니라 본능 그 자체도 인식할 것을 강력히 요구한다. …… 호르믹한 행위는 에너지가 구체화되어 겉으로 드러난 것이다. 그러나 호르믹 이론은 무턱대고 어떤 형태의 에너지 또는 어떤 형태의 에너지 변화가 있다고 단정적으로 말하지 않는다. …… 호르믹 심리학에 핵심적인 사실들은 다음과 같다. (a)에너지가 여러 통로들로 유도되어 구체화되어 겉으로 드러나면서, 유기체는 비로소 목표를 향해 접근하게 된다. (b)에너지가 유도되는 과정은 인지적 활동, 즉 현재 상태와 목표 상태에 대한 어렴풋한 자각을 통해 비로소 시작된다. (c)에너지의 활동은 일단 시작되어 인지적 활동을 통해 궤도에 올라서기만 하면, 목적을 달성할 때까지 계속되는 경향이 있다. (d)목표를 달성했을 때, 그 활동은 종결된다. (e)목적을 향한 전진과 목표 달성은 즐거운 경험이며, 좌절과 실패는 고통스럽고 받아들이기 힘든 경험이다." 그는 심리학을 거동(conduct)을 다루는 실증 과학으로 정의했는데, 쟈네를 좇아 '행동'(behavior)이란 용어 대신 '거동'이란 말을 썼다. 그러나 행동 과학에 대한 그의 입장은 왓슨과 전혀 달랐다. 사실 그의 심리학에 대한 입장은 대부분 시대 착오적인 것으로 보였다. 그는 생기론을 지지했으며, 방법론으로 내성을 이용했고, 인간 본능을 긴 목록으로 제시했고, 쥐를 이용한 실험 결과를 발표하면서 이 결과를 가지고 후천적으로 획득된 특성이 다음 세대에 유전된다고 주장했다. 그럼에도 불구하고 『사회 심리학 개론』(*An Introduction to Social Psychology*, 1908)과 『집단 의식』(*The Group Mind*, 1920)과 같은 집단 행동에 관한 맥도우걸의 책들에 자극 받아 많은 사회 연구들이 행해졌다. 물론 그의 접근은 어디까지나 개인 심리학에 확고하게 뿌리를 두고 있었다. "사회 과학의 입장에서 볼 때, 1차적으로 중요한 심리학의 분야는 인간 행위의 원동력을 다루는 분야이다."

맥도우걸은 랭카셔의 올드햄에서 태어나, 맨체스터 대학에서 과학을 공부한 후 케임브리지로 가서 의학을 전공했다. 그는 이곳을 졸업한 후에 토레스 해협과 보루네오에서 벌어진 인류학 탐험에 참가했다. 그는 윌리엄 제임스가 쓴 『원리』에 주로 영향을 받았으며, 괴팅엔에서 뮐러와 함께 자신의 심리학적 관심사를 연구했다. 그는 처음에 런던의 유니버시티 칼리지에서 학생들을 가르치며 시지각 실험을 시작했다. 맥도우걸은 시지각 분야를 "내가 가장 좋아하는 실험 분야"라고 이야기했다. 그는 옥스퍼드 대학에서 별다른 영향력이 없어서 어떤 실험실 장비도 사용할 권한이 없었지만, 실험 연구를 계속했다. 1차 세계 대전이 발발하자 그는 뮌스터베르크의 후임으로 하버드로 갔으며, 그후 인생의 마지막 11년을 듀크 대학에서 보내게 된다. 뮌스터베르크와 티치너가 그랬듯이 맥도우걸 역시 미국 생활에 잘 적응하지 못했는데, 부분적으로 그의 견해가 대중적이지 못하여 널리 수용되지 못한 탓도 있고, 다른 한편으로 그의 거만한 태도 때문이기도 했다. 그의 초상화는 목표를 향하는 화살표들로 이루어져 있다. 화살표는 맥도우걸이 우리의 '거동'을 형성한다고 생각했던 여러 본능적 힘들을 나타낸다. ☑

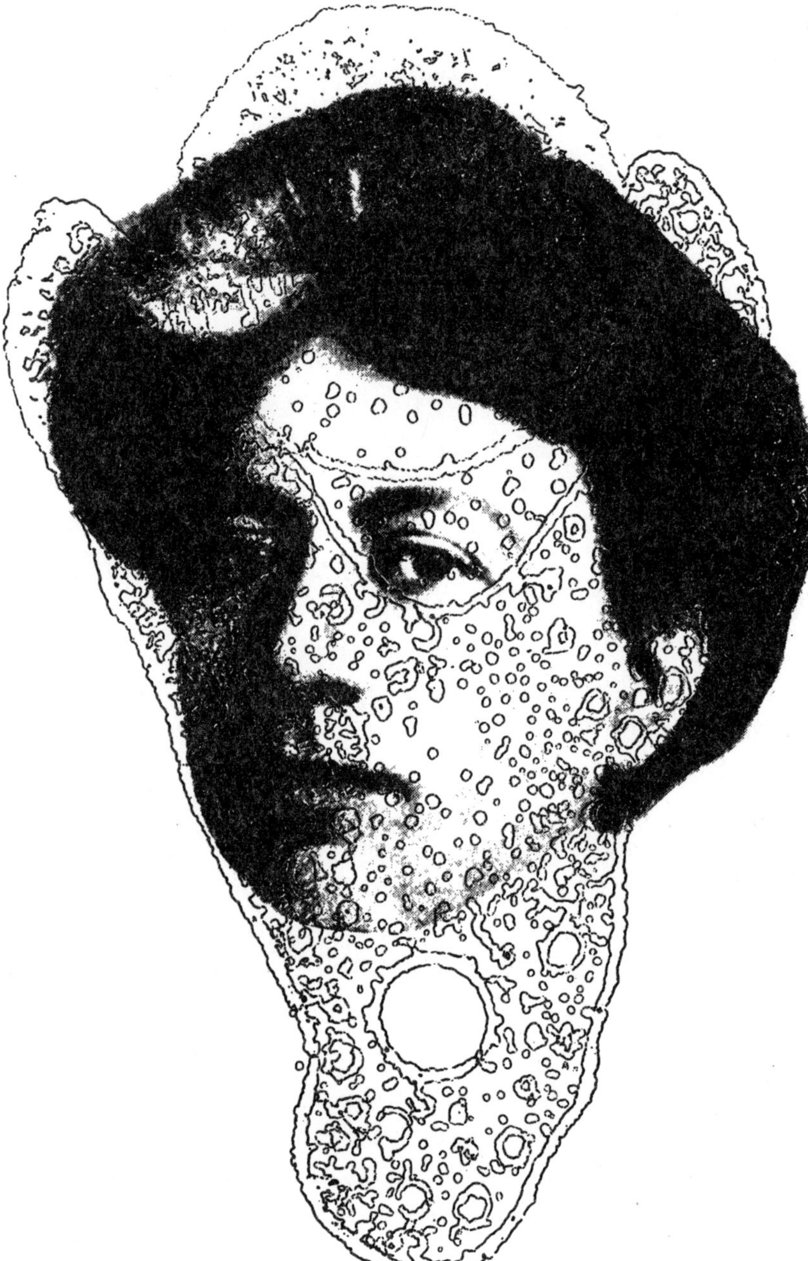

단순한 마음

마가렛 플로이 워쉬번(Margaret Floy Washburn, 1871~1939)은 실험 심리학 분야에 의인화된 해석을 적용한 비교 심리학 교과서를 썼다. 『동물의 마음』(*The Animal Mind*, 1908)에서 그녀는 "모든 동물 행동에 대한 심리적 해석은 인간 경험으로부터 유추할 수밖에 없음을 인정해야만 한다"고 썼다. 그녀는 아메바와 같은 하등 동물에 이르기까지 모든 동물들이 의식, 즉 마음을 가지고 있으며, 비교 심리학자의 과제는 "가장 단순한 유형의 마음이 가장 단순한 종류의 동물에 속해 있다고 가정할 때, 가장 단순한 유형의 마음은 인간의 마음과 어떤 점에서 크게 다른지 알아내는 것"이라고 믿었다. 비단 과학자들 사이에서뿐만 아니라 일반 대중들 사이에서도 동물 행동에 대한 관심이 점점 높아 갔는데, 이는 당시의 시대 정신을 반영한 것이었다. 당시 '영리한 한스'(Clever Hans)라는 말이 한 마리 있었는데, 이 말은 마치 수를 헤아릴 줄 아는 듯이 행동해서 몇몇 예리한 관찰력을 지닌 연구자들을 제외한 많은 사람들을 감쪽같이 속였다고 한다. 한편 손다이크의 실험실에서 고양이들이 도피 기술을 의기양양하게 뽐내고 있었다. 워쉬번의 내성 분석법은 그 즈음 막 등장하던 행동주의자들의 방법론과 정반대로 대립하는 것이었다. 그러나 『동물의 마음』은, 그녀와 입장을 달리하는 쪽에서 볼 때도 대안적 해석이 가능한 방식으로 실험적 연구들을 객관적으로 잘 요약해 놓고 있다. 그녀는 초기에 독일적 전통을 좇아 촉감의 정신 물리학과 시지각에 관해 연구하였다. 그녀는 내성법을 무비판적으로 받아들이지 않고, 분트가 선택한 방법과 그녀의 스승인 티치너의 방법의 차이를 잘 대비시켜 사용하였다. 나중에 그녀는 구성주의와 행동주의의 여러 측면들을 통합하여, 심상의 운동 이론(a motor theory of mental imagery)을 제안하였다. 그녀는 『운동과 심상』(*Movement and Mental Imagery*, 1916)에서 사고(thinking)에는 잠재적인 운동이 동반한다고 주장했다. 그녀는 이러한 입장을 더욱 확장하여 운동 심리학으로 체계화했다. 그녀의 운동 심리학은 경쟁 관계에 있는 많은 학파들이 지닌 특징들도 함께 포함하고 있었다. 그것은 "한편으로 행동주의자의 유물론을, 다른 한편으로 기능주의자와 생기론자의 상호 작용주의를 거부한다. 이 체계는 어떤 마음속의 신비한 대리인이나 내재적인 목적 따위를 가정하여 도망가지 않을 것이다. 이 따위들은 가설적으로 기계론적 체계에 속할 수 없는 것들이다. 즉, 이 체계는 왓슨의 입장도 반대하지만 맥도우걸의 입장 역시 반대한다."

워시번은 뉴욕에서 태어났다. 그녀는 바사(Vassar)에서 연구를 시작했고, 나중에 다시 이곳으로 돌아오게 된다. 분트의 책을 혼자 읽으며 심리학에 관심을 가지기 시작한 그녀는, 콜럼비아로 가서 커텔과 함께 수업을 들으며 심리학에 대한 관심을 더욱 키워 갔다. 그러나 그녀는 콜롬비아에서 학위를 취득할 수 없어서 좀더 자유로운 코넬 대학으로 옮겼다. 그곳에서 그녀는 그곳에 막 도착했던 티치너의 첫 대학원생이 되었다. 그녀는 웰즈 칼리지에서 6년 동안 학생들을 가르쳤으며(이곳에서 그녀의 교수 월급은 남자 동료들의 절반에 불과했다고 한다), 그후에는 코넬에서, 그리고 1903년부터는 바사에서 학생들을 가르쳤다. 바사에서 그녀는 심리학과를 키우는 데 많은 노력을 기울였다. 그녀는 1921년에 미국 심리학회 회장으로 선출되었고, 1931년에 국립 과학 아카데미(National Academy of Science)의 회원이 되었다.

워시번의 초상화가 아메바의 그림과 합성되어 있다. 그녀는 아메바의 심리 과정을 연구한 바 있다. ☑

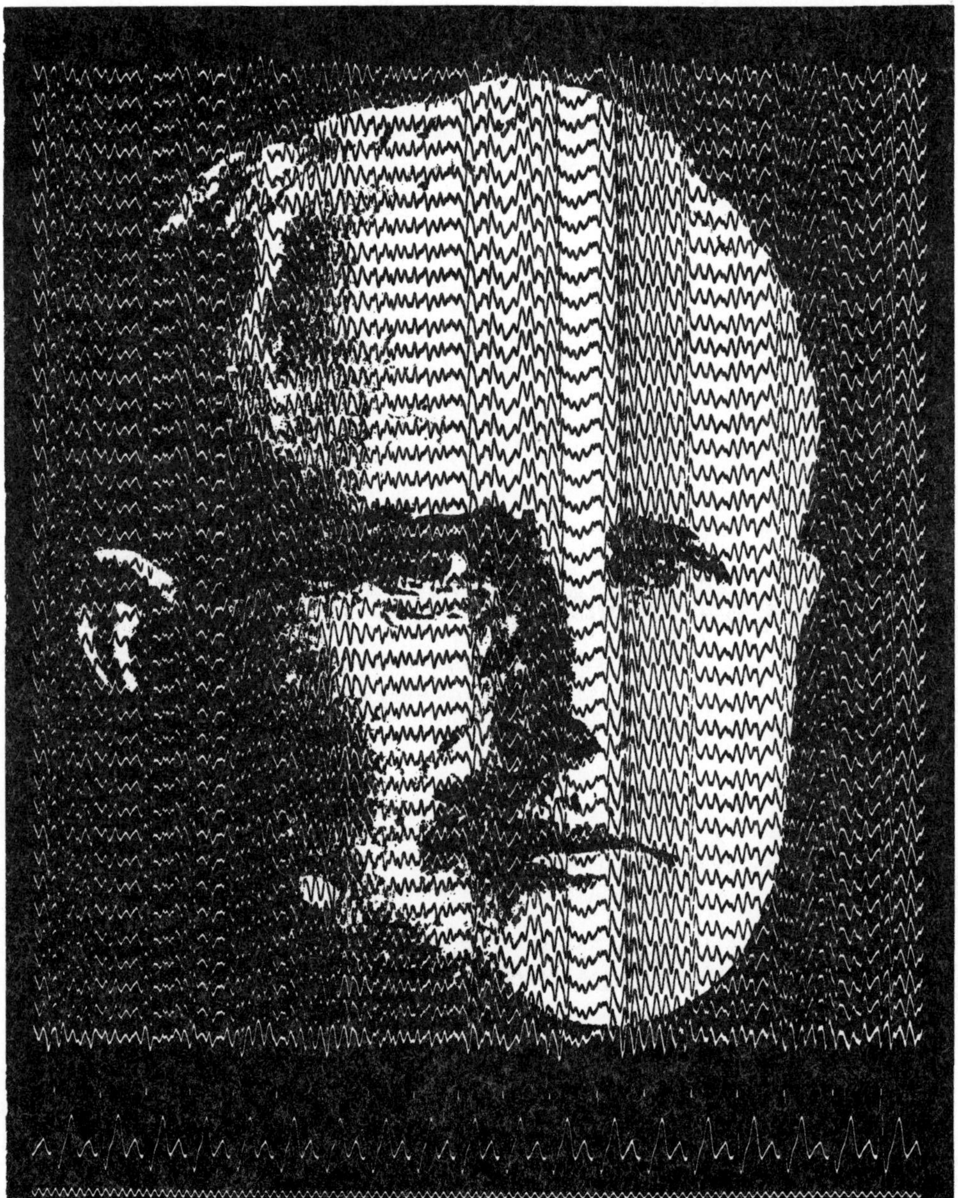

알파 리듬

한스 베르거(Hans Berger, 1873~1941)는 사람의 두피에 전극을 붙이고 전위를 기록하여, 뇌파(EEG)를 그려내었다. 그는 일생을 바쳐 주관적 경험을 반영할 객관적 지표를 찾아내려 하였다. 그는 처음에는 뇌의 혈액 순환과 온도 변화를 측정함으로써 정신 에너지의 근본을 잡아내려 시도했으나, 곧 포기하고 만다. 베르거 이전에도 이미 1875년에 리버풀의 외과 의사 리차드 캐턴(Richard Caton, 1842~1926)이 토끼, 고양이, 원숭이 등의 뇌를 직접 열고 약한 정도의 뇌전위를 기록해 낸 바 있었다. 그렇지만 인간의 피질 전위 기록은 누구도 성공하지 못했다. 자신이 돌보던 여러 환자들을 대상으로 여러 번 시도하였으나 번번이 실패하던 중, 베르거는 10대의 자기 아들과 자신을 대상으로 뇌파를 기록하는 데 상당한 성과를 거둔 후, 이 결과를 1929년에 보고할 수 있었다. "나는 내가 인간을 대상으로 뇌파를 발견했다고 믿는다." 그는 인간의 뇌파에 관한 후속 논문 13편을 발표했다. 그의 논문들은 실험적 엄격함과 조심스러운 해석의 모범적인 예를 보여주었다. 베르거는 자신이 관찰한 바를 다음과 같이 기술하고 있다. "두개골 표면에서 뇌파 곡선을 기록하는 동안에 피험자들이 눈을 뜨면, 대부분의 경우 뇌파에 즉각적인 변화가 일어났다. 심성 과제를 해결하는 동안, 예를 들어 산수 문제를 푸는 동안 종종 그 과제의 이름만을 불러도 뇌파에서 동일한 변화를 일으킨다"고 했다. 그는 정상인을 대상으로 뇌파의 특징을 분석한 다음, 그 기법을 병리적 사례들에 응용했다.

베르거는 코부르크(Coburg) 근처의 노이세즈(Neuses)에서 태어나, 뷔르츠부르크, 베를린, 예나 대학에서 의학을 공부했다. 의학으로 학위를 받은 후, 그는 심리 치료를 전공했으며, 1900년부터 예나의 진료소에서 조교로 일하다가, 1919년에 그곳의 소장으로 임명되었다. 그는 뇌 생리학에 관한 연구를 독사석으로 수행했다. 뇌파에 관한 그의 첫 논문이 발표되자 사람들은 그 연구를 무시하거나 조롱했는데, 이것은 부분적으로는 그 논문들이 생리학 잡지보다는 정신 치료 잡지에 실렸기 때문이었다. 사람들이 뇌파 기록의 중요성을 제대로 평가하기 시작한 것은 1934년에 신경 생리학자들이 이른바 "베르거 리듬"이라는 것을 반복 검증한 뒤였다.

베르거는 알파 리듬을 최초로 추적한 것으로도 유명하다. 그는 1930년에 발표한 두 번째 논문에서 이것을 보고하였다. 알파 리듬의 기록은 강조되었으며, 심장 박동과 시간 기저율 기록보다 우위에 있었다. "꼭대기에는 2중 코일의 검류계로 뇌파가 기록되고 있으며, 중간에는 심전도(electrocadiogram)가 있고, 맨 아래에는 10분의 1초 단위로 시간이 표시된다.…… 사람들은 뇌파 상에서 볼 때 비교적 큰 파장, 즉, 1차 파장이 상대적으로 더 작은 파장, 즉 2파 파장 옆에서 어떻게 다르게 보이는지를 분명하게 볼 수 있다.…… 편의상 간단하게, 이제부터 1차파를 알파파(α-w)로, 2차파를 베타파(β-w)로 부를 것이다. 이것은 마치 내가 뇌파를 'E.E.G.'로 그리고 심전도를 'E.C.G.'로 줄여서 부르는 것과 마찬가지다." ☑

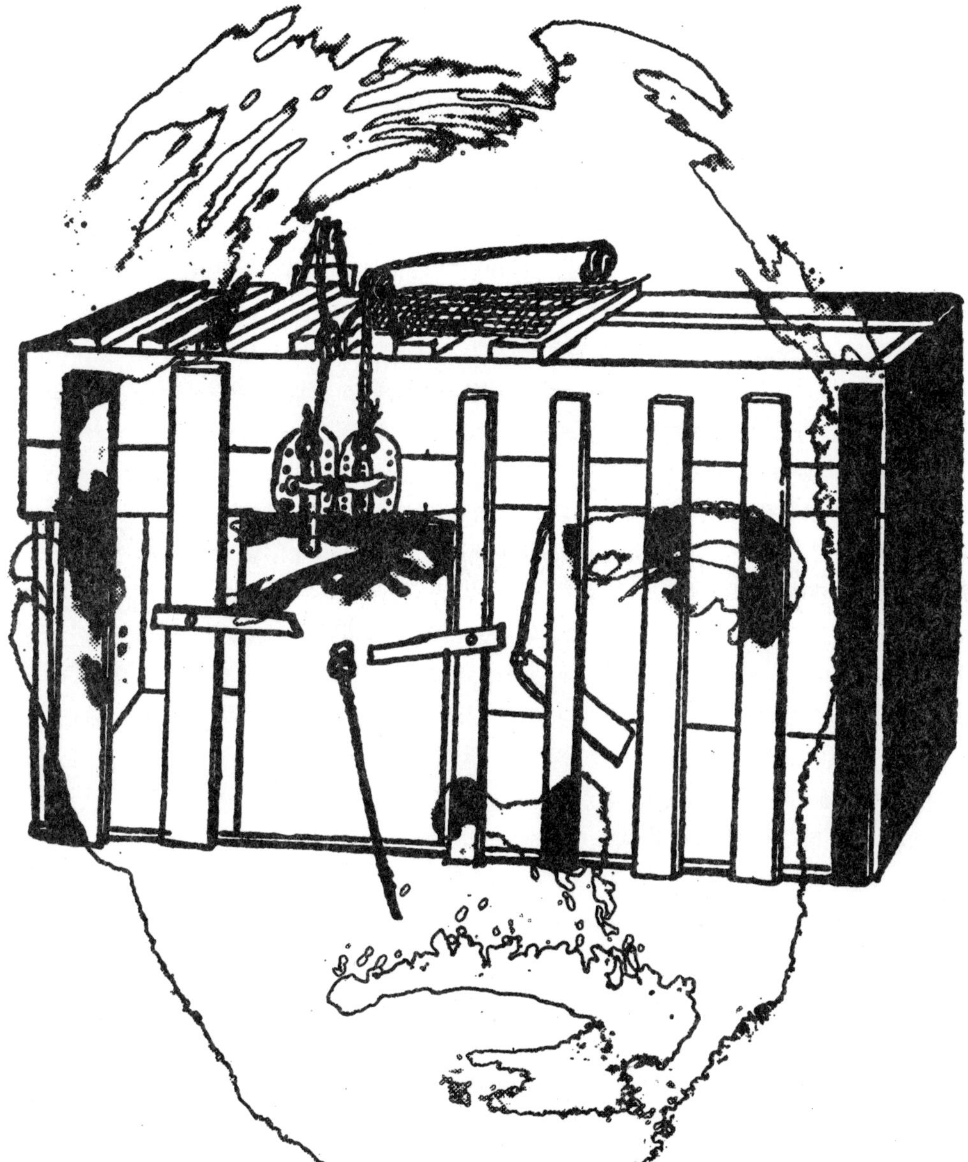

수수께끼 상자

에드워드 리 손다이크(Edward Lee Thorndike, 1874~1949)는 동물 학습에 관한 실험실 연구에 로이드 모간(Lloyd Morgan)의 규준을 적용하였다. 그는 하버드에서 동물 실험을 시작하였다. 그러나 실험실이 부족하여 윌리엄 제임스는 그에게 하숙집의 지하실 공간을 실험실로 쓸 수 있게 해주었다고 한다. 그는 『동물 지능』(*Animal Intelligence*, 1898)이라는 논문으로 박사 학위를 받았다. 이 논문에서 그는 "대부분의 책들이 우리에게 진정한 심리학을 전달해 주지 못하고 있으며, 그보다는 동물에 대한 찬사만을 늘어놓고 있다"는 사실을 비웃었다. "심리학책에 실린 사실들은 모두 동물의 지능이 뛰어나다는 것을 다루려 할 뿐, 결코 동물의 어리석음을 다루고 있지 않다." 이러한 점을 바로잡기 위해서 "관찰한다든지 또는 일화를 수집하는 대신 실험을 해야만 한다.…… 우선 다양한 조건 아래 동물의 행동을 미리 조심스럽게 관찰한 다음, 나는 다음과 같은 한 가지 일반적인 방법을 선택했다. 그것은 …… 동물을 배고프게 만든 후 폐쇄된 곳에 넣어 두는데, 이때 동물이 어떤 단순한 행동을 하면 도망쳐 나와 먹이를 먹을 수 있다. 단순한 행동이란 줄 끝 부분의 올가미를 끌어당긴다든지, 레버를 누른다든지, 또는 발판에 올라서는 것 등이다." 실험에 쓰인 동물은 고양이로, 처음에는 아무 행동이나 하다가 어쩌다 우연히 적절한 행동을 한 번씩 했다. 손다이크는 각 시행에서 고양이가 도망치는 데 얼마나 오래 걸리는지를 측정하여 학습 곡선을 그렸다. 이런 연구를 기초로 그는 몇 가지 일반적 학습 원리를 공식으로 만들었다. '효과의 법칙'(law of effect)이란 만족이 뒤따랐던 행동은 다시 일어나지만, 반면에 불편한 결과를 초래하는 행동은 일어날 가능성이 줄어든다는 것이다. 즉, 환경과 행동 사이의 연결 강도는 만족이나 불편함의 정도에 따라 달라진다는 것이다. '연습의 법칙'(law of exercise)은 반응을 반복하면 연합이 강화된다는 것이다. 손다이크는 이 법칙들을 1929년에 개정하여, 불편함(처벌)이 연합을 약화시키지 않으며 연합은 연습만으로 강화되지 않는다고 주장하였다. 그럼에도 불구하고, 이후의 대부분의 학습 이론은 그의 법칙에 바탕을 두었으며, 일반적으로 그를 기능주의자와 행동주의자를 연결해 주는 다리로 여겼다.

손다이크는 교육 장면에 자신의 원리를 재빨리 응용하였다. 1901년에 그는 우드워스와 함께 라틴어와 같은 정규 과목 연습 결과가 다른 과목 학습에 전이되지 않는다고 주장하였다. 그의 이후 연구는 주로 인간 학습에 관한 것이었으며, 교육 심리학과 관련된 책을 많이 썼다. 그는 갈턴이 그랬듯이 지능을 유전되는 것으로 보았다. 그리고 지능을 해석하는 방식은 스피어만의 해석과는 약간 달랐다. 손다이크는 지능이 여러 가지의 구체적인 적성들이 함께 모여서 구성된다고 생각했다. 그는 또한 갈턴처럼 측정에 대해 남다른 열의를 보였다. 그는 문헌상의 영어 단어 빈도 수를 조사했는데, 단어의 사용 빈도는 이후의 언어 학습 연구에 큰 보탬이 되었다.

손다이크는 메사추세츠의 윌리엄스버그에서 태어나, 웨스레이안 칼리지와 하버드, 콜롬비아 대학에서 학위를 받았다. 그는 거의 모든 학문 생활을 콜롬비아 티처스 칼리지에서 보냈다. 그는 1912년에 미국 심리학회 회장이 되었다. 그림에서 그의 얼굴의 일부가 자신이 설계한 수수께끼 상자에 갇혀 있다. ☑

음양설과 융(Yin-Jung)

칼 구스타프 융(Carl Gustav Jung, 1875~1961)은 분석 심리학을 확립했다. 분석 심리학은 자아를 강조하며, 성격의 다양한 요소들 사이에 조화를 이뤄 내는 것을 중요하게 여겼다. 초기의 융 심리학은 양면적인 모습을 보여주었다. 한편으로 그는 (베르트하이머가 이전에 했던 것처럼) 단어의 연상 반응 시간을 재서 정서성(emotionality)을 결정하는 방법을 개발하면서, 다른 한편으로 초자연적인 현상과 연금술을 연구했다. 융은 1907년부터 1912년까지 프로이트와 매우 가까이 지냈다. 그러나 그후에 융은 성격의 개인차 연구라든지 비교 문화적 연구에 전념하면서 분석 심리학을 발전시켰다. 그의 체계는 점차 더 복잡해져 어떤 구체적인 형태를 지니지 않게 되었다. 이것은 프로이트의 성격 모형이 점점 구체적인 제약을 지니게 되는 것과 대비된다. 개인차 문제에 관하여 융은 대조되는 속성들, 즉 외향성과 내향성과 같은 것의 해소에 초점을 두었다(외향성이나 내향성과 같은 용어는 그가 도입한 것이다). 그는 성격이 페르소나(persona, 사회화된 자아)와, 아니마 또는 아니무스(anima or animus, 자신이 의식하지 못하고 있는 자신과 반대되는 성의 특징들), 그리고 그림자(본능)로 구성되어 있다고 간주하였다. 이 요소들의 통합으로 정의되는 자아는 일생을 통해 계속 변화를 겪는데, 특히 중년에 많은 변화를 겪게 된다. 융에게 있어서 실재(reality)는 영적인 것이었으며, 무의식은 개인적 요소와 집단적 요소들을 포함하고 있다. 꿈은 무의식의 두 측면들 모두에 이르는 통로를 제공한다. 꿈은 그림자(본능)의 미숙한 특징을 통해서, 혹은 원형적인 주제의 표현을 통해서 우리를 무의식으로 안내한다. "꿈에서 개인화 과정을 상징하는 것들은 원형적 본질의 이미지로서, 이러한 이미지는 중심화 과정(centralization), 즉 새로운 성격 중심이 생성되는 과정을 드러내는 것이다." 융이 프로이트보다 더 낭만주의적 전통에 가깝다고 보는 이유는, 그가 집단 무의식, 원형, 동시성을 강조했기 때문이다.

융은 스위스의 투르고비아에서 태어나 고향에서 생애를 보냈다. 그는 바젤 대학에서 의학을 공부했고, 그후 취리히의 부르괼츠리 병원의 블로이어 밑에서 심리 치료를 실습했다. 그는 프로이트의 동료가 되기 전에는 쟈네와 함께 연구했다. 프로이트는 융을 후계자로 보았고, 그들은 1909년에 함께 미국을 방문했다. 융은 국제 정신 분석학회의 초대 회장이었다. 그들의 공동 연구는 1914년에 끝났으며, 당시 그들의 이별은 심리 - 성적 중요성에 대해서 서로의 견해가 어긋났기 때문이었다. 프로이트와 헤어진 후, 융은 우울증에 빠졌고 그 느낌을 그림으로 표현하려 하였다. 처음에 그의 그림들은 구상화였지만, 점차 추상화로 변모되어 갔다. 그는 종종 원의 형태라든지 또는 4등분된 도안의 형태를 이용하여 그렸다. 그는 나중에 자신의 그림들이 모든 인간 문화에서 사용되는 상징 및 신화와 유사하다는 사실에 큰 충격을 받았다. 특히, 만다라(mandala)는 총체적 통일의 상징으로 받아들여졌다. 심지어 그의 마음을 그린 그림의 모형조차도 동심원으로 그려졌다. 이 동심원의 가장 바깥 고리에는 감각이 있으며, 좀더 안으로 들어가면서 사고, 느낌, 직관, 기억이 등장하고, 중앙에 이르러 개인 무의식이라는 마음의 핵심에 이르게 된다.

융은 일생에 걸쳐 비교 종교학과 초자연적 현상을 연구했다. 그리고 그는 다른 문화권에서 사용되는 만다라와 같은 시각적 상징물을 매우 중요하게 여겼다. 이러한 것들 가운데 대립적인 것들 사이의 통일을 나타내는 '음 - 양'(yin-yang)도 있었다. '음 - 양'의 상징을 동심원 모양으로 변형시킨 그림 안에 융을 그려 넣었다. ☑

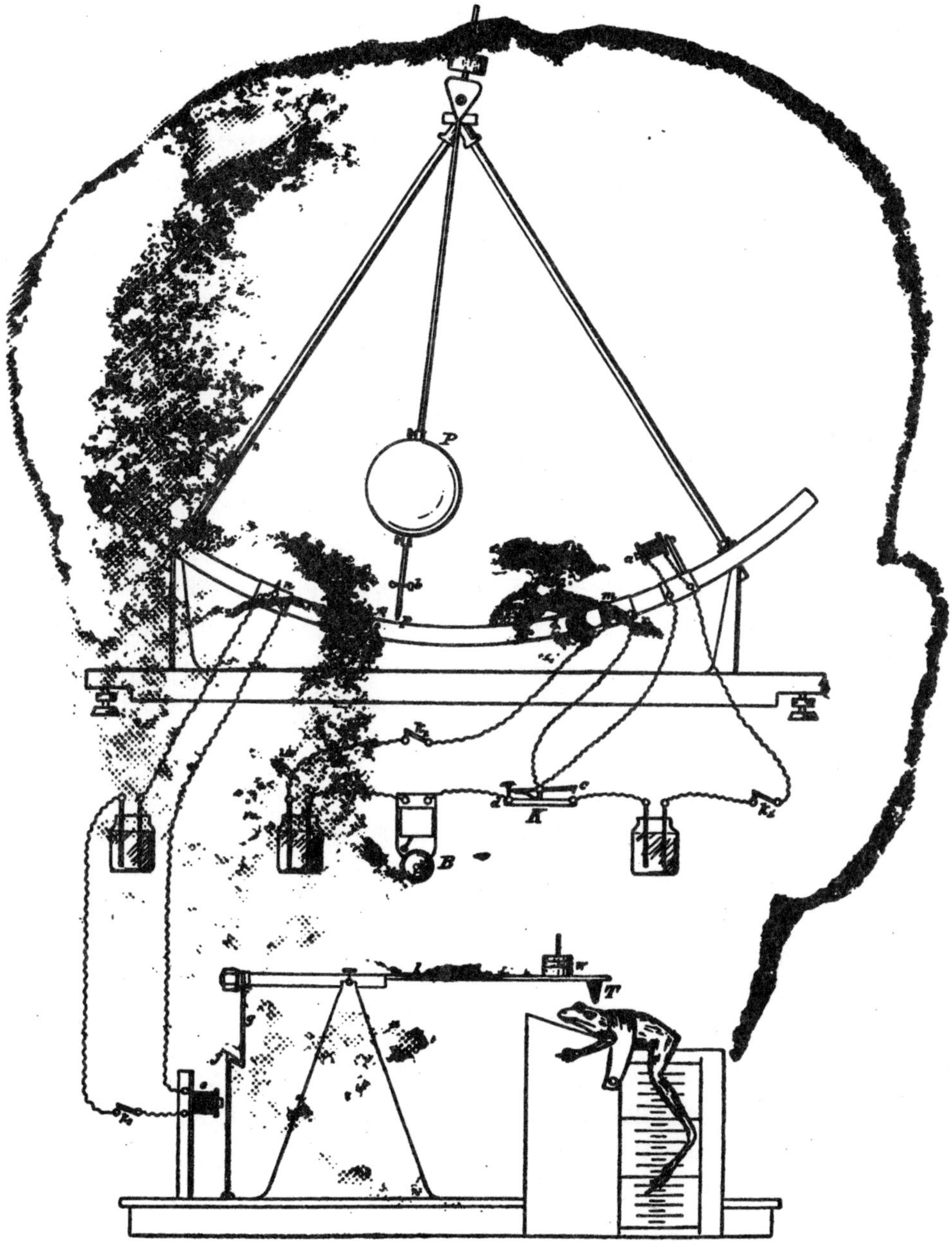

심리 생물학자

로버트 먼즈 여크스(Robert Mearns Yerkes, 1876~1956)는 곤충에서부터 원숭이에 이르기까지 다양한 종류의 동물들을 대상으로 학습을 연구하였고, 최초로 영장류 실험실을 세웠다. 그는 곤충들의 학습 과정을 다룬 다윈의 연구에 자극 받아 동물 행동에 관심을 가지기 시작했다. 비록 그의 실험 연구는 비교 심리학과 관련된 것이긴 했지만, 그는 자신이 심리 생물학자(psychobiologist)로 불리기를 더 좋아했다. "나의 연구는 심리학적이라기보다는 항상 생리학 쪽에 더 가까웠다. 이는 경험이 아닌 행동의 문제를 다루었기 때문이다." 이러한 주장에도 불구하고 그는 결코 왓슨의 행동주의를 받아들이지 않았으며, 티치너의 구성주의와 밀접한 관계를 유지하고 있었다. 한편 여크스는 실험 기구를 설계하는 데 뛰어난 독창성을 보였다. 그는 자신의 연구에 대해서 다음과 같이 말했다. "나의 연구가 지닌 특징은 기술적 기교와 기계를 다루는 재능에 있다기보다는 천재성과 독창성에 있다고 할 수 있다. 이론적으로 방법론적인 조건들은 진보하기 마련이다." 그는 침팬지의 변별 학습을 연구하기 위해 중다 선택(multiple-choice) 기구를 만들었는데, 그후에 이루어진 연구들은 거의 영장류의 행동에 관한 것이었다. 그는 초기에 동기가 학습에 미치는 영향을 연구하여 여크스-돗슨(Yerkes-Dodson) 법칙을 발견하였다. 이 법칙은 높은 수준의 동기가 단순한 과제 수행을 돕지만, 어려운 과제의 경우에는 오히려 수행을 어렵게 만든다는 것이다. 이러한 관계는 각성 수준이 수행에 미치는 효과를 연구하는 데 널리 이용되었다.

여크스는 펜실베니아의 브레디스빌에서 태어났으며, 하버드 대학의 뮌스터베르크의 지도 아래 심리학 박사 학위를 받았다. 여크스는 하버드에 1917년까지 머무르면서 손다이크와 가까이 지냈으며, 왓슨과 공동 연구를 하였다. 그는 1917년에 미국 심리학회 회장이 되었고, 전쟁 캠페인을 돕기 위해 그 해에 군대와 협력하여 징병 후보자들의 지능 검사 도구를 개발하는 데 참가했다. 군대 알파(Army Alpha)와 군대 베타(Army Beta)가 그것으로, 군대 알파는 글을 읽을 줄 아는 군인을 대상으로 하는 것이었고 베타는 글을 읽지 못하는 군인을 대상으로 하는 것이었다. 그 검사는 1차 대전이 끝날 때까지 거의 200만 명의 신병에게 실시되었다. 그러나 이 검사 결과는 군인을 선발하는 자료로 유용하게 쓰이지는 못했다. 여크스는 새로운 지능 검사 채점 방법을 제안하였다. 그리고 군인들의 검사 결과를 분석하면서 그는 우생학을 열심히 옹호하게 되었다. 1924년에 그는 예일 대학에서 다시 연구자 생활을 시작했고, 처음에는 뉴하벤에, 그후 플로리다의 오렌지 파크에 차례로 영장류 실험실들을 세우고 관리하였다.

개구리의 청각-촉각 연합 강화를 실험하기 위해 설계한 실험 기구를 배경으로 여크스의 초상화가 그려져 있다. 추가 움직이다가 한쪽 스위치에 연결되면 소리 자극이 발생하며, 다른 쪽 스위치에 연결되면 촉각 자극을 일으킨다. 그는 많은 종류의 동물들을 대상으로 실험했지만, 계통 발생 척도 상의 특정 수준과 학습을 연결시키는 어떤 일반적인 관계를 이끌어 내지는 못했다. 그러나 20세기 들어서 첫 10년 동안, 심리학의 중심 추는 미국으로 옮겨가고 있었다. 내성법은 신뢰할 만하지 못한 것으로 드러났으며, 심리학의 주제는 인간의 의식보다는 동물 학습으로 바뀌어 갔다. ☑

행동주의자

존 브로더스 왓슨(John Broadus Watson, 1878~1958)은 한때 의식적 경험을 연구하던 심리학의 짧은 역사로부터 등을 돌려, 행동에 대한 연구로 심리학을 새롭게 정의하였다. 왓슨은 내성법이 신뢰할 만하지 못하며 과학의 기초를 이루기에는 적절치 못한 방법이라고 생각했기 때문에, 인간 피험자를 대상으로 연구하는 것을 피했고, 대신 쥐와 미로를 심리학의 피험자와 도구로 사용했다. 그는 자신의 생각을 다듬어 이른바 「행동주의의 강령」(the behaviorist manifesto)을 마련하여 『심리학 리뷰』(*Psychological Review*, 1913)에 발표하였다. "행동주의의 관점에서 보면 심리학은 순수하게 객관적인 실험을 통해 연구하는 자연 과학의 한 분야이다. 심리학 이론의 목적은 행동을 예언하고 통제하는 것이다. 내성은 결코 심리학의 핵심적 방법이 아니며, 내성으로 얻은 자료로부터 과학적 가치를 끌어내기 위해 반드시 그 자료를 의식의 관점에서 해석할 필요도 없다." 이듬해에 왓슨은 파블로프의 조건화 연구를 알게 되면서, 그 연구를 행동주의 학습 이론의 초석으로 삼았다. 심리학은 자극(S)을 측정하고 그것이 유발하는 반응(R)을 예언하는 학문으로 환원되었다. 이러한 입장은 왓슨의 『행동주의』(*Behaviorism*, 1924)에 아주 명료하게 진술되어 있다. 이 책은 온통 단순한 S와 R만으로 구성된 도식으로 가득 차 있었다. 전기 충격을 가하는 것과 손을 뒤로 빼는 동작을 연결하는 과제를 자극 - 반응 도식으로 설명한다. 그리고 심지어 금주 행동과 같은 복잡한 상황조차도 예언하기에 너무 복잡한 반응을 일으키는 자극과 알려지지 않은 자극에 따른 반응 등으로 된 도식으로 정교하게 설명하려 든다! 그의 견해는 급진적이었으며, 처음에는 대중적이지 못했지만, 종교적인 열기를 띠며 전파되어 나가기 시작했다. 그는 자신을 비판하는 사람들을 깔보듯 대했고, 비판가들 역시 마찬가지로 그를 무시했다. 왓슨은 심리학에 대해 서로 반대되는 견해를 갖고 있었던 맥도우걸과 1924년에 공개 토론을 벌였다. 맥도우걸은 신랄한 언변과 교만한 태도로 국지적 전투에서는 승리했지만, 전체적으로 본 전쟁에서는 결국 지고 말았다. 맥도우걸은 행동주의가 이상야릇하고 기괴한 것이라면 무엇이건 좋아하는 사람들을 유혹하며, 왓슨은 그것을 마치 새로운 담배 상표처럼 시장에 내놓아 팔고 있다고 말했다.

왓슨은 사우스 캐롤라이나의 그린빌에서 태어났다. 그는 시카고 대학에서 동물 훈련에 관한 연구로 심리학 박사를 받은 뒤 1908년까지 그곳에 머물렀다. 그는 30세의 나이에 존스 홉킨스의 심리학 교수가 되었는데, 그의 가장 중요한 연구들은 대부분 이 곳에서 이루어진 것들이다. 그는 1914년에 미국 심리학회 회장으로 선출되었다. 그는 1920년에 자신의 이혼을 둘러싼 추문으로 존스 홉킨스의 교수직에서 강제로 물러났다. 그후 그는 광고계에 뛰어들어 성공을 거두기도 했지만, 동시에 일반 대중들을 대상으로 심리학적인 주제들에 관한 저술 활동을 계속했다.

왓슨의 급진적 행동주의는 모든 행동을 자극과 반응의 연결로 예언하려 하였다. 그는 분트가 유산으로 남긴 내성법을 거부하면서도, 구성주의와 관련된 연합 이론은 유지했다. 그의 이론이 계속 살아남지는 못했지만, 그의 이론의 기초를 이루었던 방법론적 행동주의는 심리학 전체로 퍼져 나갔다. 왓슨의 초상화를 자극 - 반응 연결들을 바탕으로 그려보았다. 이들 자극 - 반응 연결 도식은 기계적으로 정밀한 타자기로 찍어 만들어 낸 것들이다. ☑

좋은 형태 I (Good Gestalt I)

막스 베르트하이머(Max Wertheimer, 1880~1943)는 심리학을 형태 혹은 게슈탈트(Gestalt)를 연구하는 학문으로 다시 정의하였다. 왓슨이 그랬던 것처럼 거의 비슷한 시기에 베르트하이머도 분트의 심리학을 거부하긴 했지만, 그 이유는 왓슨과 달랐다. 베르트하이머가 반대한 것은 분트의 원자주의(atonism)로, 복잡한 지각이 단순한 감각 성분들로 환원될 수 없다고 생각했다. 형태주의 심리학은 지각에 기원을 두고 있지만, 그것의 범위는 심리학 전체를 포괄한다. 이러한 입장을 낳게 한 앞선 개념들은 칸트의 공간과 시간이라는 선험적 범주, 마하의 경험 분석에 대한 강조, 브렌타노의 전체적 정신 작용 등에서 찾을 수 있다. 더 일찍이 에렌펠즈(Ehrenfels)는 음악 선율의 지각이 형태주의직 질, 즉 부분들 사이의 전체적인 관계가 유지되기만 하면 연주되는 음 하나 하나의 정확성 자체는 그리 중요하지 않다는 것을 보여주었다. 베르트하이머는 이러한 에렌펠즈의 입장을 확장시켜 가현 운동 현상(파이 현상)을 실험했다. 그는 가현 운동 현상을 관찰하기 위해 처음에는 플라토의 노출기(phenakistoscope)를 사용하다가 나중에 순간 노출기(tachistoscope)를 사용하였다. 지각을 감각으로 환원하여 설명하려는 접근을 곤란하게 만들었던 것은 사람들이 실제 운동과 가현 운동을 구분하지 못한다는 것이었다. 지각은 원자적이라기보다 전체적이었다. "전체가 존재하며, 전체의 행동은 개개의 요소들의 작용에 의해 결정되지 않는다. 오히려 요소들의 처리 과정이 전체의 고유한 성질에 의해 결정된다. 형태주의 이론이 추구하는 것은 그러한 전체의 성질이 무엇인지를 결정하는 것이다." 전체는 부분의 합 이상일 뿐만 아니라, 전체의 지각이 부분의 지각에 선행한다는 것이다. 사람들은 흔히 1912년부터 발표되기 시작한 파이 현상에 관한 연구를 형태주의 심리학이라 불리는 새로운 운동의 기원으로 꼽는다. 형태주의 심리학은 대륙 철학의 주류에 속했으며, 괴테와 퍼킨제, 그리고 헤링 등이 간간이 사용하곤 했던 현상학적 방법을 사용하였다. 형태주의 심리학은 주로 지각과 관련된 주제를 다루었으며, 지각의 전체적 성질을 지지하기 위해 여러 가지 강력한 현상학적 시범들을 고안해 냈다. 베르트하이머는 많은 지각 체제화(perceptual organization) 원리들을 기술하였다. 근접, 유사, 대칭, 좋은 연속 등이 주요한 지각 체제화의 원리들이다. 이러한 원리들은 속이 채워진 점과 속이 빈 점들로 이루어진 옆 페이지의 그림에서 볼 수 있다. 이 그림은 집단화 원리를 잘 보여주고 있다. 형태주의 심리학이 갖는 대부분의 매력은 지각적인 현상이 지닌 강력한 설득력에 있다. 그후 베르트하이머는 『생산적 사고』(*Productive Thinking*, 1945)에서도 창조성 연구에 현상학적 시범을 예시하는 방법을 이용한 바 있다.

베르트하이머는 프라하에서 태어났다. 그는 프라하 대학에서 철학을 연구한 뒤, 베를린 대학으로 가서 심리학을 연구하며 코프카와 쾰러를 만났다. 그는 뷔르츠부르크 대학에서 단어 연상을 이용한 거짓말 탐지를 주제로 박사 학위를 받았다. 베를린으로 다시 돌아온 후, 그는 프랑크푸르트 대학에서 심리학 과장이 되었으나, 1933년에 미국으로 떠나 사회 연구 신학파(New School for Social Research)에서 연구하였다.

속이 채워진 점들과 속이 빈 점들이 이룬 패턴에 몇몇 집단화 원리들이 작용하면서 베르트하이머가 나타나고 있다. 이 그림을 보면, 전체는 부분들과는 상당히 다르다고 말할 수 있지 않겠는가! ☑

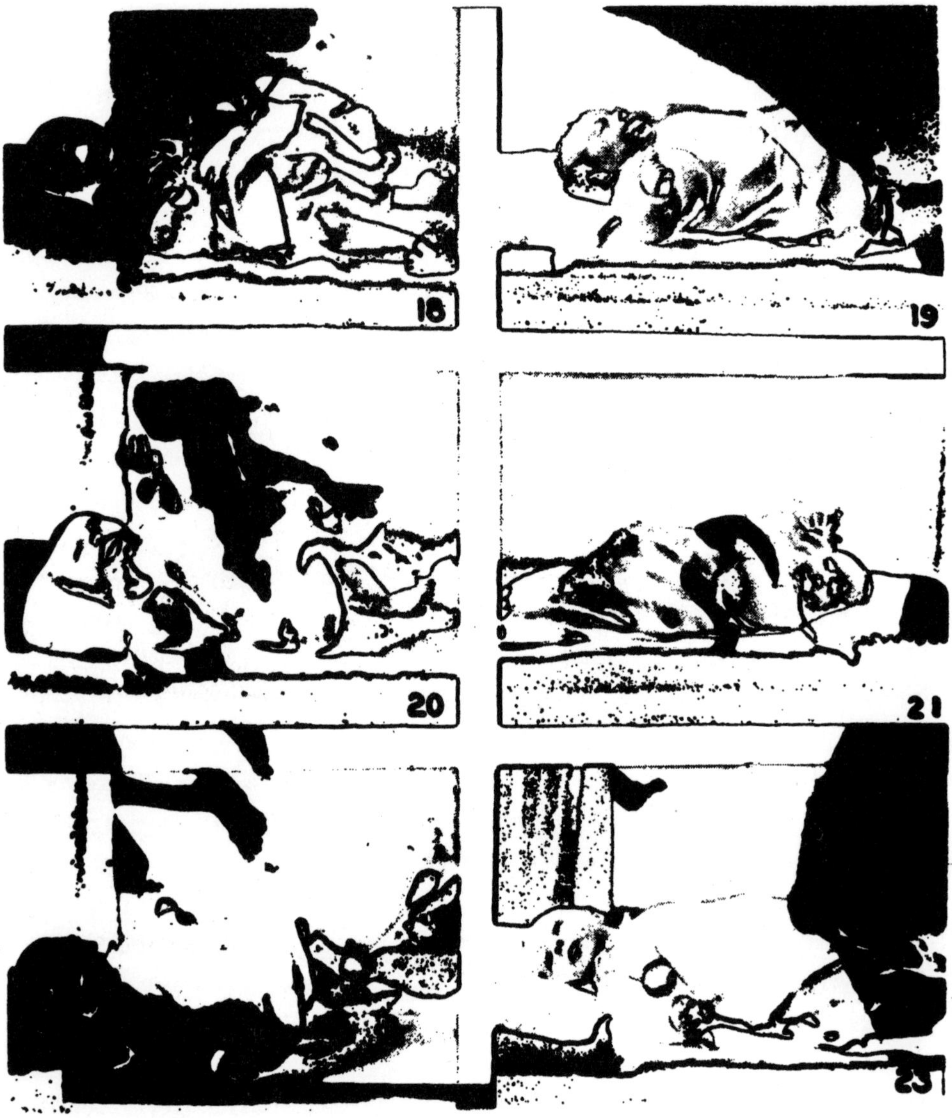
18
19
20
21

아동 심리학자

아놀드 루시우스 게젤(Arnold Lucius Gesell, 1880~1961)은 정상적인 취학 전 아동의 성장과 발달을 관찰하여 기록하였다. "발달은 기본적으로 시간 요인에 의존하고 있으며, 시간에 따른 발달적 변화는 매우 호기심을 불러일으키는 과정이다. 신의 머리로부터 창조물이 완전한 모양을 갖추어 성숙한 채로 나오는 것은 신화 속에서나 가능한 이야기다. 자연 상태에서 시간은 한 유기체의 생산에 필수적이다. 발달 현상에 관해 우리가 아는 바는 별로 없지만, 시간 단위들, 발달적 생활 주기, 그리고 주기성 사이에는 법칙적인 관계가 있는 듯하다." 그는 이러한 법칙을 결정하려 했으며, 아동 발달의 많은 연령 규준을 발표했다. 그가 펴낸 많은 책들 가운데는 『취학 전 아동의 정신 성장』(*The Mental Growth of the Pre-school Child*, 1925), 『아동 행동 도해서』(*An Atlas of Infant Behavior*, 1934)와 『생후 첫 5년』(*The First Five Years of Life*, 1940)과 같은 책들도 있다. 게젤은 발달 연구에 사용되는 방법들로 관찰법, 전기법, 질문지법, 실험, 정신 측정법 등이 있다고 제안하고, 이러한 방법들 중에서 관찰법을 택하여, 덜 제약적인 임상 장면에서뿐만 아니라 통제된 실험실 조건에서도 관찰하였다. 그는 실험실에서 일어난 일을 활동 사진으로 촬영하여 나중에 장면별로 분석할 수 있게 하였다. 실제로 그는 인간 발달 과정을 영화 필름의 프레임들에 비유하였다. 둘 다 무엇이 일어나고 있는지를 기술하기 위하여 특정 순간에는 멈추어질 수 있다는 것이다. 게젤은 학습보다는 자연스런 성숙 과정을 지지하기 위해 쌍둥이를 대상으로 연구했다. 쌍둥이 중 한 아이가 다른 아이보다 먼저 어떤 과제를 배웠다 하더라도 얼마 후에는 둘 다 같은 수준의 수행에 도달했다. 그는 성숙이 아동들에게 작용하는 가장 강력한 힘이며, 아동의 환경보다는 주로 타고난 소인에 의해 영향받는다고 보았다. 따라서 학습과 환경 결정주의를 강조했던 왓슨의 적응적인 관점과 비교할 때, 게젤은 변화에 대해 소극적인 접근을 취했다고 볼 수 있다. 게젤은 신체 성장과 정신 성장은 서로 영향을 미치지 않는 관계라고 제안하였다. "정신 발달은 매우 역동적인 과정으로 알기 어렵다. 그러나 그렇다고 해서 근본적으로 정신 발달이 신체 발달보다 더 알기 어려운 것은 아니다. 마치 발생학이 수많은 부분적 연구들을 통해 신체 성장 현상을 명확히 밝혀 낸 것처럼, 유전 심리학도 애매했던 행동 성장의 발달 기제에 대해 통찰을 줄 수 있다."

게젤은 위스콘신의 알마에서 태어나 위스콘신 대학을 다녔다. 그는 클라크 대학의 홀의 지도 아래 심리학 박사 학위를 받았으며, 이곳에서 성숙이라는 주제에 대한 관심을 키워 나갔다. 그후 그는 예일에서 의사 자격을 취득하였고, 1911년 예일 심리 치료 센터(Yale Psychological Clinic)를 설립하고 그곳의 소장을 맡았다.

생후 한 달 된 유아의 사진들 사이로 게젤의 초상화가 보인다. 각 프레임은 차례대로 유아가 하품하고 있거나, 잠자고 있거나, 깨어 있거나, 손가락을 펴고 있으며, 발가락을 펴고 있고, 반사적으로 무엇인가를 붙잡고 있는 장면을 보여준다. 게젤은 늘 그랬듯이 자신은 최소한으로 개입하는 조건에서 행동을 관찰하였다. ☑

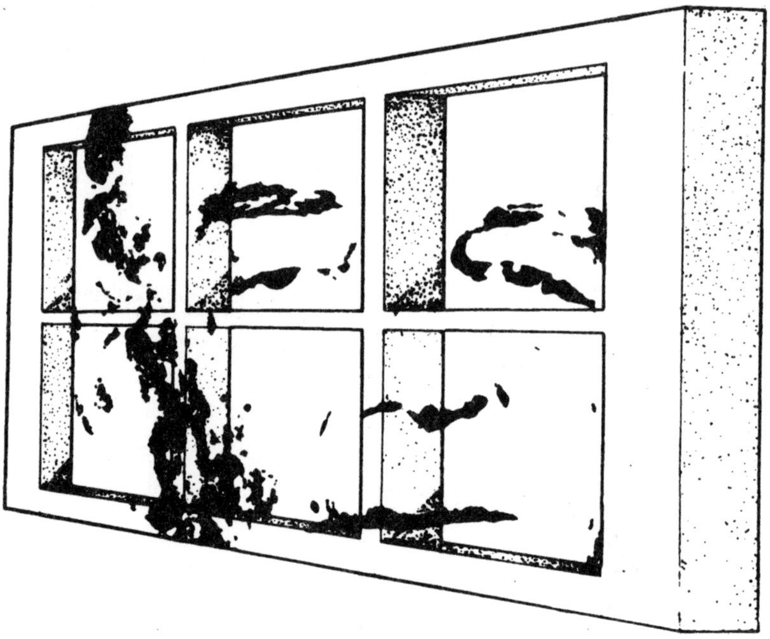

에임즈의 반추

아델버트 에임즈(Adelbert Ames, 1880~1955)는 흥미로운 지각 현상들을 고안하였다. 그 현상들은 세계의 구조에 대한 우리의 가정과 실제 자극 패턴이 대립하는 경우를 보여줌으로써 세계의 구조에 대한 우리의 가정이 지각에 어떤 영향을 주고 있는가를 보여준다. 예를 들어, 에임즈 방(Ames room)은 실제로 보통의 방과 달리 정방형이 아니라 사다리꼴 공간으로 이루어진 것이다. 그러나 바닥과 천장을 서로 수평을 이루는 것처럼 보이도록 기울이고, 마주보는 벽은 한쪽이 다른 한쪽에 비해 더 높게 하여, 작은 구멍을 통해 한 눈으로 보면 방은 마치 4각형으로 보인다. 이때 사람들이 방의 구석에 서 있거나 또는 작은 창문을 통해 방을 바라보면, 일종의 지각적 착시가 경험된다. 그는 또한 사다리꼴 창과 같은 역동적인 착시 도구도 만들었다. 이 창문은 실제로 360도로 회전시키는 경우 회전하는 것으로 보이지 않고 마치 180도 정도만 반복적으로 좌우로 왔다갔다하는 것으로 보인다. 그리고 그 창문에 어떤 물체를 달아 놓고 보면, 마치 그것이 창문을 "관통하며" 회전하는 듯이 보인다. 에임즈의 접근 방식은 거래적 기능주의라 불린다. 그는 지각을 '개인이 과거 경험에 기초하여 형성한 세상에 관한 가정'과 '눈에 비치는 자극' 사이에 이루어지는 일종의 거래(transaction)로 보았다. 요약하자면, 정지해 있는 예들은 원근법을 사용하는 화가들에 의해 주목받았던 주제들을 역으로 이용한 것이다. 즉, 고정된 지점에서 한 눈으로 환경을 관찰하면 여러 가지로 해석이 가능해지며 애매해진다. 화가는 이러한 애매함을 2차원상에서 포착했지만, 에임즈는 그것을 3차원상에서 성취해 낸 것이다. 즉, 그는 어떤 3차원 물체로부터의 광학적인 투사가 또 다른 3차원 물체와 대응하도록 만들었다. 에임즈의 이론은 현대판 경험주의라 할 수 있으며, 그가 만든 예들은 한 눈으로 볼 때 가장 잘 먹혀든다. 그는 양안시에 관한 중요한 발견을 했으며, 부등상시증(aniseikonia)을 일으키는 조건을 처음으로 기술하였다. 부등상시증이란 다른 쪽 눈과 비교해서 한 축을 따라 한쪽 눈의 상이 확대되는 것을 말한다. 부등상시 안경을 끼면 특수한 방식으로 공간이 왜곡된다. 이것은 특히 그가 고안한 나뭇잎 모양의 방과 같이 한쪽 눈으로도 포착할 수 있는 깊이 단서(이러한 단서를 단안 단서라 한다)가 없는 조건에서 그렇다.

메사추세츠의 로우웰에서 태어난 에임즈는 1906년에 하버드 법대를 졸업했다. 그러나 변호사보다는 예술에 관심이 있었던 그는 신인상파 화가가 되기 위해 파리로 갔다. 그러는 동안 그는 훌륭한 화가가 되려면 먼저 시각 광학을 철저히 이해해야 한다는 것을 깨닫고, "눈의 초점 바깥 부분에 맺힌 물체들의 이미지가 어떤 특징을 갖는지를 과학적으로 결정하는 작업을 하였는데, 그러한 이미지의 특징들에 대한 지적인 개념화가 시각 인식이라든지, 이미지의 분석, 그리고 예술 기법에 도움을 줄 것으로 믿었다." 그는 미국으로 돌아와 클라크 대학에서 생리 광학을 연구했다. 그는 처음에는 광학적 수차 현상(optical abberation)에 초점을 두고 연구했으며, 점차 시각 왜곡 연구로 넓혀 갔다. 그는 다트머스 안구 연구소(Dartmouth Eye Institute)에서 다양한 예들을 만들어 냈다.

에임즈가 고안한 사다리꼴의 방안에는 직사각형이 초상화가 두 개 있는데, 우리는 그 초상화에서 에임즈를 각기 다른 크기로 볼 수 있다. 왼쪽의 초상화가 더 작아 보일수록 더 많이 왜곡된 창에 해당한다. 또한 아래의 그림에서는 사다리꼴 창을 관통하고 있는 그의 초상화가 보인다. ☑

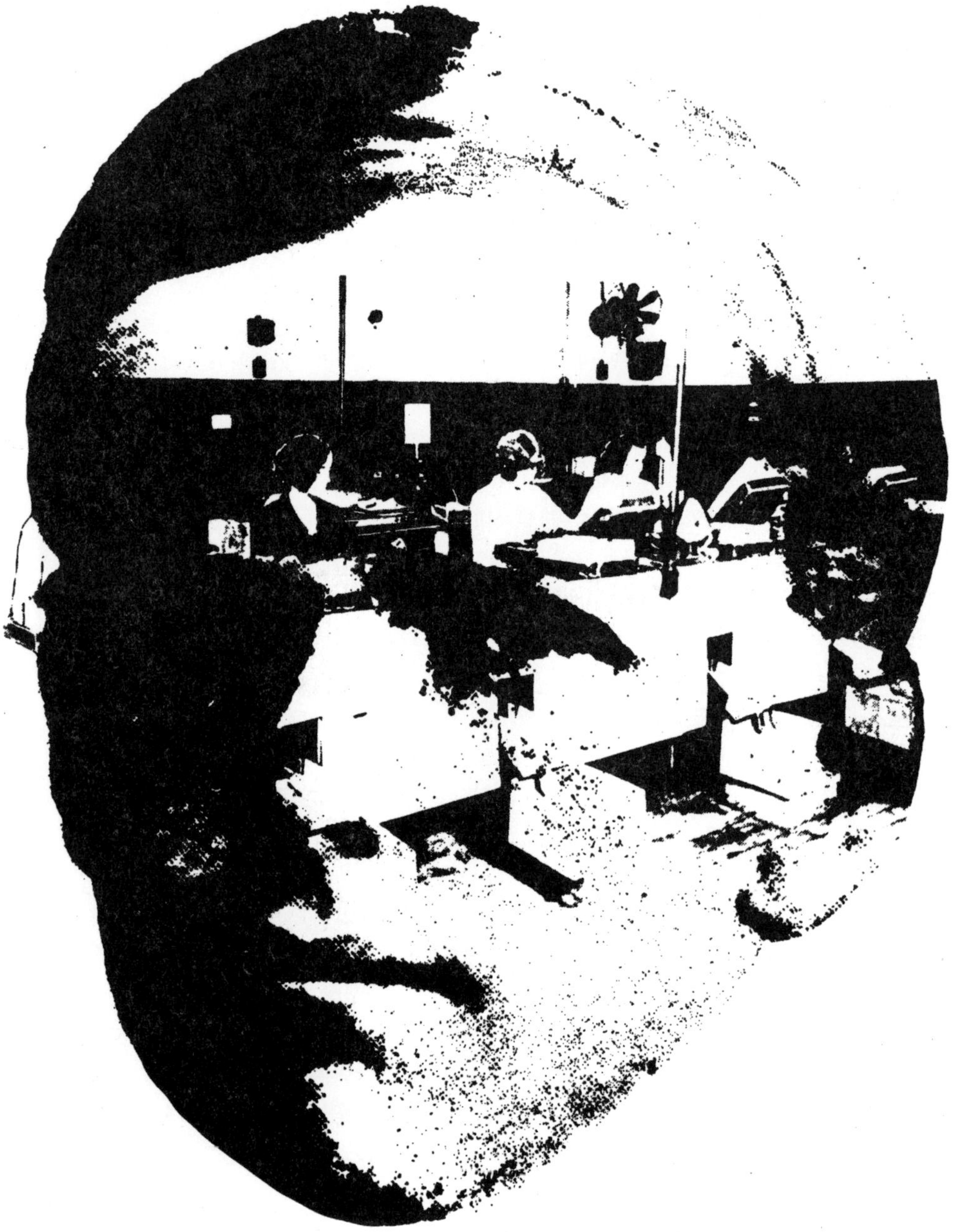

호손 효과

엘튼 조지 메이요(Elton George Mayo, 1880~1949)는 산업 노동자들의 생산성에 영향을 주는 것은 물리적 환경이라기보다 사회적 환경임을 발견했다. 뮌스터베르크의 산업 심리학에 대한 낙관적인 전망에도 불구하고, 1920년대의 작업 환경은 프레데릭 윈슬로우 테일러(Frederick Winslow Taylor, 1856~1915)의 시간 연구나 노동자를 하나의 단위로 분리시켜 분석하는 연구 등 대부분 운동 효율성의 관점에서 설계되었다. 시카고 근처의 웨스턴 전자 회사(Western Electric Company)의 호손 공장에서 이러한 물리적인 조건을 고려해 작업 환경을 설계하는 것이 과연 적절한지를 시험해 보았다. 첫 연구는 제품을 검사하고 조립하는 공정에서 조명이 어떤 역할을 하는지를 검토하는 것이었다. 빛을 더 밝게 하면 물론 실험 집단의 생산성이 향상되었지만, 문제는 통제 집단의 생산도 역시 증가했다는 것이다! 실험 집단은 빛이 밝아지건 어두워지건 상관없이 계속 더 잘 수행했다. 심지어 달빛에 가까운 정도로 어두워져도 여전히 생산성은 높게 유지되었다. 호손 효과의 핵심적 의미는 다른 일반적인 실험 절차에도 적용될 수 있는 것으로서, 어떠한 상황에 대한 개입도 그 자체가 행동에 영향을 줄 수 있다는 것이다. 즉, 사회적인 장면에서 실험할 때 관찰되는 사람들은 주의를 받기 마련이고, 다른 사람으로부터 주의를 받는 것 자체가 그들의 행동을 변화시킬 수 있다는 것이다. 이 효과는 의학 연구에서 위약(placebo)■ 통제를 사용하는 논리의 핵심이기도 하다. 일반적으로 위약을 사용하면 환자의 건강에 보탬이 되는 경우가 많다. 사회 심리학의 실험에서 잘못된 결론에 이르는 것을 피하려면 위약 통제가 반드시 필요하다.

두 번째 호손 연구는 약 다섯 해 동안 계속되었는데, 주당 근무 시간을 변화시키거나 휴식 시간을 변화시켰을 때 생산성이 어떻게 변화하는지를 살펴보았다. 이때 노동자들은 줄곧 관찰되고 있었으며, 주당 근무 시간이나 휴식 시간이 어떻게 바뀌고 있는지에 관한 이야기를 들었고, 그러한 변화의 절차들이 어떠한지 평가하고 의견을 제시할 수 있었다. 그 결과 작업 조건이 어떻게 변화하든지 상관없이 늘 생산성은 증가하였고, 심지어 원래 조건으로 다시 되돌아갔을 때에도 최고 수준의 생산성을 보이기조차 했다. 이 결과와 노동자들과의 면담 내용을 기초로, 메이요는 이러한 현상을 공학적으로 해석하기보다는 사회학적으로 해석하였다. 그는 노동자들을 특별히 설계된 검사실에 배치하면 한 집단에 소속되어 있다는 정체감이 향상되며, 노동은 그런 비공식적인 집단 형성에 영향을 받는 하나의 사회적 활동이라고 주장하였다. 메이요는 홉스의 인간 본성 분석과 매우 유사한 이른바 "소동 가설"(rabble hypothesis)과 자신의 작업 이론을 대비시켰다. 메이요의 작업 이론은, "노동자들은 자신들이 의식하건 의식하지 않건 간에 적절한 관습이나 의무, 관례, 의례 등을 지닌 어떤 집단을 형성하고, 그 집단에 자신을 소속시킨다는 것이다."

메이요는 호주의 아들레이드에서 태어났다. 그는 퀸스랜드 대학과 사우스 오스트레일리아 대학에서 심리학을 공부했으며 1922년에 미국으로 옮겨갔다. 그는 하버드 경영 대학원의 산업 연구 교수가 되었다. 호손 연구는 메이요가 참여하기 이전에 이미 시작되었지만, 그는 『산업 문명에서 인간의 문제』(*The Human Problems of an Industrial Civilization*, 1933)라는 책에서 호손 연구 결과를 해석하였다. 그림에서 노동자들은 호손 연구를 위해 특별히 고안된 연결 조립 공정의 검사실에서 일하고 있으며, 메이요는 이들을 유심히 관찰하고 있다. ☑

■ 정신적 효과를 얻기 위해 환자에 주어지는 것으로 직접적인 약리적 효과는 없는 약. 의학 장면에서 어떤 실제 약의 약리적 효과를 평가할 때 비교가 되는 통제 집단에게 위약을 주어서 관심인 약의 순수한 약리적 효과만을 가려내려는 목적으로 쓰인다.

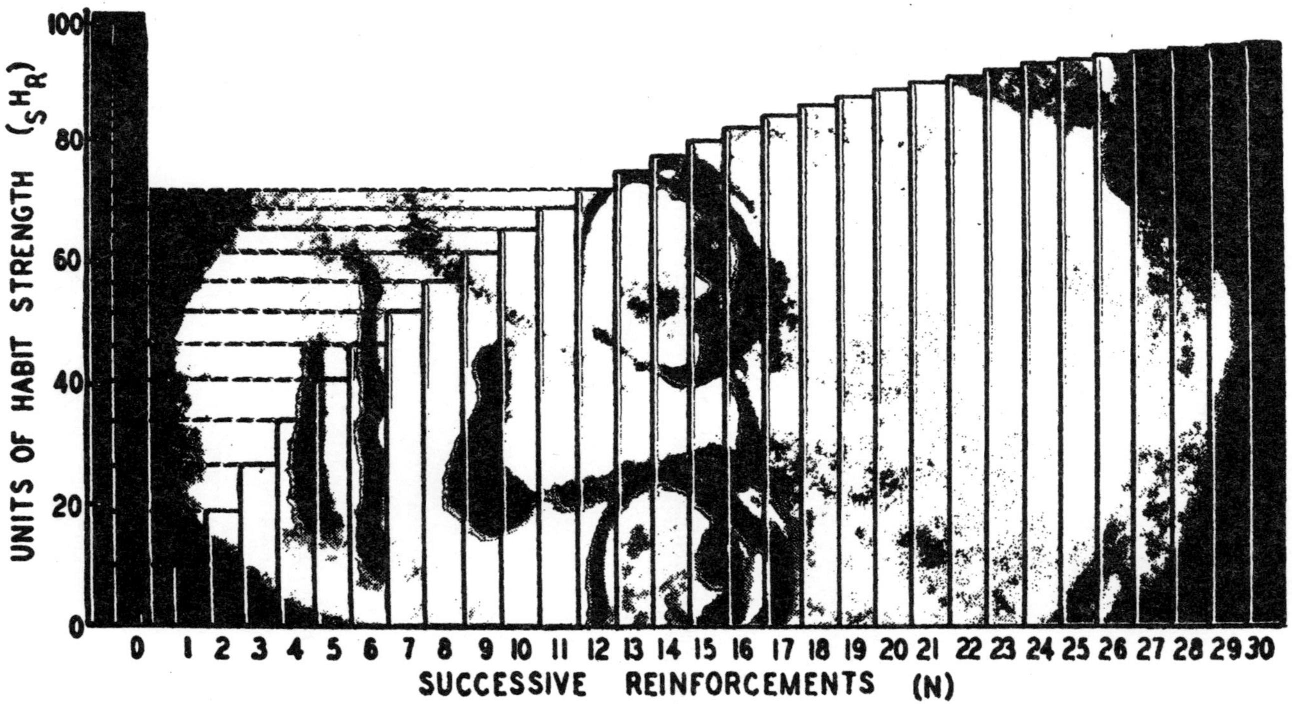

UNITS OF HABIT STRENGTH ($_SH_R$)
100
80
60
40
20
0
0 1 2 3 4 5 6 7 8 9 10 11 12 13 14 15 16 17 18 19 20 21 22 23 24 25 26 27 28 29 30
SUCCESSIVE REINFORCEMENTS (N)

습관의 강도

클라크 레너드 헐(Clark Leonard Hull, 1884~1952)은 신행동주의자로서 "행동주의적 연구란 주로 행동의 양적인 법칙들을 발견하고 그 법칙들을 연역적 체계로 만드는 것과 관련되어 있다"고 제안하였다. 그는 학습이 추동의 감소(drive reduction)에 따라 좌우되는 것으로 생각하였다. 예를 들어, 배고픔과 같은 생물적인 요구는 박탈 정도(이것은 마지막으로 음식물을 섭취한 뒤 몇 시간이 지났는지로 측정될 수 있다)에 따라 긴장을 증가시키는데, 이 경우 유기체는 배고픔을 감소시키는(그래서 긴장을 감소시키는) 행동을 학습하게 될 것이다. 어떤 행동이 추동의 감소와 잘 연합되어 있다면, 그만큼 그 행동 습관의 강도는 강할 것이다. 유기체의 학습 곡선을 잘 살펴보면, 어떤 행동에 대해 연속적으로 강화를 줄 때 습관 강도가 어떻게 증가하는지를 관찰할 수 있다. 헐에 따르면, 자극 흔적이 그것과 연합된 반응을 일으킬 확률은 학습 시행 회수와 정적인 증가 함수의 관계를 가지며 증가한다.

헐의 학습 실험은 체계적이었으며 가설 - 연역적 방법을 따랐다. 즉, 실험적으로 검증 가능한 형식으로 가설을 만들고, 그 가설을 엄밀하게 검증했다. 그는 톨만이 제안했던, 자극과 반응 사이를 매개하는 중개 변인(intervening variable) 개념을 받아들여, 중개 변인을 조작적으로 정의하여 객관적으로 측정하였다. 그리하여 헐의 이론 체계는 일련의 선결 조건들과 정리들로 이루어져 있다. 그는 『행동의 원리들』(*Priciples of Behavior*, 1943)에서 추동 감소를 강조했지만, 『행동 체계』(*A Behavior System*, 1952)에서는 '2차 강화'(sencondary reinforcement)의 개념을 받아들이면서 추동 감소에 대해 덜 강조하게 되었다. 헐은 이런 방식으로 학습을 분석해 나가면 더 복잡한 행동, 심지어 사회적인 행동까지 설명할 수 있을 것으로 보았다. "개인의 행동에 작용하는 1차적 감각 운동 법칙들이 있고, 이와는 별도로 집단의 행동에 작용하는 또 다른 법칙들이 분리되어 따로 존재한다고 보기는 힘들다. 이렇듯 개인과 집단의 법칙이 따로 존재하는 것이 아니라면, 사회 행동의 법칙들은 대부분 개인 행동의 기초를 형성하는 법칙들과 동일한 가정에 기초할 것이다."

헐은 뉴욕의 아크론에서 태어나, 어릴 때 미시건으로 이사갔다. 그는 처음에는 응용 심리학에 관심을 가졌는데, 그것은 아마도 그가 처음에 공학 교육을 받았기 때문이었을 것이다. 그는 위스콘신 대학에서 심리학으로 박사 학위를 받았으며, 하버드와 예일로 옮기기 전까지 그곳에서 지냈다. 그는 1936년에 미국 심리학회 회장이 되었다. 초기에 최면과 피암시성에 대해 관심을 가지고 있었던 헐은 예일에서 머물 무렵 주제를 바꾸어 학습에 관심을 돌리게 되면서 왓슨 전통의 맥을 잇는 대표적 이론가로 성장하게 된다. 그가 행동주의로 향하게 된 데에는 여러 이유가 있었지만, 부분적으로는 코프카가 형태주의 이론을 옹호하는 것에 대한 반발심 때문이었고, 다른 한편으로는 파블로프의 실험을 번역한 책을 읽고 감명 받은 탓이기도 했다. 그는 흰쥐를 이용하여 실험하기 이전에 먼저 인간을 대상으로 학습 연구를 시작했다고 한다.

헐의 환원주의적 이론은 정확성을 위해 많은 제약을 지닌 방식으로 정의되어 있어서, 헐의 이론으로부터 어떤 일반적 원리를 유도해 내기가 쉽지 않다. 그의 체계에는 많은 상징 기호들이 등장하는데, 반응의 크기 내지 강도를 나타내는 기호인 'A'에서 시작해서, 반응 억제를 상징하는 기호, 자극 강도간 역동성을 상징하는 기호, …… 반응 잠재력의 절대 영점을 상징하는 기호인 'Z'에 이르기까지 매우 다양하다. 그래서 학습 곡선이라는 복잡하고 미묘한 해석학적 세계 속에 은둔해 있는 모습으로 헐의 초상화를 그려보았다. ☑

잉크 반점

헤르만 로르샤하(Hermann Rorschach, 1884~1922)는 사람들의 성격 유형을 간접적으로 진단하기 위해 잉크 반점을 이용하였다. 그는 정신 분석에서처럼 자유로이 연상하게 하지 않고 애매하고 우연적인 형태를 보여주고 어떠한 것이 연상되는지를 조사하였다. "그러한 우연적인 형태는 매우 간단하게 만들어질 수 있다. 커다란 잉크 반점을 종이 가운데 떨어뜨린 후, 종이를 반으로 접었다 펴면 종이 양쪽에 잉크가 같은 무늬로 퍼져서 나타난다." 로르샤하 검사는 1921년에 『심리 진단』(*Psychodiagnostik*)에 발표되었을 때 모두 10개의 잉크 반점으로 구성되어 있었고, 그림들 중 절반은 채색된 그림이었다. 로르샤하가 잉크 반점을 처음으로 사용한 것은 아니었다. 내과 의사인 주스티누스 커너(Justinus Kerner, 1786~1862)가 시를 쓰는 데 영감을 얻기 위해 잉크 반점을 사용한 적이 있다. 그는 잉크 반점을 보다 보면 사람들은 반드시 그것에 어떤 의미를 투사한다는 것을 잘 알고 있었지만, 투사되는 의미가 사람마다 다르다는 점에 착안해 잉크 반점을 체계적으로 연구하지는 않았다. 한편 비네도 잉크 반점을 이용하여 성격을 평정할 수 있다고 제안한 바 있지만, 심리 분석을 목적으로 잉크 반점 검사를 개발한 것은 로르샤하가 처음이었다. 검사자는 한 세트의 자극을 차례대로 피험자에게 보여주면서, 각 그림에 대해 피험자들이 연상한 내용들을 기록한다. 그런 다음, 상상적인 투사들보다 주로 다양한 부분들에 대해 피험자들이 어떻게 묘사했는가에 초점을 두고 채점이 이루어졌다. 즉, 채점의 자료로 쓰인 것은 반응의 내용적 측면이라기보다 반응의 형식적 측면이었다. 특히 색깔과 운동에 대한 반응, 연상의 개수, 잉크 반점 전체 패턴에 대한 반응인지 아니면 부분적 패턴에 대한 반응인지의 여부 등이 매우 중요하게 평가되었다. 처음에 이 검사에 대한 채점 방식은 매우 들쭉날쭉해서 일관성이 없었으나, 검사를 많이 사용하게 되면서 차츰 채점의 기준이 마련되고, 검사를 실시하는 사람들은 복잡한 검사 절차와 방법을 익히기 위해 특별한 훈련을 받아야만 하게 되었다.

로르샤하 검사는 19세기 중반에 두드러지게 유행했던 다양한 투사법 검사들 가운데 하나일 뿐이었다. 주제 통각 검사(Thematic Apperception Test) 역시 1935년에 소개된 투사법 검사로서, 20장의 그림으로 되어 있고, 피험자는 각각의 그림에 관해 이야기를 만들어 내야 한다. 이러한 검사들이 나타나게 된 배경에는 자기 - 보고식 질문지(self-report inventories)에 대한 반발이 있었다. 자기 보고 질문지는 우드워스에 의해 개발된 검사로, 이를 통해 미네소타 다면적 성격 검사지(MMPI)가 나오게 되었다. 그 질문지들은 투사법 같은 고상한 목적을 갖지는 않았지만, 반면에 채점하고 분석하기가 더 쉬웠다. 투사법 검사는 1960년대에 들어서면서 인기가 시들해졌다. 이것은 그 검사의 타당성을 보장하기 어려웠기 때문이고, 또한 반응에 미치는 사회적 요인의 영향을 그 검사가 제대로 평가해 내지 못한 탓도 있었다.

로르샤하는 취리히에서 태어났다. 그는 베를린 대학과 본 대학에서 의학을 공부했고, 취리히 대학을 졸업했다. 그는 블로일러와 함께 연구했으며, 프로이트의 정신 분석 이론의 영향을 받았고, 융의 유형학(typology)의 영향을 받았다. 그는 성격을 내향성, 외향성이란 유형으로 나누어 기술할 수 있다고 보았으며, 발달의 목적은 일종의 "양능가"(ambiequality)의 상태에 도달하는 것이라고 생각했다. 로르샤하는 1911년에 잉크 반점에 관한 연구를 시작했는데, 연구 초기에는 아동의 단어 연상 반응과 잉크 반점에 대한 반응을 비교하였다. 로르샤하의 심리 진단 자극은 원래 대칭적인 인간의 얼굴을 반영한 것이었다. 따라서 여기서는 대칭적인 로르샤하의 얼굴을 나타내도록 잉크 반점을 한 번 그려보았다. 당연히 이 잉크 반점에서 로르샤하의 얼굴을 보려면 여러분은 어느 정도 투사를 해야만 할 것이다. ☑

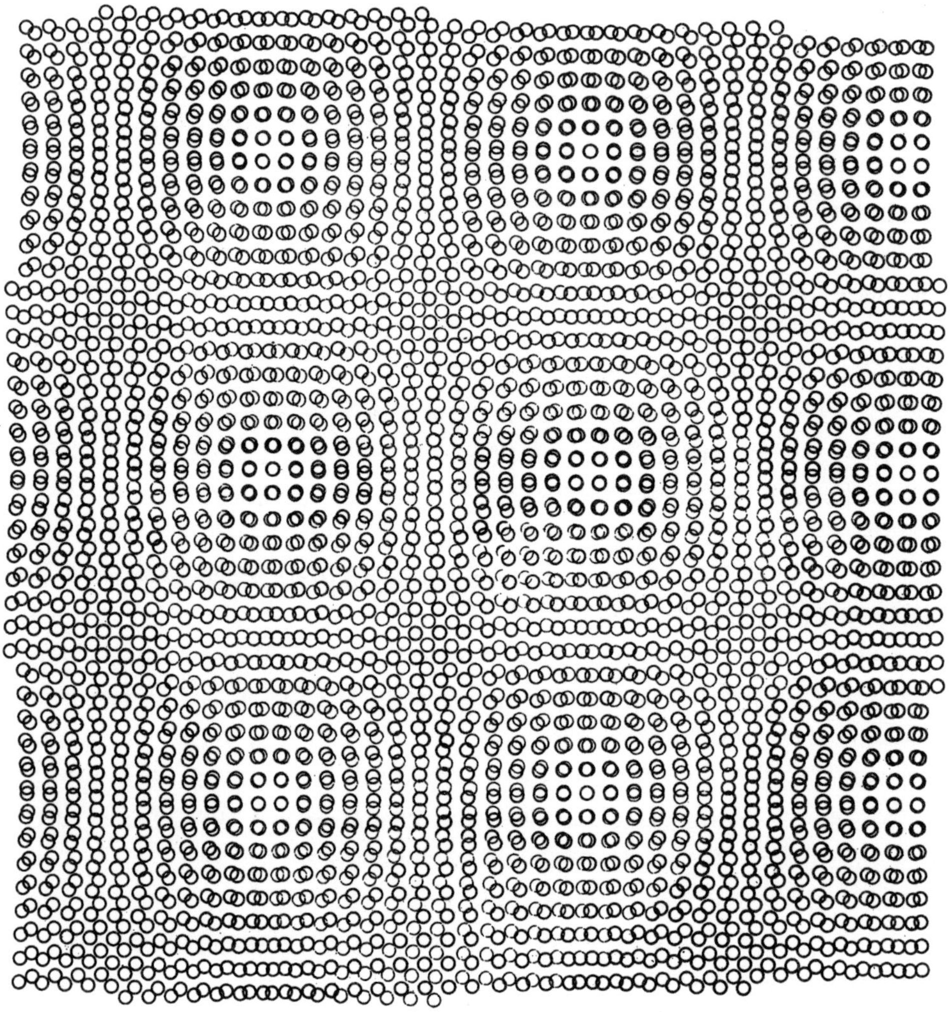

좋은 형태 II(Good Gestalt II)

쿠르트 코프카(Kurt Koffka, 1886~1941)는 형태주의를 이끈 삼두 마차 가운데 두 번째 인물이었다. 1910년 프랑크푸르트에서 코트카는 파이 현상에 관한 베르트하이머의 실험에 피험자로 참가하였고, 이 실험의 중요성을 알게 되면서 형태주의적 접근의 열렬한 옹호자가 된다. 그는 형태주의 개념들을 이용하여 발달과 사고 과정을 연구하였다. 1922년에 코프카는 〈심리학 보고서〉(*Psychological Bulletin*)라는 잡지에 「지각 —— 형태주의 이론 소개」라는 제목의 논문을 발표하여 미국 심리학자들에게 심리학의 새로운 움직임을 알렸으며, 여러 차례 미국을 방문하며 형태주의 심리학에 관해 강의하였다. 그 논문은 형태주의 심리학이 단지 지각에만 국한된 것이라는 인상을 주었으며, 그는 지각 분야에서 "왜 사물들이 우리가 보는 바와 같이 보이게 되는가?"라는 근본적인 질문을 제기했다. 그는 또한 시지각이 3차원적이며, 그런 의미에서 시지각은 망막 수용기 표면(근접 자극)의 관점이 아니라 대상의 속성(원격 자극)의 관점을 취한다고 강조했다.■

코프카의 『마음의 성장』(*The Growth of Mind*, 1924)은 형태주의 심리학의 영역을 넓히고 교육 장면에서 형태주의 심리학이 활용될 수 있도록 하였다. 이 책에서 그는 발달 문제를 원자론적으로 다루는 입장을 공격하였다. "'우정'이라든지 '적대감'과 같은 현상도 '파란색 반점'과 같은 시각 인상처럼 매우 기본적인 것이라고 볼 수는 없을까? 궁극적으로 모든 의식이 기본 요소들로 환원될 수 있다고 생각하는 심리학자들에게는 이 가능성이 매우 불합리하게 보일지라도, 모든 심리적 현상이 객관적 행동과 밀접한 관련을 맺고 있다는 점을 고려한다면 불합리하다고만은 할 수 없을 것이다." 코프카는 『형태주의 심리학의 원리들』(*Principles of Gestalt Psychology*, 1935)에서 형태주의 심리학의 목적을 매우 일반적인 관점에서 제시하고 있다. "과학은 자신의 영역에서 각기 다른 위계의 형태들을 발견하게 될 것이다. 그러나 모든 형태는 정도의 차이는 있을지라도 질서와 의미를 지니고 있으며, 한 형태에 있어서 양과 질은 서로 동일하다." 그는 미국에서 심리학이 점차 파편화되어 가는 것을 보면서 보편성을 지닌 형태주의의 원리들에 기초하여 그러한 현상을 막으려 노력했다. 그러나 형태주의적 원리들이 적용될 수 있는 영역은 매우 제한적인 것으로 드러났다. 1921년에 그는, 나중에 형태주의 심리학의 기관지 노릇을 했던 〈심리학 탐구〉(*Psychologische Forschung*)의 창간에 참여했다. 코프카는 형태주의 학파를 대변하는 책을 가장 많이 펴냈지만, 다른 동료들처럼 열렬한 생득론자는 아니었다. 지각뿐만 아니라 발달도 연구했던 경험은 코프카로 하여금 생득적 요인과 환경적 요인이 서로 수렴한다는 상호 작용주의 입장을 취하게끔 했던 것 같다.

코프카는 베를린에서 태어나 그곳에서 교육받았다. 그는 에딘버그 대학에서 철학을 배우고 칼 슈톰프(Carl Stumpf, 1848~1936)의 지도 아래 심리학을 공부했다. 그는 프랑크푸르트에서 베르트하이머, 쾰러와 함께 연구한 후 기센 대학에서 교직을 얻었다. 그는 1924년에 미국으로 옮겼으며, 1927년에 그곳 스미스 칼리지에서 심리학 교수가 되었다.

원들로 이루어진 두 패턴이 서로 겹쳐지면서 만들어진 윤곽을 따라 무언가를 골똘히 생각하는 표정의 코프카가 나타난다. 이렇게 점들로 이루어진 장에서 그의 초상화를 뽑아 내는 것은 그가 매우 관심을 가졌던 주제인, 형태의 문제와 관련된 지각적 과정이다. ☑

■ 망막에 맺히는 이미지는 2차원적이지만, 실제 대상이 존재하는 양식은 3차원적이므로, 우리의 시지각 양식이 3차원적이라 함은 곧 시지각의 양식이 대상의 존재 양식을 추구함을 의미한다.

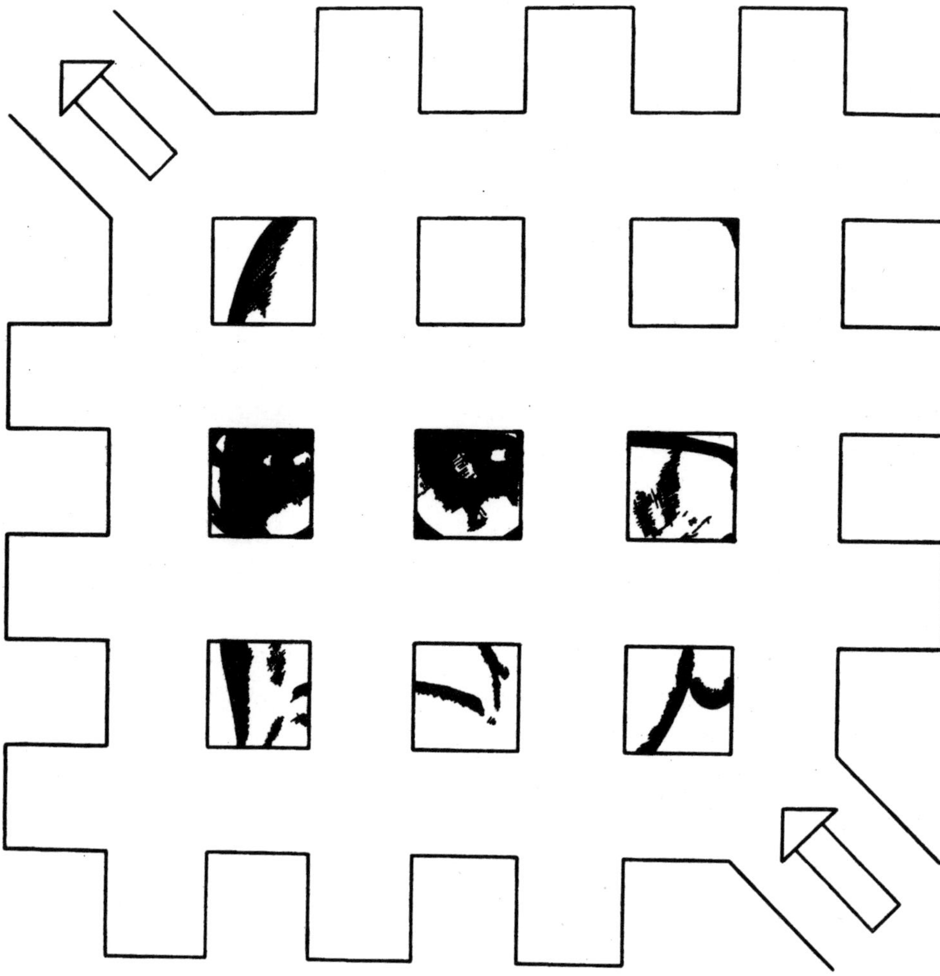

마음속에 그려진 지도

에드워드 체이스 톨만(Edward Chace Tolman, 1886~1959)은 학습 이론에 인지적 개념들을 끌어들였다. 그는 왓슨의 행동주의에 매력을 느꼈지만, 미시적인 자극-반응의 도식으로 학습에 접근하는 것에 반대하였다. 그는 또한 손다이크의 효과의 법칙도 거부하였다. "행동은 거시적 현상으로 행동의 생리적 기초를 이루는 미시적 현상과 대비된다. 거시적 현상으로서 행동의 특성은 다음과 같은 방식으로 기술될 수 있다. 행동은 목표 - 대상에 이르는 과정으로, 여러 수단적 - 대상들 중에서 다른 것들을 배제하고 어떤 한가지 수단 - 목적 방법을 택하고, 이렇게 선택된 수단적 - 대상들과 특정한 방식으로 상호 작용해 가면서 목표 - 대상에 접근해 가는 과정이다. …… 목적이니, 인지니, 똑똑함이니 하는 것들은 명백히 전체로써의 유기체가 지닌 기능들이다." 이처럼 그는 거시적인 형태주의 개념들과 엄격한 행동주의 방법론을 융합하여 『동물과 사람들의 목적적 행동』(*Purposive Behavior in Animals and Men*, 1932)에 관한 이론을 유행시켰다. 그의 이론은 맥도우걸의 목적론적 심리학과 상당히 비슷했지만, 그는 맥도우걸의 생각이 관념적이라고 비판했다. 톨만은 경험과 행동 사이에 중개 변인 개념을 도입하고 그것을 조작적으로 정의하려 하였다. 그러나 그도 역시 이론화가 진행됨에 따라 점차 관념적인 색채를 띄게 되었다. 그의 이론 체계는 "심리적 과정을 한편으로 '생리적 상태를 유발시키는 자극'과 '일반적 유전과 유기체의 과거 경험' 사이를 매개하며, 다른 한편으로 '생리적 상태를 유발시키는 자극'과 '최종 결과로 나오는 반응들' 사이를 매개하는 기능적 변인"으로 간주한다. 그는 잠재 학습(latent learning)에 관한 실험들을 기초로 '학습'(leraning)과 '수행'(performance)을 구별하였다. 강화가 전혀 주어지지 않아도 흰쥐는 이미 미로의 특징을 '학습'할 수 있었다. 그리고 "차별적인 보상이 실제로 도입되는 바로 그 순간 잠재해 있던 학습이 비로소 겉으로 드러나"게 되는데, 이것이 바로 수행이다. 톨만에게 있어서 학습이란 자극 - 반응의 연쇄를 형성하는 과정이 아니라, 게슈탈트적인 기호로 인지도(cognitive map)를 형성하는 과정이다. 인지도라는 아이디어의 상당 부분은 미로 학습 실험으로부터 나온 것이다. 톨만은 여러 개의 통로가 있는 미로를 만들었다. 이때 통로들은 목표에 이르는 거리에서 서로 동일하였고, 출구로 직접 나갈 수 있는 통로는 장애물로 막혀 있었다. 쥐들은 미로 내의 특정한 하나의 통로를 학습하는 것이 아니라, 목표에 도달하는 여러 길을 고려했다. 이것을 톨만식으로 이야기하자면, 쥐들은 수단 - 목표 기대(이 길로 가면 어떻게 되고, 저 길로 가면 어떻게 될까 하는 식의 기대)를 보여준 것이다. 그는 쥐를 대상으로 미로 학습 실험을 하고 그 실험 결과를 분석하는 것으로 심리학에서 중요시되는 연구의 대부분을 해낼 수 있다고 믿었다.

톨만은 메사추세츠의 웨스트 뉴튼에서 태어나 MIT에서 화학을 공부한 후, 하버드와 기센 대학에서 심리학을 연구했다. 그는 초기에 여크스와 코프카의 영향을 주로 받았다. 그는 캘리포니아이 버클리 대학에서 오랜 기간 연구했지만, 학교측은 그를 껄끄럽게 대했다. 이것은 한창 메카시즘이 기승을 부리던 1950년대에 톨만이 학문의 자유를 지지했기 때문이었다.

초상화의 일부만이 미로의 사각형 블록들에 나뉘어 흩어져 있어서, 톨만을 보려면 공간에 걸쳐 조각들을 다시 구성해 내야만 한다. ☑

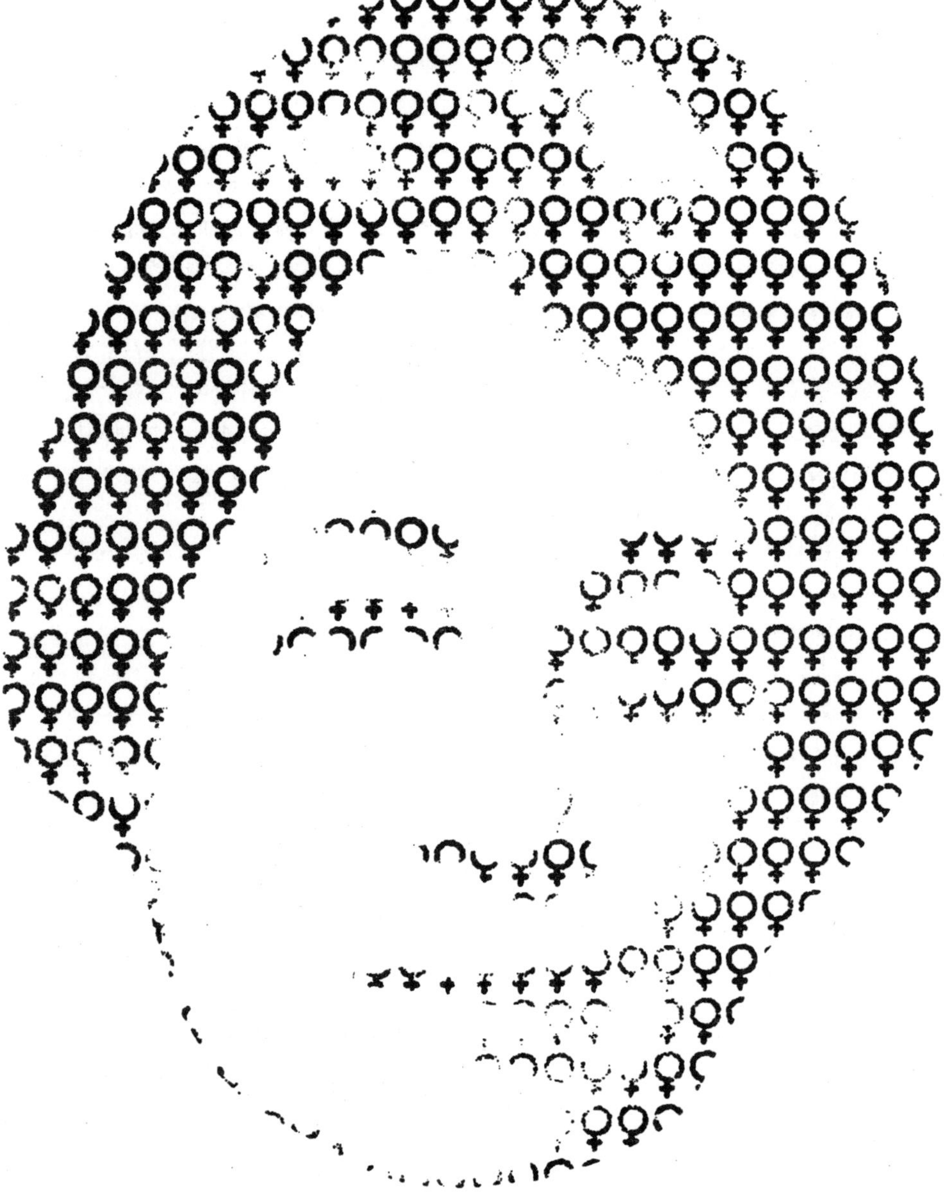

신여성

레타 스테터 홀링워드(Leta Stetter Hollingworth, 1886~1939)는 지적 능력의 성차를 둘러싼 인습을 타파하였다. 19세기 초에 사람들은, 성취도와 저명함에서의 남녀간 차이가 생물학적 차이에서 비롯되며, 남자들 사이의 개인차가 여성들 사이의 개인차보다 훨씬 크다고 생각했다. 남자들에게 가해지는 진화적 압력은 변화와 진보를 지향하지만, 여성들에게 가해지는 압력은 물리적으로나 정신적으로 보수를 지향한다고 생각되었기 때문이다. 이에 대한 증거는 비정상인들의 집단이나 학식 있는 사람들의 집단에서나 남자가 더 많은 비율을 차지한다는 것이었다. 물론 성차에 대한 이러한 통계적 결론은 성차를 지지하는 구체적 증거가 없이 도출되어진 것들이었다. 홀링워드는 이 가설을 검증하기 위한 실험을 하였고, 그 가설에 문제점들이 많다는 것을 발견하였다. 그녀에 따르면 소년들의 수행은 소녀들과 다르지 않았다. 그녀는 성취에서의 차이를 생물학적으로보다는 사회학적으로 설명하였다. 왜냐하면 대다수의 여성들이 수행하는 과제는 사회적 출세와는 무관한 것이었기 때문이다. "어떤 사람도 미국에서 가장 훌륭한 주부가 누구인지는 모른다. 저명한 주부는 존재하지도 않고 존재할 수도 없다. 우리가 성취에서의 성차의 모든 문제를 논의하려 한다면, 우선 우리는 명백히 드러난 남녀의 기본적 조건에서의 차이를 고려해야만 한다. 그렇지 않다면 우리의 논의는 과학적으로 무익하다." 더 최근에는 언어 지능을 측정한 결과 소녀들이 더 우수하다는 것을 발견했다. 또한 홀링워드는 다른 광범위하게 믿어지고 있는 미신들이 오류임을 보여주었다. 예를 들면, "기능적 주기성"(functional periodicity)이라는 주장이 있었다. 다시 말해서, 여성들은 월경 기간 동안 심리학적인 수행이 저하된다고 여겨졌지만, 그녀는 자신의 연구에서 그런 관계를 발견하지 못했다.

홀링워드는 평균 이하의 아동과 재능 있는 아동 모두를 연구하여 개인차에 대한 관심을 발전시켜 나갔다. 그녀는 우리가 보통 이하의 재능을 가진 아동에게 특별한 관심을 기울이듯 재능 있는 아동들에게도 마찬가지로 관심을 기울여야 한다고 계몽했다. "우리는 동료들의 독특함에 대해 짜증내서는 안 되며, 그들이 지닌 다양성을 잘 가꾸어서 그 다양성으로 인해 우리의 인생이 가치 있게 되도록 해야 한다. 경제적이고 편리하다는 이유로 모든 아동들에게 똑같은 것을 동일한 방식으로 억지로 가르치려 들지 말고, 사회적으로 가치가 있는 측면에서 개인의 독특성을 잘 키워 나가야 한다. 그러면 사람을 만나는 일이 한층 더 신날 것이다." 재능 있는 아동들을 대상으로 한 종단적 연구■에서 홀링워드는 그 아동들이 부딪히게 되는 문제들을 지적하고, 그리고 그 문제들을 어떻게 개선할 수 있는지를 지적한다. 그녀가 쓴 『청년 심리학』(*Psychology of Adolescence*, 1928)은 홀의 책을 대신하여 교과서로 널리 사용되었다.

홀링워드는 네브라스카의 챠드론 근처에서 태어났으며, 콜롬비아 티처스 칼리지의 손다이크 아래에서 심리학 박사 학위를 받았다. 손다이크는 그녀의 연구를 후원하긴 했지만, 그 연구의 결론을 탐탁지 않게 여겼다고 한다. 그녀는 콜롬비아에서 자신의 대부분의 경력을 쌓았다. 그녀는 자신이 여성 운동을 지지하는 새로운 장을 열고 있다고 깨닫고 있었고, 여성 운동의 문제를 직시하고 있었다. "신여성의 핵심적 사실은, 남자들이 그러하듯 여자들도 서로 다르다는 것이다. 일이나, 놀이, 덕, 열망, 얻는 보수에서 여자들은 서로 다르다. 그들은 아무런 차이가 없는 여성(woman)이 아니라 서로 다른 차이를 지닌 여성들(women)인 것이다." 홀링워드의 초상화는 여자를 상징하는 기호들로 구성되어 있다. ☑

■ 종단적 접근이란, 일정한 수의 아동들을 연령의 증가에 따라 관찰하고 그 결과를 연령의 함수로 나타내는 것이다.

'schema'. It is at once too definite and too sketchy. The word is already widely used in controversial psychological writing to refer generally to any rather vaguely outlined theory. It suggests some persistent, but fragmentary, 'form of arrangement', and it does not indicate what is very essential to the whole notion, that the organised mass results of past changes of position and posture are actively *doing* something all the time; are, so to speak, carried along with us, complete, though developing, from moment to moment. Yet it is certainly very difficult to think of any better single descriptive word to cover the facts involved. It would probably be best to speak of 'active, developing patterns'; but the word 'pattern', too, being now very widely and variously employed, has its own difficulties; and it, like 'schema', suggests a greater articulation of detail than is normally found. I think probably the term 'organised setting' approximates most closely and clearly to the notion required. I shall, however, continue to use the term 'schema' when it seems best to do so, but I will attempt to define its application more narrowly.

'Schema' refers to an active organisation of past reactions, or of past experiences, which must always be supposed to be operating in any well-adapted organic response. That is, whenever there is any order or regularity of behaviour, a particular response is possible only because it is related to other similar responses which have been serially organised, yet which operate, not simply as individual members coming one after another, but as a unitary mass. Determination by schemata is the most fundamental of all the ways in which we can be influenced by reactions and experiences which occurred some time in the past. All incoming impulses of a certain kind, or mode, go together to build up an active, organised setting: visual, auditory, various types of cutaneous impulses and the like, at a relatively low level; all the experiences connected by a common interest: in sport, in literature, history, art, science, philosophy and so on, on a higher level. There is not the slightest reason, however, to suppose that each set of incoming impulses, each new group of experiences persists as an isolated member of some passive patchwork. They have to be regarded as constituents of living, momentary settings belonging to the organism, or to whatever parts of the organism are concerned in making a response of a given kind, and not as a number of individual events somehow strung together and stored within the organism.

도식(Schema)

프레데릭 찰스 바틀렛(Frederic Charles Bartlett, 1886~1969)은 인지적인 관점에서 기억을 연구하였다. 그는 에빙하우스(Ebbinghaus)가 사용했던 무의미 철자 대신에 의미 있는 이야기나 그림을 사람들에게 보여주고 어떻게 기억하고 회상하는지를 관찰했다. 그는 피험자들이 이야기를 듣고 나서 고정된 시간 간격을 두고 회상하는, 순차적 회상이란 방법을 개발하였다. 그는 낯선 자료를 주면, 피험자들이 자신의 과거 경험에 따라 선택적으로 회상한다는 것을 발견했다. 그는 이것을 "의미를 추구하는 노력"이라고 말했으며, 의미적으로 체제화하려는 이러한 기억의 성질을 반영하려는 의도에서 '도식'(schema)란 개념을 사용했다(그의 초상화를 담은 텍스트에서도 이 단어가 보인다). 그의 기억 연구는 『회상 —— 실험 심리와 사회 심리의 연구』(*Remembering : A Study in Experimental and Social Psychology*, 1932)에서 찾아볼 수 있다. 그는 "기억해 낸다는 것은 수많은 고정되어 있고 생명이 없는 단편적인 흔적들을 다시 자극해 내는 것이 아니라, 풍부한 상상력으로 가능해지는 구성, 즉 재구성이며, 활성화된 전체 덩어리로서의 과거 경험을 지향하는 우리의 태도 관계로부터 구축된다"고 결론지었다. 신경학자인 헨리 헤드(Henry Head, 1861~1940)는 실어증 환자를 대상으로 한 일련의 연구에서 도식 개념을 과거 경험의 불안정한 내적 표상을 일컫는 것이라고 소개한 바 있다. 바틀렛은 연합주의 기억 모형을 거부하였다. 그의 인지 이론은 분자적 행동주의자와 거시적 형태주의자들 사이에서 중도를 걸었다. 그는 행동주의를 대체하게 된 인지 혁명의 선구자이기도 하다. 물론 미국에서 그의 연구는 1950년대까지 소홀히 다루어졌다. 바틀렛은 지각과 사고가 숙련된 활동이라고 가정하고 분석하였다. 그는 대부분의 인지 기능을 실제 세계에서의 과제들과 연관지었으며, 실험 심리학과 응용 심리학을 거의 구별하시 않았다. "우리가 약간의 실제 사례를 관찰해 보면, 숙련된 수행의 필수 조건이 무엇인지가 훨씬 더 명백해진다. 퀵 볼 게임 선수, 수술 중인 외과 의사, 임상 결정을 내려야 하는 순간에 처한 내과 의사, 이들 모든 사례에서, 그리고 또 다른 수많은 사례들에서, 수행자의 외부에서 끊임없이 신호의 흐름이 일어나고 있으며, 수행자는 그러한 신호를 해석하여 어떤 활동으로 반응한다. …… 시종일관 그 신호와 반응들은 단순한 흐름이 아니라 체계적인 계열을 이루며 나온다."

바틀렛은 글로우스터셔의 스토우온더울드에서 태어났다. 그는 런던 대학에서 학위를 획득했고, 그후 케임브리지에서도 학위를 받았다. 그는 1931년 케임브리지에서 최초의 실험 심리학 교수가 되었다. 그는 처음에는 주로 심리 철학자인 제임스 워드(James Ward, 1843~1925)와 인류학자인 윌리암 홀스 리버스(William Halse Rivers, 1864~1922)의 영향을 받았는데, 그들은 함께 모여 1904년에 〈영국 심리학지〉(*British Journal of Psychology*)를 창간하였다. 바틀렛은 1924년부터 1948년까지 그 학술지의 편집인으로 있었다. 바틀렛이 영국 심리학에 미친 영향은 막대했다. 그는 영국의 심리학계를 인지적인 방향으로 흐르도록 했고, 뒤늦게 생겨난 영국 심리학을 주노한 학자들을 많이 길러 냈다. 심리학과가 영국의 대학에 이토록 늦게 생겨난 것은 영국의 교육 기관이 워낙 보수적이었기 때문이다. ☑

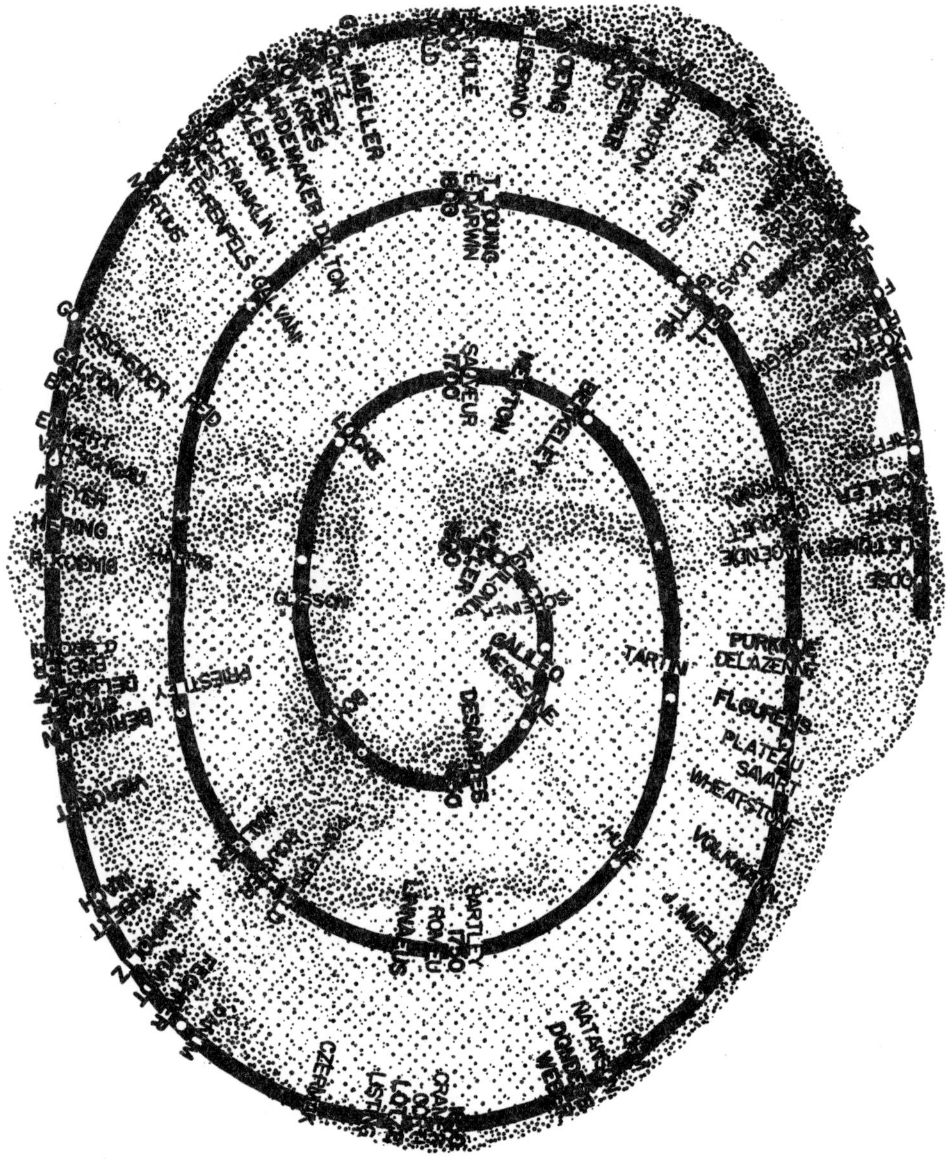
DESCARTES
GALILEO
LOCKE
GLISSON
PRIESTLEY
NEWTON
BERKELEY
T. YOUNG
E. DARWIN
DALTON
GALTON
HERING
FLOURENS
PLATEAU
SAVART
BARTLEY
LINNAEUS
FRANKLIN
MUELLER

심리학의 역사가

에드윈 게리그스 보링(Edwin Garrigues Boring, 1886~1968)은 심리학의 역사, 특히 지각 심리학의 역사를 도표로 기록하였다. 티치너 덕분에 역사에 관심을 갖게 된 보링은 『실험 심리학의 역사』(*History of Experimental Psychology*, 1929)를 써 티치너에게 헌정했다. "내가 항상 생각한 것은, 실험 심리학자는 자신의 전문 분야의 역사를 세세히 알고 있어야 한다는 것이다. 그런 지식이 없이는 그는 왜곡된 견지에서 현재를 바라보게 될 수도 있으며, 오래된 견해를 새로운 것으로 오해하게 될 수도 있고, 나아가 새로운 추세라든지 새로운 방법의 의미를 평가할 수 없게 될 수도 있다. 이 문제에 관한한, 나의 신념은 아무리 강조해도 지나치지 않을 만큼 매우 강하다." 감상에 가득 찬 이 표현은, 단순한 실험자(experimenter)로부터 학자(scholar)를 구별시키는 것은 바로 역사에 대한 예지라는 티치너의 신념을 강하게 반영하고 있다. 그는 티치너의 주장, 즉, 심리학이 응용 또는 이상 행동과 관련 있는 것이 아니라는 주장을 받아들여 이 주제들을 심리학사에서 제대로 다루지 않았다. 보링은 1950년에 『실험 심리학의 역사』의 개정판을 내고, 이 책의 지향점을 더욱 분명히 했다. "나는 역사의 역동성을 알고 싶었다. 과학이 어떻게 출현했는지를 아는 데 그치지 않고 왜 과학이 나타났는지도 알고 싶었다. 그리고 과학의 진보에서 시대 정신(Zeitgeist)의 역할은 무엇이며 위대한 인물의 역할은 무엇인지에 관해 이야기하고 싶었다. 그리고 사고의 출현과 발달에서 이들 두 측면, 즉 시대 정신과 위대한 인물은 상호 배타적인 관계가 아니라 모든 역사적 진보의 흐름에서 항상 동전의 양면처럼 상호 작용해 왔다는 것을 보여주고 싶었다." 보링의 다른 주저, 『실험 심리학의 역사에서 감각과 지각』(*Sensation and Perception in the History of Experimental Psychology*, 1942)은 헬름홀츠에게 헌정되었다. 감각과 지각은 보링이 가장 적극적으로 실험했던 분야이다. 그는 청각이나 촉각, 내장 감각, 달 착시라든지 또는 크기 항등성 등과 관련된 정신 물리학 법칙의 성질을 연구했다. 그러나 가장 주목받은 그의 책들은 역시 역사적, 이론적, 논설적인 저작들이었다.

보링은 필라델피아에서 태어났으며, 코넬 대학에서 심리학과 공학 교육을 받았고, 그곳에서 티치너의 매력에 끌려들었다. 1차 대전 동안, 그는 군대에서 여크스와 함께 일했고, 그들은 그곳에서 징병된 군인들의 정신 검사 결과에 대한 최종 보고서를 함께 썼다. 그때의 경험으로 그는 통계와 확률 이론에도 관심을 가지게 되었다. 전쟁 후에 그는 클라크 대학에서 학생들을 가르쳤다. 1922년에 그는 하버드 대학의 심리학 교수가 되었고, 그곳에서 여생을 마쳤다. 그는 1928년에 미국 심리학회 회장이 되었으며, 48년 동안 〈미국 심리학지〉(*American Journal of Psychology*)의 편집을 맡았다. 그는 심리학 관련 서적을 리뷰하는 학술지인 『현대 심리학』을 1956년에 창간했으며, 처음 5년 동안 편집을 맡았다.

보링의 초상화가 나선형의 역사 도표로 그려져 있다. 나선의 곳곳에 심리학의 거장들이 자리잡고 있다. 이 그림은 원래 『심리학의 역사에서 감각과 지각』의 책 겉장에 그려져 있었던 것이다. 모든 훌륭한 역사가들이 그렇듯, 보링 역시 자신이 생각하는 역사를 좀처럼 남에게 강요하지 않았지만, 그럼에도 불구하고 어딘 가나 그의 존재는 뚜렷이 드러난다. ☑

좋은 형태 III(Good Gestalt III)

볼프강 쾰러(Wolfgang Köhler, 1887~1967)는 지각 수준과 지각의 바탕을 이루는 신경 심리 수준 모두에서 작용하는 '장력'(field forces)이라는 개념을 도입하였다. "일반적으로 요즘 대부분의 사람들은 심리적인 사실들이 생물학적 수준에서 대응물을 갖는다는 것을 인정하고 있다. 이들 생물학적 대응물은 소위 정신-물리 과정이라 불리는 것으로, 중추 신경계 내에서 벌어지는 사건들이다. 예를 들어, 특정 시각장은 후두엽에서의 모종의 처리 분포에 의해 생물학적으로 표상된다." 더욱이, 뇌과정은 지각 표상과 동형적인(isomorphic, 동일한 형태를 갖는) 것으로 여겨지며, 덕분에 여러 가지 지각 현상들로부터 뇌의 기능을 간접적으로 추론할 수 있게 된다. 그는 주로 그림 잔상 효과에 대한 실험들과 지각 집단화 원리들에 기초하여 사변적 신경 심리학을 계속 발전시켜 갔다. 형태주의 심리학의 사망 시간을 앞당긴 것은 무엇보다도 이러한 쾰러의 사변적 측면이라 말하기도 한다. 뇌의 전기적 활동이 장과 관련 있다는 증거를 발견하지 못했던 신경 심리학자들은, 그러한 결과를 쾰러 개인에 독특한 신경-연역적인 시도의 실패로 돌리는 데 그치지 않고 형태주의 이론 자체를 폐기 처분하기에 이르렀다. 그러나 형태주의 심리학의 핵심에 놓여 있는 확고한 시각 현상은 여전히 풀리지 않는 수수께끼로 남아 있다.

쾰러는 에스토니아의 레벨에서 태어나, 튀빙엔 대학과 본 대학에서 학생 시절을 보냈다. 그후 베를린의 슈툼프 아래에서 심리학 박사 학위를 받았고, 그곳에서 코프카를 만났다. 그가 프랑크푸르트에 도착한 것은 1910년이었는데, 그때는 베르트하이머가 파이 현상에 관한 실험을 하기 얼마 전이었다. 그곳에서 쾰러는 코프카와 함께 베르트하이머의 실험에 참가하였다. 1913년부터 1920년 사이에 그는 테네라이프 섬에서 병아리와 침팬지의 행동을 연구했다. 그는 문제 해결 연구에 형태주의 개념들을 적용하여, 『원숭이의 지성』(*The Mentality of Apes*)이란 꽤 영향력 있는 책을 썼다. 그는 동물들이 학습하는 것은 자극과 반응 사이의 관계가 아니라 사건들 사이의 관계이며, 동물들도 통찰을 통해 문제를 해결할 수 있다고 주장하였다. 그는 침팬지가 손이 닿지 않는 곳에 놓인 음식을 먹기 위해 나무 상자를 도구로 사용하는 것을 관찰하고, 이 결과를 동물들이 통찰 능력이 있다는 근거로 삼았다. "동물을 대상으로 검사한 결과, 가장 놀라운 현상은 완벽하고 정확한 해결책이 '갑자기' 떠오른다는 것이다." 쾰러는 테네라이프에서 돌아온 후 다시 지각 연구를 시작해, 비누 거품이나 자기 작용 등과 같은 물리적 장 처리와 지각 현상을 더욱 확고하게 연결 지으려 하였다. 그는 물리적 형태(Gestalten)에 관해 저술했던 책 덕분에 1922년 베를린 대학의 심리학 과장에 임명되었다. 1935년에 그는 베를린 대학을 떠나 스와스모어 칼리지로 옮겼다. 그는 그곳에서 『심리학 탐구』(*Psychologische Froschung*)의 편집을 맡아보았으며, 다른 한편으로 매우 왕성한 실험 활동을 하였다. 그가 스와스모어 칼리지에서 실시한 실험들은 지각, 특히 형태 잔상 효과에 관한 것이었다. 형태주의 삼총사 중에서 가장 젊었던 쾰러는, 그들 가운데 미국 생활에 가장 성공적으로 적응하였다. 그는 1959년에 미국 심리학회 회장이 되었다.

쾰러의 초상화 역시 앞서 소개된 동료들의 초상화와 동일한 모티브로 구성되었지만, 이번에는 얼굴의 윤곽을 터진 원들이 이뤄 내는 '장'으로 처리하였다. ☑

	16	17	18	19	20	21	22	23	24	25	26	27	28	29	30
1...	[illegible]	-089	-155	-121	-050	-099	-135	-245	-071	151	-005	-030	-073	136	-043
2...	[illegible]	-047	[illegible]	-121	-043	-018	-176	-153	-031	159	084	010	026	067	024
3...	[illegible]	004	[illegible]	072	-124	-022	-078	-201	037	156	024	-117	-131	224	-082
4...	-066	-060	[illegible]	-084	-158	016	021	013	-103	070	026	-083	081	083	-146
5...	-060	-025	[illegible]	-015	005	-031	002	-032	088	023	058	-101	-087	032	013
6...	-035	-034	-065	-044	027	-103	-015	-043	-028	-029	112	046	142	040	098
7...	-184	097	-120	-091	-136	-144	-066	-182	036	212	-006	-103	032	083	-073
8...	-047	-104	-017	078	-109	078	047	-083	-092	055	108	-130	079	021	019
9...	003	035	051	-033	-087	088	-096	-107	009	153	-142	094	-051	061	-099
10...	-074	003	-025	002	019	117	-028	-126	-037	139	072	-067	088	090	-097
11...	-072	003	020	011	003	159	-040	-062	119	029	096	073	-132	094	-005
12...	[illegible]	-025	119	-010	027	-060	-015	070	-060	001	033	031	012	-107	-094
13...	013	069	-195	-002	-114	-097	009	-065	-022	212	035	-130	096	150	-104
14...	206	-018	-077	007	-018	-117	008	-072	-066	195	100	-084	046	108	-010
15...	105	-081	146	-094	-088	-048	053	-055	-013	-050	-061	040	129	140	-102
16...		-318	-015	-068	177	-131	-012	008	-170	-114	-060	045	-009	000	086
17...	-318		-018	174	005	043	115	-116	061	-003	217	-046	-006	007	-118
18...	-015	-018		407	-058	125	-014	062	031	-102	037	049	056	-045	038
19...	-068	174	407		051	082	032	[illegible]	195	-083	190	-005	-039	057	040
20...	177	005	-058	051		-048	026	-076	[illegible]	-145	005	-091	-088	-062	090
21...	-131	043	125	082	-048		[illegible]	098	[illegible]	-009	023	-041	-087	072	-018
22...	-012	115	-014	032	016	[illegible]		[illegible]	[illegible]	-042	183	047	-084	044	030
23...	-008	-116	062	000	-076	098	090		[illegible]	-193	-042	071	-134	-159	153
24...	-170	061	051	195	108	091	166	-041		030	060	-028	013	-053	050
25...	-114	-003	-102	-085	-145	009	043	-197	019		-096	-126	-075	066	-068
26...	-060	217	037	190	005	023	183	-042	060	-096		-147	015	169	-144
27...	045	-046	049	-005	-091	-041	047	071	-028	-126	-147		-122	-304	314
28...	-009	-006	056	-039	-088	-087	-084	-134	013	-075	015	-122		124	-187
29...	000	007	-045	037	-062	072	044	-159	-053	066	169	-304	124		-353
30...	086	-117	038	040	090	-018	030	153	050	-068	-144	314	-187	-353	
31...	-135	003	087	-047	-036	056	-103	035	-020	001	-067	211	-130	-123	139
32...	115	-005	174	049	-071	080	185	063	016	-031	022	114	-129	-092	150
33...	-024	-119	040	-032	075	043	-077	056	-126	022	-091	148	-069	067	144
34...	-013	-011	026	-099	106	-037	131	068	121	[illegible]	-044	096	-005	[illegible]	[illegible]
35...	077	-071	-110	-072	-050	-046	-029	015	-070	[illegible]	040	069	025	[illegible]	061
36...	-025	010	005	032	-015	-071	-014	-060	-187	025	-010	032	-036	[illegible]	082
37...	091	-034	152	-024	239	061	[illegible]	[illegible]	[illegible]	-105	-248	200	-010	[illegible]	184
38...	135	-095	098	-045	134	010	142	217	[illegible]	[illegible]	227	351	-179	-221	[illegible]
39...	-082	019	074	054	055	029	144	131	050	-101	114	071	[illegible]	-088	[illegible]
40...	-067	162	-037	022	-080	002	252	-020	133	-059	273	099	[illegible]	[illegible]	145
41...	100	-071	-057	-164	051	-008	-154	-164	-099	135	-011	-067	[illegible]	-012	131
42...	018	-120	039	-003	013	096	059	271	104	-060	-192	189	[illegible]	[illegible]	[illegible]
43...	-077	-036	068	-024	-139	106	-186	161	-085	037	-062	009	[illegible]	[illegible]	[illegible]
44...	-046	-125	-055	-095	-275	026	-103	033	-027	000	-103	-013	[illegible]	[illegible]	[illegible]
45...	006	161	002	135	-047	[illegible]	-087	-150	-099	201	181	-120	001	[illegible]	[illegible]
46...	-036	035	-049	040	-175	[illegible]	[illegible]	[illegible]	-002	183	197	-186	051	057	[illegible]
47...	-252	217	117	038	043	[illegible]	[illegible]	071	082	075	040	091	-112	-030	018
48...	-124	169	-019	-036	-021	[illegible]	[illegible]	-028	-091	-028	-040	106	-011	073	060
49...	-015	065	030	072	015	132	-156	-150	-036	115	011	-139	139	110	053
50...	-178	267	112	037	076	-004	014	-135	-041	065	128	-034	-044	052	047
51...	-086	245	009	018	021	061	-041	-077	-094	109	022	120	-025	043	-006
52...	-049	-003	047	[illegible]	[illegible]	017	171	282	182	-195	-118	069	-100	-045	172
53...	-020	104	091	[illegible]	[illegible]	157	-030	072	075	011	006	033	-129	044	-074
54...	-044	053	-064	[illegible]	[illegible]	114	-094	-005	182	-051	-062	-028	006	070	056
55...	-046	125	024	[illegible]	[illegible]	112	-098	052	094	063	-063	-007	-125	025	-002
56...	122	014	-061	[illegible]	[illegible]	-007	028	049	125	-111	-013	-036	027	-005	048
57...	-094	061	[illegible]	[illegible]	[illegible]	-112	000	018	-042	-024	-036	064	-200	[illegible]	030
58...	043	-082	[illegible]	[illegible]	029	-013	052	171	069	-151	-065	-064	-116	066	103
59...	-212	[illegible]	[illegible]	[illegible]	[illegible]	054	-037	000	069	016	039	146	-087	-053	172
60...	174	-025	[illegible]	-099	171	-097	-152	-204	-136	144	135	-134	146	192	-143

심리 측정가

루이스 레온 서스톤(Louis Leon Thurstone, 1887~1955)은 지능에서부터 태도에 이르기까지 여러 가지 주관적인 상태를 측정하였고, 중다 요인 분석(multiple factor analysis) 방법을 발전시켰다. 그의 연구의 출발점은 정신 물리학이었다. 그는 광범위한 심리 현상을 검사하는 데 정신 물리학을 적용하였다. "모든 정신 물리학적 판단은 주로 네 가지 조건으로 나뉘어질 수 있다. 즉, 두 자극의 상대적 크기 차이를 판단하기, 두 자극을 변별하기, 표준 자극을 탐지하는 과정의 산포도 혹은 변산성, 그리고 자극의 변화 정도를 탐지하는 과정의 산포도 혹은 변산성 등으로 나뉠 수 있다." 그는 이를 기초로 계량적 사회 심리학 연구의 신기원을 이룩한 태도 척도를 처음으로 만들었다. 태도 척도는 판단자들이 내놓은 평정치들로부터 만들어지며, 이때 각 개인의 태도는 그들이 동의한 태도 진술문이 지닌 서열 척도상의 중간값으로 결정할 수 있다. 그가 쓴 책 『태도 측정』(*The Measurement of Attitude*)은 1929년에 출간됐다. 가치 측정에도 유사한 접근 방법을 취하였다. "인간의 가치는 근본적으로 주관적인 것이다. 인간의 가치가 지닌 강도와 크기는 확실히 물리적 측정치로는 적절히 나타낼 수 없다. 처음에 우리가 직면한 문제는 주관적 도량형을 마련하는 것이었다. 이것은 현대 정신 물리학의 중심 주제로, 그 동안 사회 가치, 도덕 가치, 미학적 가치를 측정하기 위해 숱한 시도가 이루어져 왔다. 경제학에서 효용을 측정한다고 할 때도 마찬가지로 동일한 문제에 부딪히게 된다. 주관적 도량형을 마련하기 위해서는 주관적 측정 단위가 필요하나.…… 진정한 주관적 도량형이 갖추어야 할 주요 필요 조건들 중의 하나는 그것이 모든 물리적 측정과 완전히 독립적이어야만 한다는 것이다." 그는 지능 분야에서 스피어만의 일반 요인과 손다이크의 중다적인 특수 능력 사이의 갈등을 해소하기 위해, 새로운 요인 분석 기법을 고안하였다. 서스톤은 심성 능력을 요인 분석해 보면, 언어 이해, 단어 유창성, 숫자 능력, 기억력, 시각화 혹은 공간 사고 능력, 지각적 속도, 귀납 추리력, 판단 속도 등의 1차 심성 기능들로 나눌 수 있다고 제안하였다. 이것은 손다이크의 입장을 지지하는 것처럼 보이지만, 스피어만이 예언한 대로 여전히 요인들은 서로 밀접히 상관되어 있었다. 결국, 서스톤은 두 극단적 입장들 사이에서 타협점을 취했던 것이다.

서스톤은 시카고에서 태어나, 코넬에서 공학을 공부했다. 그후 그는 시카고 대학에서 심리학 박사 학위를 받고, 카네기 공대로 옮겨 그곳에서 응용 심리학을 연구했다. 그리고 시카고로 돌아오기 전, 정부에서 교육 심리학을 연구했다. 그는 시카고로 돌아와 심리 측정 실험실을 세웠다. 그는 1952년에 노스 캐롤라이나 대학의 실험실로 옮겼다. 그는 다른 사람들과 함께 〈심리 측정〉(*Psychometrika*)이란 학술 잡지를 창간했으며, 심리 측정학회의 초대 회장을 지냈고, 1932년에 미국 심리학회의 회장으로 선출되었다.

서스톤의 얼굴을 가리고 있는 표는 여러 지각 검사들 사이의 상관 점수를 기록한 것이다. ☑

국화와 칼

루스 필턴 베네딕트(Ruth Fulton Benedict, 1887~1948)는, 문화(culture)란 사람의 성격(personality)을 과장해서 표현한 것이라고 보았다. 그녀에 따르면, 문화는 개인 성격의 특정한 측면만을 취하고 나머지 측면들은 버린다. 그 결과, 행동의 특징들은 그것이 정상적인 것이든 비정상적인 것이든 상관없이 개인에서보다 문화에서 더욱 극단적인 모습으로 표현될 수 있다. 문화 인류학은 인간의 행동을 사회적인 맥락에서 보려 하였다(이러한 시도는 모두 실제로 인류학자 자신들의 기반인 문화의 중요성을 스스로 줄이려는 작업에 다름 아니다). 이러한 경향은 개인만을 따로 놓고 분석하는 것이 지닌 문제점과 자신이 속한 문화에 대해서만 관심을 가지는 편견을 견제하는 역할을 하였다. "우리는 흔히 자신의 내부에서 일어나는 뇌의 작용만이 독특한 연구 가치가 있다고 느끼는 대신, 관습(custom)은 일종의 사고 방식으로 가장 보편적인 형태의 행동에 지나지 않을 뿐이라고 생각한다. 그러나 사실은 전혀 다르다. 전통적인 관습이라 일컬어지는 것은 세세한 행동들의 묶음이다. 그런데 전세계적인 관점에서 보면, 이 행동들은 한 개인이 개별적인 행위를 통해서 드러낼 수 있는 그 어떤 것보다도 극단적인 형태를 취하는 놀라운 행동들이다." 처음에 그녀는 북미 인디언들의 '수호자 영혼'(guardian spirit)이란 개념을 연구하여 미국 민속 연구의 권위자가 되었다. 그녀는 『문화의 패턴들』(*Patterns of Culture,* 1935)에서 사회 성원들의 행동을 규정하는 사회의 구성적 기능에 관한 문제를 다루었다. "대다수의 사람들은 어떠한 사회에 태어나게 되면, 그 사회가 지닌 제도가 얼마나 독특하든지 상관없이, …… 그 사회가 규정한 행동들을 받아들이게 된다. 이러한 사실에 대해, 그 문화를 전파하는 옹호자들은 자신들의 제도가 궁극적으로 옳고 보편적인 정신을 반영하고 있기 때문에 모든 사람들이 그렇게 사회가 규정한 행동을 따르는 것이라고 해석한다. 그러나 실제 이유는 상당히 다르다. 대부분의 사람들이 그 문화가 규정한 바를 따라 행동하는 것은 사람들의 타고난 유연함 때문이다. 사람들은 그들이 태어난 사회가 지닌 틀에 쉽게 길들여진다." 그녀는 많은 특정 집단들의 독특한 특징들을 연구하면서, 집단 사이의 차이를 이해하려는 태도와 그것들을 못마땅히 여기는 태도를 의식적으로 매우 예리하게 구분하려 했다. 『인종과 인종 차별주의』(*Race and Racism,* 1942)에서 그녀는 사회적 집단이란 맥락에서 '차별'과 '차이'를 분명하게 구분했다. "인종을 인정한다는 것은 인종 차별을 인정하는 것을 의미하지 않는다. 인종은 매우 조심스럽게 다루어야 할 과학 연구의 대상이다. 인종 차별은 어떤 한 인간 집단이 다른 집단에 비해 생물학적으로 근본적으로 우월하다고 생각하는, 과학적으로 증명되지 않은 가정일 뿐이다."

베네딕트는 뉴욕에서 태어나, 바사에서 문학을 공부하고 늦게서야 인류학을 공부하기 시작했다. 그녀는 1923년 콜롬비아 대학에서 당시 기능주의적 입장의 인류학자, 프란츠 보아스(Franz Boas, 1858~1942)의 지도 아래 박사 학위를 받았다. 그녀는 나중에 문학이라든지 행위 예술, 시각 예술과 같은 문화의 파생물을 연구하기도 했다. 이 연구는 2차 대전 후의 일본 사회에 적용되었고, 그 결과로 『국화와 칼』(*Chrysanthemum and Sword,* 1946)이란 책을 발표하게 되었다. 국화 한 송이와 칼 한 자루를 디자인한 그림 속에 베네딕트가 있다. 국화라는 모티브는 또한 떠오르는 태양이 발산하는 빛을 상징적으로 나타내고 있다. ☑

'유의미'한 인물

로날드 알리머 피셔(Ronald Aylmer Fisher, 1890~1962)는 수많은 통계적인 절차를 개발했으며, 이러한 것들은 실험 심리학자들에게 필수 불가결한 도구가 되었다. 통계학에서 흔히 만나게 되는 많은 개념들, 예를 들면, 자유도, 라틴 스퀘어(Latin square), 무선화, 영가설 등은 모두 피셔가 만든 것들이다. 피셔는 요인들 사이의 상호 작용을 알아보려면 여러 변인들을 동시에 포함하는 실험을 설계해야 하며, 자신이 개발한 변량 분석법을 통해 요인들의 상호 작용을 탐지할 수 있다고 주장하였다. "우리가 매우 자주 접하게 되는 어떤 데이터는 상관표 방법과 매우 유사한 방법으로 처리할 수 있지만, 변량 분석법을 사용하면 더 유용하게 그리고 더 정확하게 처리할 수 있다. 변량 분석은 하나의 원인에서 비롯된 변량을 다른 원인들에서 비롯된 변량으로부터 분리해 준다." 이 절차는 실험 분야에 새로운 지평을 연 것으로, 이 절차로 인해 이전에는 불가능해 보였던 방식으로 실험을 설계하여 분석할 수 있게 되었다. 자신과 신랄한 논쟁을 벌이기도 했던 피어슨처럼, 피셔 역시 다윈의 진화 이론에 통계적인 절차를 적용하는 데 관심이 많았다. 그러나 피어슨과는 달리 그는 통계적인 방법을 이용하여 멘델의 유전 법칙과 다윈의 자연 도태설이 서로 양립 가능함을 보여줌으로써, 진화의 신다윈 이론(neo-Darwinism)을 확립하였다. 이러한 연구를 통해 피셔는 '표본 통계치'와 '모집단 모수치'를 구분하고, 전자로부터 후자를 추정하는 수단을 마련했다. 생물 측정학이란 배경을 가지고 있던 피어슨은 작은 수의 표본에 근거한 피셔의 통계를 신뢰하지 않았다. 그러던 차에 피셔가 피어슨의 개념인 '카이 - 자승'(chi-square)라든지 상관 계수 'r'의 표집 분포를 사용할 때 생기는 문제점들을 유려하게 해결해 내며 더욱 정교하게 만들자, 피셔에 대한 피어슨의 반감은 더욱 심해졌다. 피셔는 우성과 열성 유전자가 어떻게 작용하는지를 알아보기 위해 육종 실험을 한 뒤 다음과 같이 결론지었다. "어떤 시점에서 한 유기체의 적합성(fitness) 증가율은 그 시점에서 그 유기체가 보이는 적합성의 유전적 변산 정도와 동일하다."

피셔는 런던에서 태어나 케임브리지에서 수학과 물리학을 공부했다. 투자 회사에서 근무한 후 교사 생활을 하다가, 1919년에 로담스테드 실험실의 통계학자가 되었다. 그 당시 그 실험실의 통계학자는 피셔 혼자뿐이었다고 한다. 피셔는 그곳에서 농업 분야의 실험을 하면서 데이터의 변산 정도를 그림으로 보여주는 스플릿 플롯(split-plots) 등의 기법을 사용했는데, 이 기법은 나중에 변량 분석으로 발전하게 된다. 통계 절차를 다른 분야에 적용하면서 보여준 피셔의 창조적 혁신은 국제적 인정을 받게 되었고, 피셔는 1929년에 왕립 학회 회원으로 피선되었다. 1933년에 피셔는 피어슨의 뒤를 이어 런던 유니버스티 칼리지에서 우생학과의 갈턴 교수(Galton Professor)■가 되었다. 10년 후 그는 케임브리지의 유전학 교수가 되었다.

그림에서 피셔는 낱자 'F'로 묘사되어 있다. 'F'는 피셔의 이니셜로, 그가 개발한 변량 분석 기법에서 사용되는 통계치를 상징하는 기호이다. 앞에 나왔던 다른 통계학자(피어슨)와 마찬가지로 그도 역시 낱자 하나를 사용하여 그려져 있다. 피어슨과 피셔 사이의 반목은, 낱자가 두 사람의 얼굴을 나타내는 방식에서 서로 내소를 이루게 함으로써 암시되어 있다. 피어슨의 경우 낱자 'r'이 나타난 곳이 피어슨의 얼굴을 나타내지만, 피셔의 경우엔 이와 반대로 낱자 'F'가 나타난 곳이 배경이고 'F'가 없는 곳이 피셔의 얼굴을 나타낸다. ☑

■ 우생학의 선구자인 갤턴(Galton, 1822~1911)의 업적을 기념하여 이 분야의 권위자에게 헌정된 교수직을 가리킨다.

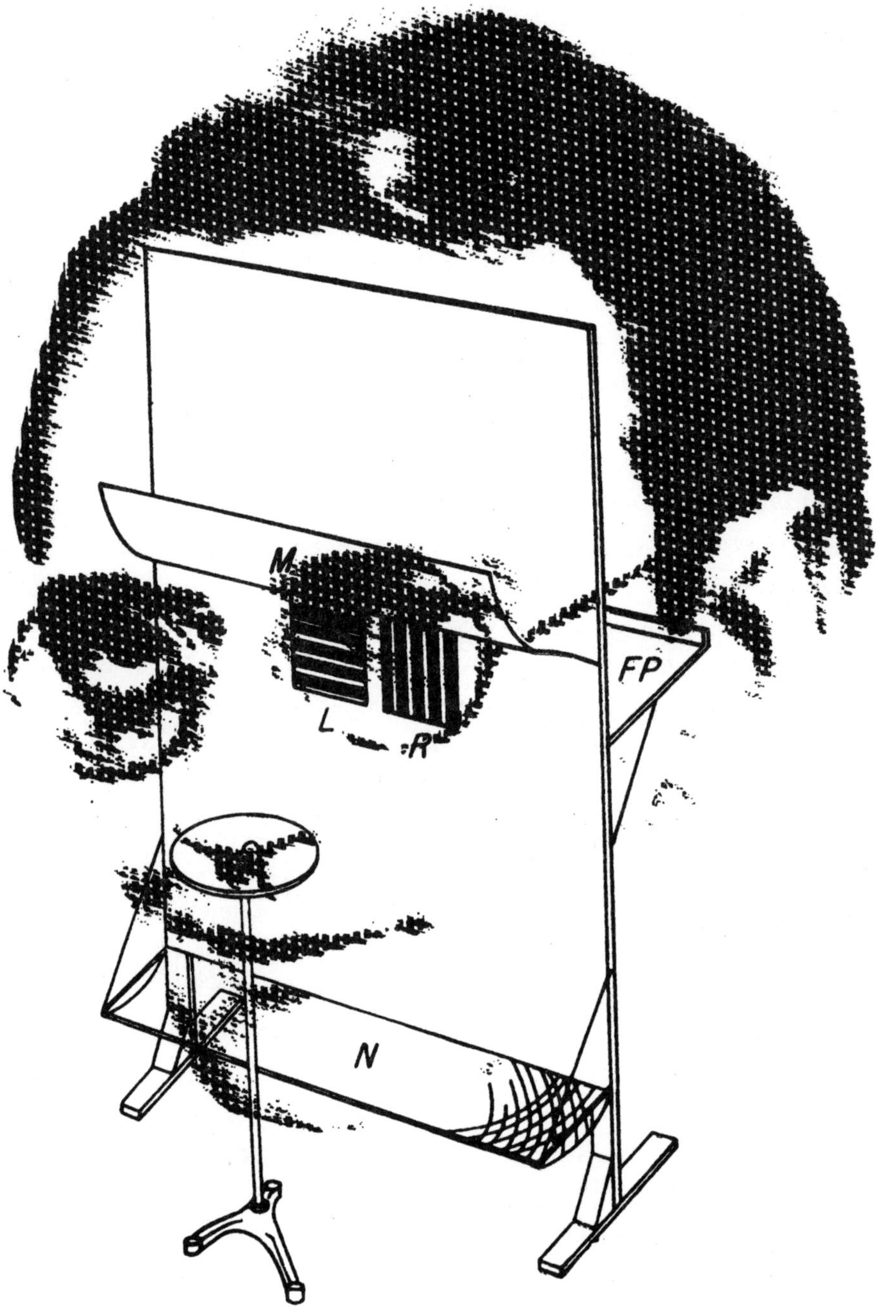
M
FP
L
R
N

래슐리의 도약대

칼 스펜서 래슐리(Karl Spencer Lashley, 1890~1958)는 '엔그램'(engram)이라 불리는 기억의 흔적을 탐색했으나 별 소득이 없었다. "연구자들은 학습이 촉진되거나 지체되는 조건을 정의하려고 많은 연구를 했다. 그러나 이러한 노력에도 불구하고, 우리는 기억 흔적의 성질을 이해하는 면에서 데카르트보다 더 낫다고 말하기 힘들다. 기억 흔적이 뇌의 특정한 장소에 존재함을 주장하는 증거들을 들추어 볼 때마다, 나는 학습 자체가 불가능한 일이 아닌가 하는 결론을 내리고 싶어진다." 그는 쥐의 뇌 특정 부위를 없애고 그 효과를 행동을 측정하여 알아보았다. 피질 국재화 이론이 기대하는 것과 반대로, 래슐리는 학습 결손의 정도는 제거된 뇌의 양에 비례할 뿐, 어떤 부위가 제거되었는가와는 별로 관계가 없다는 것을 발견했다. 그의 양 작용(mass action) 법칙은 뇌조직이 더 많이 제거될수록 학습의 속도와 정확성이 떨어진다는 것이다. 그는 뇌의 어떤 부분들이 파괴되면 그곳이 담당하던 소실된 기능을 다른 부분이 대신하는 능력을 가지고 있다는, 플루언스의 뇌개념(equipotentiality)을 부활시켰다. 레슐리는 "미로 학습을 할 때, 피질의 어떤 부분도 다른 부분보다 더 중요하다고 할 수는 없다"고 했다. 미로 학습에서는 이 주장과 일치하는 것처럼 보이는 결과가 관찰되었지만, 사실은 레슐리 실험의 경우, 쥐에게 여러 감각 양식들을 통해 많은 단서가 주어졌고 쥐는 여러 단서를 사용하여 학습했기 때문에 가능했던 일이었다. 만약 특수한 감각 단서만을 이용해야만 하는 정교한 과제를 준다면, 수행 결과는 제거된 뇌의 부위가 어디인가에 따라 영향받을 것이다.

래슐리는 웨스트 버지니아의 데이비스에서 태어났으며, 피츠버그 대학에서 생물학을 공부했다. 그 후, 존스 홉킨스 대학에서 유전학으로 박사 학위를 받았다. 그는 그곳에서 왓슨과 함께 제비갈매기의 귀향이라든지 인간의 타액 분비 조건 형성 등의 동물 행동학 연구를 했다. 래슐리는 인간을 대상으로 타액 분비 조건 형성 연구를 하면서 학습과 학습의 신경적 상관에 대한 관심을 갖게 되었다. 그는 미네소타, 시카고, 그리고 하버드 대학에서 대학 교수로 있었으며, 1942년부터 1956년까지 여크스 유인원 생물학 실험실의 소장으로 있었다. 레슐리가 미국 심리학회의 회장을 맡고 있던 1929년에, 자신의 뇌손상 실험들을 발표하자, 사람들은 그의 연구를 피질에서 형태주의적 장 처리 과정이 일어남을 지지하는 결과로 받아들였다. 또한 그가 1948년에 힉슨(Hixon) 심포지엄에서 「행동을 순차적으로 산출하는 문제에 관하여」란 제목의 연설을 하자, 많은 심리학자들이 이에 영향받아 말하기와 같은 복잡한 과정을 '자극 - 반응'과 같은 단순한 도식으로 설명하려는 시도에 대해 의문을 제기하게 되었다. 그는 일련의 순서 지워진 행위들을 차례대로 시작하고 통제하려면, 그러한 순서를 계획하고 행동을 위계적으로 조직화하는 과정이 반드시 필요하다고 생각했다.

그림에서 레슐리와 함께 보이는 물체는, 쥐의 시각 변별 과제를 위해 레슐리가 직접 설계한 도약대이다. 이 기구는 이전에 널리 쓰였던 여러 미로 과제들보다 변별 학습을 연구하는 데 훨씬 신속한 방법을 제공했기 때문에 당시의 연구자들 사이에 널리 애용되었다. 래슐리 초상화의 윤곽선은 두 종류의 기울기를 지니고 있는데, 그림에서 볼 수 있듯이 이 기울기는 쥐를 이용한 시각 변별 과제에서 사용된 두 자극의 기울기와 일치하고 있다. ☑

좋은 형태 IV(Good Gestalt IV)

쿠르트 레빈(Kurt Lewin, 1890~1947)은 형태주의 이론을 사회 심리학 분야로 확장시켰다. 그는 형태주의 개념들을 처음에는 동기에, 다음에는 성격에, 그리고 마지막으로 집단 역학에 적용시켜 나갔다. 그에 따르면, 행동(behavior, B)은 개인과 그 개인을 둘러싼 환경 사이의 상호 작용의 결과로 일어나는데, 이때 환경이란 그 개인의 '생활 공간'(life space)을 가리킨다. "심리학에서는 사람(person, P)과 환경(environment, E)을 구분함으로써 전체 상황을 대략적으로 기술할 수 있다. 모든 심리적 사건은 그 개인의 상태와 그 순간의 환경의 상태 모두에 의해 결정되며, 두 상태 중 어느 것이 더 중요한가 하는 것은 경우에 따라 다르다. 우리는 모든 심리적 사건에 대하여, 'B = f(PE)'라는 공식으로 표현할 수 있다.…… 이제부터 어떤 순간에 한 개인의 행동을 결정하는 사실들 전체를 지칭하는 것으로서 '심리적 생활 공간'(psychological life space)이란 용어를 사용할 것이다." 생활 공간 내의 심리적 사실들은 긍정적인 값 또는 부정적인 값들을 가질 수 있고, 따라서 인력과 척력이 서로 갈등하는 역동적인 장이 펼쳐지게 된다. 갈등 상황을 긍정적 값과 부정적 값들의 상호 작용으로 분석하는 것은 접근과 회피 사이의 갈등으로 학습 행동을 분석하는 것에 비유될 수 있다. 레빈은 위상 수학(topology)을 사용하여 생활 공간을 수학적으로 기술하고 그림으로 표현하였다. 생활 공간의 전형적인 모양은 타원이었으며, 타원의 내부는 다양한 크기를 지닌 부분들로 나뉘어 있다. 레빈에 앞서 코프카도 유사한 타원 모양을 사용하여 환경과 개인 사이의 상호 작용을 나타낸 바 있다. 그러나 코프카는 레빈처럼 그것을 수학적으로 기술하지는 않았다. 생활 공간에서 핵심적 특징은 바로 공간들 사이의 경계 지점과 그 경계 지점에서 작용하는 힘의 벡터들(vectors)에 있다. 공간을 기술하는 면에서는 수학을 사용하는 것이 다소 편리했을지라도, 생활 공간 내의 심리적 변인을 수치로 표현하는 것은 심각한 문제를 야기했다. 그리고 실제로 생활 공간 개념이 지닌 장점은, 이러저러한 힘들을 알쏭달쏭한 수학 공식으로 기술한 데 있는 것이 아니라 개인과 환경 사이의 상호 작용을 강조한 사실에 있다. 레빈이 그토록 수학 공식에 연연했던 이유는, 그가 새로운 심리학의 시대를 열고자 했기 때문이었다. 레빈에 따르면, 심리학은 크게 세 단계를 거치며 발전한다. 첫 단계는 아리스토텔레스적 사변(speculative)의 심리학, 두 번째는 기술(descriptive)의 심리학, 세 번째는 갈릴레이적 구성(constructive)의 심리학으로서, 세 시대는 법칙으로부터 구체적 사건을 예언하는 능력에서 다르다. 레빈은 자신의 심리학이 "일군의 상호 연결된 개념들로부터 도출된 구성적인 체계"가 되어야만 한다고 생각했던 것이다.

레빈은 당시 프러시아 지방이었던 모길노에서 태어났으며, 열 몇 살 되던 해에 베를린으로 이사했다. 코프카나 쾰러와 마찬가지로, 그 역시 베를린 대학에서 슈툼프의 지도하에 심리학으로 박사 학위를 받았다. 용감하게 1차 세계 대전에 참전한 후, 베를린에서 베르트하이머, 쾰러 등과 함께 일했고, 그후 1933년에 미국으로 건너갔다. 그는 코넬과 아이오와 대학에서 계속 연구했으며, 그후 MIT의 집단 역동 연구 센터의 소장이 되었다.

레빈은 다른 형태주의 심리학자와 비슷한 모티브로 그려져 있다. 그러나 이번에는 원들이 서로 겹쳐져 있는데, 겹쳐진 원들은 생활 공간 내의 부분들 사이의 상호 작용을 나타내고, 이러한 상호 작용이 서로 어울려 레빈의 얼굴을 에워싸면서 그려낸다. ☑

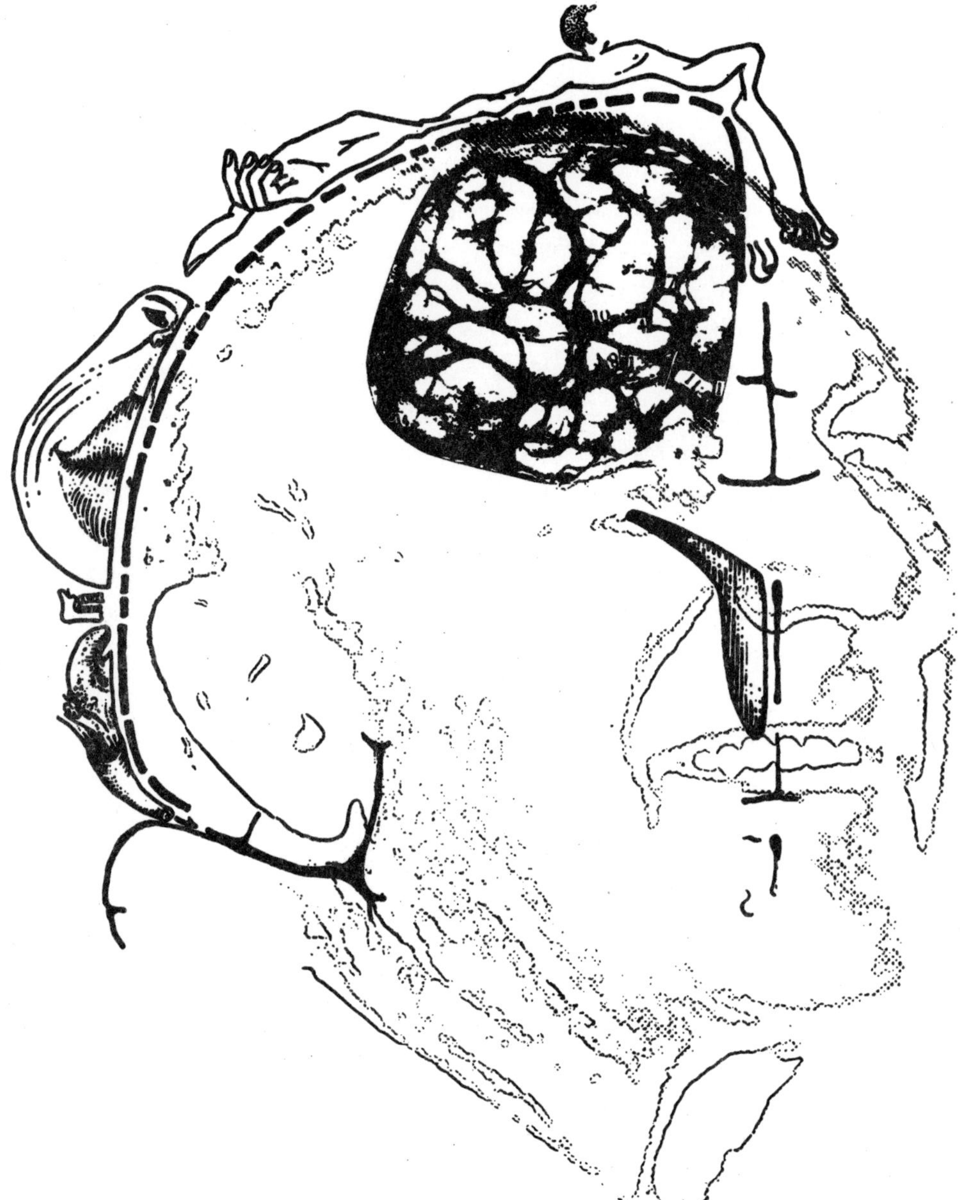

뇌의 지도를 그린 사나이

와일더 그레이브스 펜필드(Wilder Graves Penfield, 1891~1976)는 깨어 있는 사람의 뇌에 전기 자극을 가하여 피질의 어느 부분이 감각 영역과 운동 영역을 담당하고 있는지를 그림으로 그려냈다. 그는 페리어(Ferrier) 기법을 확장하여, 발작 증세를 완화시키기 위한 수술을 받고 있는 간질 환자의 뇌 피질을 자극하였다. 그리고 이 연구 결과를 요약하여 1947년 런던의 왕립 학회의 페리어 강연에서 발표하였다. 뇌 조직 자체는 통증에 둔감하므로, 수술은 국소 마취 상태에서 이루어졌다. 펜필드는 전중앙회(precentral gyrus) 피질에 전기 자극을 가하면 반대편 신체의 근육이 수축한다는 것을 알아내어, 페리어가 발견한 운동 통제 영역을 확증하고 더 정교하게 위치를 정의하였다. 계속된 연구를 통해 그는 피질 운동 영역의 각 부분이 신체의 어느 부위를 통제하는지를 나타내는 지도를 정교하게 그릴 수 있었으며, 후중앙회(postcentral gyrus) 피질의 표면을 따라 감각 영역에 대한 지도도 그려낼 수 있었다. 손가락이나 입처럼 정교한 운동을 보이고 예민한 감각을 지닌 신체 부위일수록 피질 영역을 다른 부분들보다 더 크게 차지하고 있다. 이러한 전기 자극 기법을 통해 펜필드는 뜻밖의 결과를 관찰하기도 했다. 그는 측두엽 표면을 자극하면 놀라울 정도로 과거 사건들을 생생하게 생각해 낼 수 있다고 주장했다. "분명히 기억은 측두엽에 차곡차곡 정리되어 저장되어 있으며, 기억의 대상은, 그것이 시각적 그림이든, 음악적 선율이든, 혹은 의미적 경험이든 간에 반드시 피험자의 주의를 받은 다음에야 비로소 측두엽에 저장될 수 있다. 시각 자극이 경험될 때마다 신경 충동이 발생하여 후두엽에 도달하여 사람들이 일상적인 과제를 수행할 때 도움을 준다. 그러나 사람들이 주의를 기울이지 않은 신경 충동은 측두엽에 저장되지 못하는 것 같다." 펜필드는 래슐리의 결론과 정반대로 피질이 철저하게 국재화되어 있다고 결론 내렸다. 그러나 전기적 자극을 가하여 회상된 내용이 과연 실제로 있었던 사실에 대한 기억인지가 분명하지 않으며, 그리고 환자의 간질 병력이 전기 충격에 대한 반응에 어느 정도로 영향을 미쳤는지도 불확실하다. 펜필드의 결론에 더 중요한 문제 제기는, 피질 표면을 자극했다 하더라도 피질 표면 아래쪽 부위(예를 들어 변연계라든지)도 자극되었을 수 있고 주변의 다른 피질 영역들도 자극 받을 수 있다는 것이다. 이러한 문제점으로 인해 피질 국재화의 주장은 그 힘을 다소 잃었다.

펜필드는 워싱턴 주의 스포케인에서 태어나, 프린스턴 대학에서 공부한 후, 옥스퍼드 대학에서 공부하였다. 존스 홉킨스 대학에서 의학으로 학위를 받고, 영국으로 돌아가 옥스퍼드에서 쉐링턴과 함께 연구한 뒤, 신경 외과를 전공했다. 그는 뉴욕과 볼티모어에서 계속 연구했으며, 몬트리얼 신경학 재단의 초대 이사장을 지냈다. 그는 그곳에서 대부분의 뇌자극 연구를 수행했다.

펜필드의 초상화는 그가 발견한 두 가지 주요 사실을 배경으로 그려져 있다. 노출된 뇌 부분에서 자극 부위를 지시하는 숫자들이 보이며, 체감각 피질의 지도도 보인다. ☑

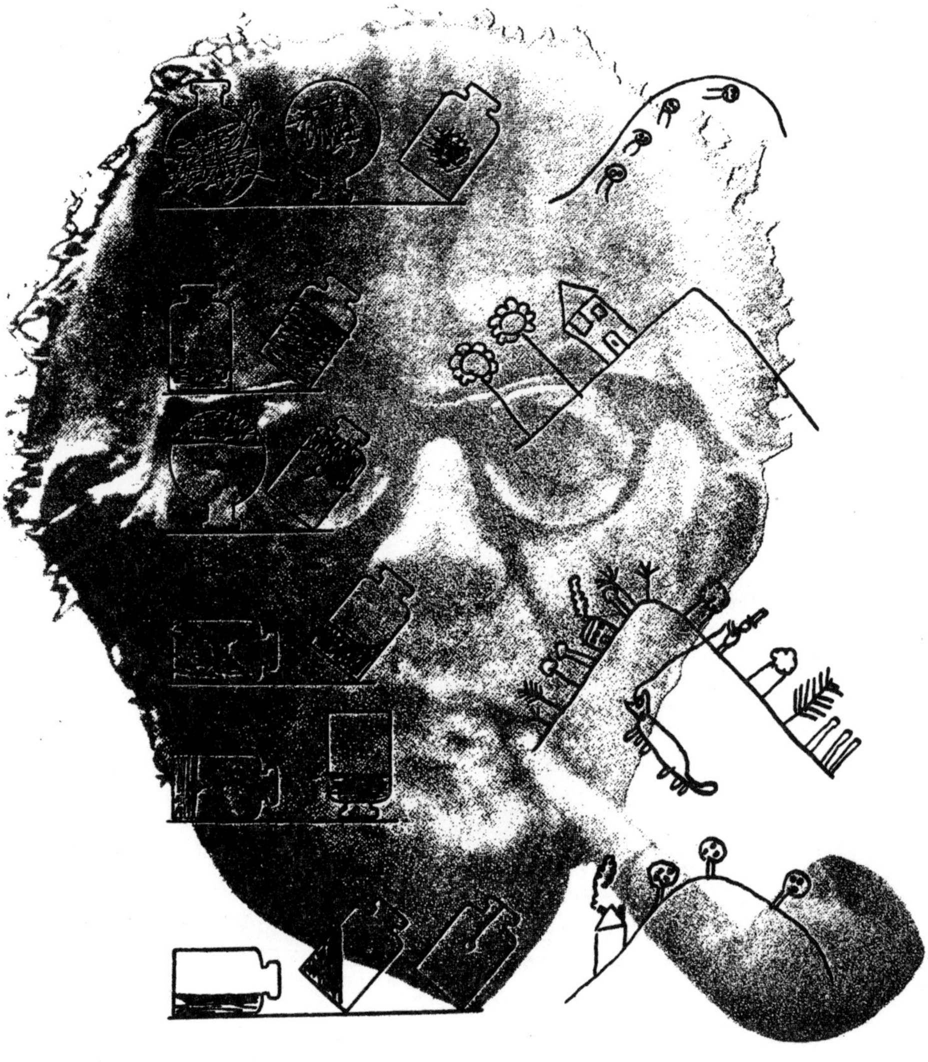

유전학적 인식론자

장 삐아제(Jean Piaget, 1896~1980)는 아동들의 인지 능력이 특정한 단계들을 거치면서 발달해 가며, 아동이 어느 단계의 인지 발달 수준에 있는지를 구체적인 과제를 통해 평가할 수 있다고 보았다. 그는 감각 - 운동기, 전조작기, 구체적 조작기, 형식적 조작기 등의 단속적인 단계를 거치면서 지능이 발달한다고 주장했다. 이러한 주장은 지능이 나이에 따라 연속적으로 증가한다는 비네의 견해와는 반대되는 것이었다. 감각 - 운동기는 출생부터 약 2살까지에 해당하는데, 이 기간에 아이는 주로 자극 패턴과 운동 반응을 연결시킨다. 인지적 개념들은 전조작기(2살부터 약 7살까지)에 나타나지만, 보존 개념을 평가하는 과제들은 구체적 조작기(약 7살부터 11살까지)에 이르러야 비로소 해결될 수 있다. "대략 11살까지는 생각하는 것이 곧 말하는 것 —— 입으로 말하거나 또는 머릿속으로 작은 목소리로 말하거나 —— 이다. 그리고 말한다는 것은 사물들 그 자체에 대해 단어를 사용해 반응하는 것인데, 이때 단어는 그 단어가 가리키는 사물의 성질과 더불어 그 단어를 산출하는 목소리의 성질을 함께 공유한다." 대략 11살이 지나면, 형식적 조작기가 시작되어 추상적 추리가 가능해진다. 모든 인지 발달의 단계에 걸쳐서 동화(assimilation) 과정과 조절(accommodation) 과정이 상호 작용한다. 기존의 인지 능력으로 인식 가능한 세상의 자극들은 인지적인 틀에 동화된다. 반면에 현재의 인지적인 틀로는 받아들일 수 없는 낯선 자극일 경우, 인지적 틀을 그 자극에 맞추어 조절하는 학습 과정이 일어난다.

삐아제는 노이샤텔에서 태어났다. 처음에 자연사에 관심을 가졌던 삐아제는 고향의 대학에서 그 주제로 박사 학위를 받았다. 그는 파리에서 시몽(Simon)의 지도하에 아동 심리학을 시작하였고, 이곳에서 아동의 추리력을 검사하는 연구를 했다. 삐아제는 단순히 검사에서 아동이 정답을 맞추나 못 맞추나를 알아보는 데 그치지 않고, 아동들에게 왜 그렇게 답을 하게 되었는지를 물어 보았다. 이러한 조사를 통해 피아제는, 부분과 전체의 개념과 관련된 과제가 12살 이하의 아동들에게 유난히 어렵다는 것을 발견했다. "다른 무엇보다 분명해진 점은, 논리적 조작을 할 때 작용하는 심리적 과정을 분석함으로써 전체와 부분 사이의 관계에 관한 이론을 실험적으로 연구할 수 있다는 사실이다." 삐아제는 주의 깊은 관찰과 추론을 통해 지능의 발달 과정을 밝힐 수 있을 것이라고 단언했다. 그리고 그는 이러한 방법이 태아기의 발달 과정 연구에서도 이미 성공을 거두었기 때문에, 이러한 접근을 유전적 인식론이라 불렀다. 이 연구 계획은 삐아제가 1921년에 제네바의 루소 연구소에 소장으로 부임하면서 활발히 진행되었고, 그는 생을 마칠 때까지 이곳에서 지냈다고 한다. 삐아제는 거의 분트에 맞먹는 분량의 책을 저술했다. 바틀렛의 경우처럼, 처음에 피아제의 인지적 접근은 미국을 뒤덮고 있던 행동주의로 인해 널리 퍼지지 못했다. 그러나 그의 영향력은 20세기 후반으로 넘어가면서 점차 커졌다.

그림에서 삐아제는 평소에 매우 즐기던 파이프 담배를 물고 있다. 배경의 그림은 병에 담긴 액체와 언덕 위의 사물들을 아이들이 그린 것으로, 4살에서 8살 사이 아동들의 작품이다. ☑

비고츠키의 블록

레프 세미오노비치 비고츠키(Lev Semionovich Vygotsky, 1896~1934)는 언어가 아동의 인지 발달과 사회 발달을 통합한다고 주장했다. "지적 능력 발달 과정에서 가장 중요한 순간은, 이전까지 완전히 서로 독립적으로 발달하던 말과 실제 행위가 수렴하기 시작하는 때이다. 이때부터 비로소 인간은 순전히 인간에게만 고유한 형태의 실용적, 추상적 지능을 가지기 시작한다." 비고츠키는 삐아제와 마찬가지로 아동의 행동적 활동에도 관심을 기울였지만, 언어와 사회적인 차원을 더 강조했다. 그는 아동들이 행동을 배우거나 환경에 대해 어느 정도의 통제를 가하는 데 언어가 직접적으로 필요한 것이라고 생각했다. 행동은 복잡해질수록 언어에 더욱 의존하게 된다. 단어에 부착된 의미는 정서적인 단계와 구체적인 단계를 차례로 거치면서 추상적으로 되어 간다. "사고와 언어는 지각과는 다른 방식으로 현실을 표상하며, 인간 의식의 성질을 밝히는 핵심적 열쇠다. 단어는 사고 발달에서뿐만 아니라 의식 전체의 성장에서도 중심적인 역할을 한다." 비고츠키는 종종 쾰러의 침팬지 학습 연구를 인용하며 아동 학습과 비교하였다. 침팬지는 자신이 지각할 수 있는 것에 지배당하지만, 아동은 개념을 통해 자신을 둘러싼 환경으로부터 독립성을 획득해 낸다. 그는 다른 동물들과 구별되는 인간의 특징으로 도구와 상징을 사용하는 능력을 꼽았지만, 이러한 능력은 생물학적인 진화라기보다는 사회적인 진화를 통해 획득된 것이라 보았다.

비고츠키는 민스크 근방의 오르샤에서 태어나, 모스크바 대학에서 문학을 공부했다. 몇 년 동안 교사 생활을 한 후, 그는 모스크바로 돌아와 심리학 연구소에서 일하였으며, 후에 결손학(Defectology) 연구소를 세웠다. 비록 그는 요절했지만, 그의 연구는 소련 내에 엄청난 영향을 주었다. 특히 그의 제자이사 공동 연구자이기도 한 루리아를 통해서 그의 영향력은 더욱 크게 퍼져 나갔다. 그는 사회의 역사적 발달에서 '의식'(consciousness)이 차지하는 중요성을 강조함으로써, 유물론적 입장이 지배적이던 당시의 심리학으로 하여금 '의식'이란 주제에 다시 관심을 갖게 하였다. 아이러니컬한 것은, 말의 사회적 측면을 강조했던 비고츠키였지만, 정작 비고츠키 자신의 말을 담아 낸 책들은 자신이 살던 사회로부터 철저히 금지되었다는 것이다. 1962년에 『사고와 언어』(*Thought and Language*)가 번역된 후에야(원래 이 책은 1934년에 출판되었다) 비로소 비고츠키의 연구가 서구에 알려지기 시작했다. 서구의 심리학자들은 비고츠키의 생각을 적극적으로 환영하며 받아들였고, 생리 심리학의 객관적 탐구와 내면 세계에 대한 기술 심리학의 은밀한 탐구 사이에서 중도를 걸으려는 비고츠키의 시도는 당시의 인지주의적 관점과 잘 맞아 떨어졌다.

비고츠키는 또한 정신 병리학적 문제도 연구했다. 그는 정신 분열증 환자의 사고 장애를 조사하는 검사를 개발하였고, 이 검사를 약간 고쳐 아동의 개념 형성을 검사하는 데 사용하였다. 그것은 형태, 크기, 높이, 색상에서 각기 다른 22개의 나무토막으로 이루어져 있다. 아동이 해야 할 일은 어떤 공통된 특징들을 갖는 나무토막끼리 묶어서 네 집단으로 분류하는 것인데, 주의할 점은 한 집단에 공통된 특징은 다른 집단의 나무토막에서 볼 수 없는 특징이어야 한다는 것이다. 이 검사에 사용된 나무토막과 함께 비고츠키를 그려보았다. ☑

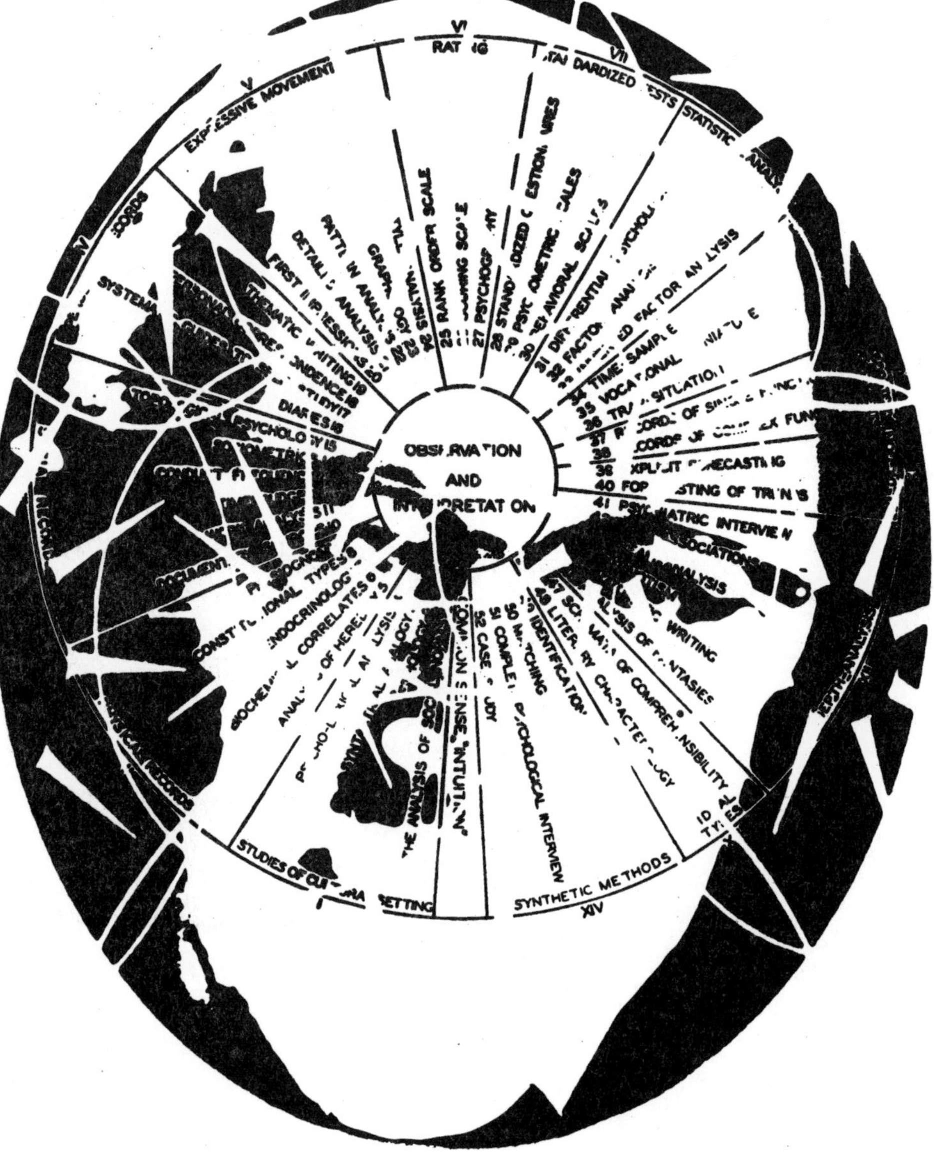
V
SYSTEMA
DIAFIES 18
PHYSIOLOGICAL
FIRST IMPRESSIONS
DETAILED ANALYSIS
THEMATIC
CONSTITUTIONAL TYPES
ENDOCRINOLOGY
41 PSYCHIATRIC INTERVIEW
SITUATION
35 VOCATIONAL
TIME SAMPLE
WRITING
PSYCHOLOGICAL INTERVIEW
SYNTHETIC METHODS
XIV
49 IDENTIFICATION
MATCHING
SETTING

특질의 생생한 묘사(por-trait)

고돈 윌러드 올포트(Gordon Willard Allport, 1897～1967)은 '유형'(types)보다는 '특질'(traits)의 관점에서 성격을 연구하였다. "어떤 반응을 보일 준비 상태를 의미하는 결정적 경향성이라는 개념이 없었다면, 심리학은 아무것도 할 수가 없었을 것이다. 그러한 개념이 없다면, 심리학은 행동과 경험의 명백한 안정성이나 일관성을 설명하는 흉내조차도 낼 수 없다. …… 특질을 받아들인다고 해서 심리학자들이 자신들의 신조를 급진적으로 수정할 필요는 전혀 없다. 심리학이 결정적 경향성이나 태도라든지 이밖에 다른 역동적인 힘들을 항상 생물리적인 것이라고 간주해 왔던 것과 동일한 의미에서 특질 역시 생물리적이라 간주할 수 있기 때문이다." 올포트에 따르면, 특질들은 위계를 이루고 있는데, 기본적인 특질 아래에는 중추적인 특질이, 그 아래에는 이차적인 특질이 있다. 기본 특질은 한 개인의 행위 대부분을 지배하는 것으로 단 하나만이 있는 반면에, 중추적인 특질은 몇 가지가 있을 수 있으며, 이차 특질은 더 많이 있다. 올포트는 성격 심리학에 국한되지 않고 포괄적인 범위의 주제들을 다루었다. 편견의 성질, 가치, 소문 심리학, 태도 형성 등도 그의 주된 연구 주제들이었다. 이러한 모든 주제들에 대해 올포트는 모든 사람들에 적용될 수 있는 보편적 법칙을 발견하는 식으로 접근하기보다는, 개인의 독특성을 인정하는 사례법 연구를 통해 접근하려 했다. 다시 말해서, 그는 집단보다는 개인의 연구를 선호했는데, 이것은 그가 다른 정밀 과학과 달리 심리학은 보편적 법칙을 확립할 수 없다고 생각했기 때문이다. 그러나 이처럼 보편적 법칙을 끝까지 외면하기는 어려웠는데, 이는 올포트가 '기능적 자율성'(functional autonomy)을 거론할 때 드러난다(기능적 자율성은 올포트가 직접 만들어 낸 용어이다). "'기능적 자율성'의 원리는 성격 심리학에 대한 일종의 독립 선언인 셈이다. 이 원리는 그 자체로 보편적 법칙이긴 하지만, 동시에 그것은 다른 역동적인 원리들처럼 몰개인적이며 순수하게 가설적인, 이른바 '보편적 마음'의 추상적 동기를 설명하는 데는 전혀 도움을 주지 않는다. 이 원리가 설명하고자 하는 것은 '개개의 독특한 마음'의 생생하고 구체적인 동기이다."

올포트는 인디애나 주의 몬테주나에서 태어나, 하버드 대학에서 학부와 대학원을 마치고, 1930년에 다시 하버드로 돌아와 교수가 되었다. 그는 박사 학위를 받은 후, 2년간 유럽을 여행하며 스툼프, 베르트하이머, 쾰러, 스턴 등 독일의 선구적인 심리학자들을 많이 만났다. 그는 또한 케임브리지에서 바틀렛과 함께 연구하기도 했다. 유럽 심리학, 특히 스턴의 개인주의 이론을 접한 후, 올포트는 당대 미국의 대부분의 심리학자들과 구분된 입장을 견지하게 되었다. 1946년에 그는 다른 사람들과 함께 하버드의 사회 관계 학부를 설립했다. 어떤 의미에서 올포트는 훗날 영향력을 발휘하게 되는 제3 심리학, 즉 인간 중심 심리학의 선구자이기도 했다.

올포트의 초상화는 "성격 심리학 연구에 사용된 주요 방법들의 그림표" 안에서 볼 수 있다. 그림표의 중앙에 있는 '관찰'과 '해석'은 과학과 상식이 함께 공유하는 필수적인 과정이다. 초상화와 표 모두를 둘러싸고 있는 것은 올포트의 특질 개념을 표현한 것이다. 특질 개념에 따르면, "하나의 단일 성격은 중심점을 갖기는 하지만 상호 의존적인 여러 하위 구조들로 이루어진 하나의 체계이며, 그 단위들은 성격들마다 각각 다르다." 이 모형은 요소들의 독립성을 가정하는 요인 이론과 대비를 이루는 것이다. ☑

신경 심리학자

알렉산더 로마노비치 루리아(Alexander Romanovich Luria, 1902~1977)는 오늘날 신경 심리학자로 가장 잘 알려져 있다. 그는 신경 심리학을 뇌가 기능적으로 어떻게 조직되어 있는가를 탐구하는 학문으로 정의하였다. 그는 자신의 접근 방식을 다음과 같이 요약했다. "고차적 심리 과정은 복합적인 기능적 체계의 활동을 반영한다. 이때의 복합적 기능 체계는 발생 기원으로 볼 때 사회적인 것이며, 구조적으로는 매개된 것이며, 뇌의 여러 영역들 전체가 서로 결합해 펼치는 복합적인 전체 활동이다." 그가 처음에 관심을 기울인 것은, 실제 생활 속의 심성 과정들이 보이는 다양함과 풍부함을 잃어버리지 않으면서도 심리학 연구 방법의 객관성을 유지하는 문제였다. 루리아는 비고츠키의 지도 아래, 당시 문맹의 시대에서 산업 문명의 시대로 급박하게 변화하고 있던 소련 지역에서 인지 발달을 연구하였다. 이 연구를 통해서 루리아가 내린 결론은, 인지적 기능이 사회적 변화에 의해 수정될 수 있다는 것이었다. 이차 대전을 거치며 그는 머리에 상처를 입은 군인들을 대상으로 연구하게 되었다. 그는 피질 국재화론(localizers)나 피질 등재화론(equipotentialists) 중 그 어느 편에도 치우치지 않는 객관적 태도로 뇌손상을 자세히 검사하였다. 이 연구를 통해 루리아는 지각, 사고, 언어 능력의 미묘한 결함을 탐지하는 새로운 검사법을 많이 개발하였다. 나중에 그는 대뇌 우반구가 손상되었을 때 발생하는 지각적, 인지적인 장애를 연구하기도 했다. 휴링스 잭슨(Hughlings Jackson)이 대뇌 좌반구를 주도적인 뇌라고 기술하며 그 기능을 강조했던 반면, 루리아는 우반구 손상시 공간적 그리고 지각적인 손상이 생김을 증명함으로써 대뇌 좌우 반구의 균형을 맞추려 했다. 그는 또한 기억 흔적을 저장하는 데 피질 아래에 있는 구조가 중요한 역할을 담당한다고 주장하였다. "뇌의 깊은 영역, 즉 뇌간(brain stem) 상단 부분의 망상 조직(reticular formation)에 이웃하고 있는 이 영역은 변연계(lymbic system) 구조를 포함하는 것으로, 피질의 흥분 상태를 최적으로 유지해 줄 뿐만 아니라 직접 경험에 대한 기억 흔적을 보존하는 데 필수적인 역할을 담당하는 해부 구조이다." 그러나 루리아를 유명하게 만든 것은 『기억술 대가의 마음』(*The Mind of a Mnemonist,* 1968)이라는 책에 등장하는 탁월한 기억력을 가진 어떤 사람(루리아는 그를 'S'라 불렀다)에 대한 그의 설명이었다. 루리아는 S를 30년에 걸쳐 관찰하면서 그의 놀라운 기억력을 자세히 기록하였다. 예컨대, S는 몇 년 전에 보았던 숫자들과 무의미 철자들도 회상할 수 있었다. S가 사용한 기억술은, 우선 학습해야 할 항목들을 시각적인 이미지로 만든 다음, 그 이미지들을 자신에게 친숙한 시각 장면, 예를 들면 '담장 옆'이나 '나무 밑' 등의 장면에 두는 것이었다.

루리아는 카잔에서 태어나 그곳 대학에서 인문학을 공부하였다. 그는 모스크바 심리학 연구소에서 연구하였으며, 그후 모스크바 대학에서 의학을 연구하며 일생을 보냈다. 러시아에 휘몰아쳤던 정치적인 변동의 여파로 루리아는 여러 번 고초를 겪어야 했다. 한때 그는 모스크바의 신경 심리 연구소에서 해고되었는데, 이유는 그가 파블로프의 원리에 대해 열성적 지시를 보이지 않았다는 것이었다.

그림의 두개골에서 보이는 선분들은 탄환이 뇌를 관통하며 지나간 여러 경로들이다. 이 경로들에 붙여진 번호는 대뇌 좌반구에 총상을 입은 12명의 환자들을 가리키는 것이다. 그림을 자세히 보면, 모든 환자들이 공통적으로 상처 입은 부위가 두정엽 부근임을 알 수 있다. 이 경우 모든 환자들은 의미 실어증(semantic aphasia)■을 보였다. 두개골이 두정엽 부위와 루리아 초상의 입 부위를 겹쳐지도록 그려서 좌반구의 두정엽 근처 부위가 실어증과 밀접하게 관련되어 있음을 상징적으로 표현해 보았다. ☑

■ 말을 할 수는 있지만 뜻이 없으며, 남이 한 말의 의미를 잘 이해하지 못하는 실어증.

비지시적 치료자

칼 랜섬 로저스(Carl Ransom Rogers, 1902~1987)는 정신 분석의 대안으로서 자신의 독특한 치료법과 성격 이론을 발전시켰는데, 그것은 처음에 '비지시적 치료'(nondirective therapy)라 불렸다. "놀랄 만큼 강하고 질서 정연한 그 힘은 내담자와 나 자신 양자 모두에게 있다. 이 힘은 내담자와 나의 전체적인 경험을 통해 분명하게 느낄 수 있는 것이다. 이 힘의 근원은 우주 전체에 깊숙이 뿌리내리고 있는 듯하다." 이것은 인간이란 본래 선하며 성장 잠재력을 타고난다는 루소의 낙천적인 믿음을 반영한다. 비지시적 치료자는 내담자에게 문제를 분석하거나 해결책을 제안하지 않으며, 심지어 충고하는 것조차도 삼간다. 내담자의 어려움을 해결하는 것은 치료자가 아니라 내담자 자신이다. 그러나 로저스는 치료 과정에서 어떤 지시도 하지 않는다는 것이 비현실적이며, 특정한 문제에 초점을 맞추도록 유도하는 약간의 조치가 필요하다는 것을 알았다. 이러한 변화를 반영하여, 비지시적 치료는 내담자 중심(client-centered) 또는 인간 중심(person-centered) 치료라는 이름으로 바뀌어 불렸다. 환자와 치료자 사이의 힘의 균형을 바로잡기 위해서 환자들은 내담자로 불렸고, 치료의 목적을 정의한 사람은 내담자 자신이었다. 치료의 기초를 이루는 중심적인 생각은 다음 두 가지였다. "(1)개인은 자신의 생활을 불행하게 만들며 고통을 주는 자신의 내면에 있는 요인들을 이해하는 잠재적 능력을 지니고 있고, 더불어 그러한 요인을 극복하기 위한 방법을 스스로 재조직화하는 잠재적 능력도 함께 지니고 있다. (2)치료자와 내담자 사이에 충분히 따뜻하고 수용적이며 서로 이해하는 관계가 마련된다면, 내담자는 자신의 잠재적 능력을 드러내게 될 것이다." 이러한 치료자와 내담자 사이의 정서 상태가 아무리 가치 있는 것이라 하더라도, 그것을 이론적인 틀 내에서 포괄하여 다루기란 쉬운 일이 아니었다. 비록 로저스가 『내담자 중심 치료』(*Client-Centered Therapy*, 1951)에서 '긍정적 자기 존중'이라든지 '무조건적 긍정적 존중', 그리고 '조건적 가치'와 같은 개념들을 사용하여 그러한 정서적 상태를 이론화하려고 시도했지만, 이러한 개념들은 구체적인 형태가 없는 막연한 것들이었다. 개인의 목적은 '충분하게 기능하는 인간'이 되는 것이다. "훌륭하게 생활을 영위해 나가는 인간들에게서 관찰되는 특징은, 저마다 처한 실존적 상황에서 가장 만족스럽게 행동할 수 있다는 자신에 대한 믿음을 점점 증대시켜 나간다는 것이다." 이 접근은 분명하게 정의된 이론을 좋아하는 사람들보다는 정신 분석에 실망한 사람들에게 더 큰 호소력을 발휘했다. 로저스는 양적인 절차를 사용하여 치료 기간 동안에 무엇이 일어나는지를 이해하려 하였으며, 정신 분석적인 치료와 내담자 중심 치료의 상대적인 이점을 평가하려 하였다. 이러한 과정을 통해 로저스는 정신 분석이 지닌 신비적 측면을 많이 제거하였다. 그는 말년에 자신의 접근을 더 확장시켜 교육과 정치까지 다루었으며, 대면 집단과 감수성 훈련에도 관심을 가졌다.

로저스는 시카고에서 태어났다. 그는 콜롬비아 티처스 칼리지에서 심리학 박사 학위를 받았으며, 그곳에 있을 때 리타 홀링워드의 지도를 받기도 했다. 그는 그곳에서 아동 심리학을 전공하였다. 로체스터에서 12년간 있는 동안, 그는 아동 지도 경험을 쌓았는데, 이 경험으로 그는 정신 분석 치료에 대한 불만을 가지게 되었다. 그는 다시 학교로 돌아와 오하이오 주립 대학, 시카고, 위스콘신 대학 등에서 교수를 지내며 연구했다. 1963년에 그는 캘리포니아의 라 졸라로 옮겨가서, 인간 연구 센터를 설립하였다.

비지시적 방법으로 로저스의 초상화를 그렸다. 합성된 그림에서, 로저스의 얼굴이 어디로 향해 있는지, 즉 어디를 '지시'하고 있는지가 분명하지 않다. ☑

도식적 얼굴

에곤 브룬스위크(Egon Brunswik, 1903~1955)는 확률적 기능주의를 심리학에 도입했다. 그의 이론이 지닌 기능주의적 측면은, 그의 이론이 행동을 환경 내의 대상들에 관해 적응적 기능을 가진다고 강조했다는 점이다. 또한 그의 이론을 확률적이라 하는 이유는, 예측 불가능한 환경 속에서 행동하려면 환경 내의 어떤 통계적인 규칙성에 의존할 수밖에 없다고 주장하기 때문이다. 그는 비엔나 그룹의 논리 실증주의 철학자들의 영향을 받았으며, 물리 과학에 적용된 확률적 방법이 심리학에서도 역시 적절하다고 믿었다. 그는 확률적 기능주의를 주로 지각 분야에 적용했다. "지각 심리학은 학습이나 동기 등 다른 분야보다 좀더 역사가 깊을 뿐 아니라 심리학이 기본적 시각에서 결정적 변화를 보일 때마다 늘 주도적 역할을 담당해 왔다. 이와 같이 지각은 과거뿐만 아니라 앞으로 곧 닥치게 될 장래에도 하나의 패러다임으로 안성맞춤일 수 있다." 그가 관심을 가졌던 것은 우리들이 대상들에 관한 진실한 정보를 어떻게 얻는가라는 문제였다. 즉, 근접 자극■의 폭넓은 변형에도 불구하고 어떻게 원격 자극■■이 항상 같게 지각되는가라는 지각 항등성 문제를 검토했으며, 그것을 평가하는 공식을 만들었다. 이것은 지금 '부른스위크 비율'(Brunswik ratio)이라고 알려져 있다. 진실성 있는 지각은 여러 단서들을 통해 획득되는데, 단서들은 생태학적 타당성에서 차이를 보인다. 생태학적 타당성이란 근접 단서와 원격 자극 사이의 상관을 말한다. 높은 생태학적 타당도를 갖는 단서에는 경험적으로 큰 통계적인 가중치가 주어졌다. "환경 내의 여러 원격 자극들에서, 직관적으로 지각적인 것이든 혹은 명백히 합리적으로 보이는 것이든, 어떤 일관성 있는 관계가 존재하면, 그 경우 반드시 그 관계를 매개하는 것으로서 어느 정도의 타당성을 지닌 근접 감각 단서가 존재하기 마련이다." 부른스위크는, 행동의 확률적 본질을 연구하기 위해 피험자들도 대표성을 지녀야 하지만, 자극 역시 대표성이 있어야 한다고 제안하였다. "단순히 '대표적인 설계'를 가진 실험을 했다고 해서 그 결과로 얻은 행동과 적응의 기능적 규칙성을 생태학적으로 일반화할 수는 없다."

부른스위크는 부다페스트에서 태어나 비엔나에서 교육받았다. 공학을 공부한 후에 그는 심리학으로 돌아섰으며, 비엔나 대학에서 박사 학위를 받았다. 그는 1933년 유럽을 방문하고 있던 톨만과 알게 된 것이 계기가 되어 1937년에 캘리포니아 대학의 버클리에서 연구를 하게 되었고, 그곳에서 여생을 보냈다.

브룬스위크는 도식적 얼굴의 지각에 관해 체계적으로 연구했다. 달걀 모양으로 된 동일한 외곽선 안에 네 개의 단순한 구조들이 있다. 코와 입을 나타내는 두 선분들과, 양 눈을 나타내는 두 개의 타원이 있다. 그는 양쪽 눈이 떨어진 거리, 코의 길이, 그리고 입의 높이 등을 체계적으로 변화시켜 189개의 얼굴을 만들고, 관찰자들로 하여금 속이 좁아 보이거나, 유쾌하거나, 격분한 얼굴, 슬픈 얼굴, 빈정대는 얼굴 등의 특징으로 각 얼굴을 평가하도록 했다. 그 결과 브룬스위크가 조작한 얼굴과 이들 특징들을 연결시킬 때 관찰자들은 매우 일치된 평가를 보였다. 브룬스위크의 초상화와 그 초상화에 일치하는 도식적 얼굴을 함께 그려보았다. 이 도식적 얼굴을 보면, 브룬스위크 자신은 부드럽고, 슬프고, 지적으로 보이는 얼굴을 가지고 있음을 알 수 있다. ☑

■ 감각 수용기에 투사된 물리적 에너지의 패턴.
■■ 물체 그 자체.

상자 속에 갇힌 스키너

버러스 프레데릭 스키너(Burrhus Frederic Skinner, 1904~1990)는 왓슨의 전통을 이어받은 급진적 행동주의자였다. 스키너의 학습 이론은 고전적 조건 형성보다는, 왓슨이 그랬듯이, 조작적 조건 형성에 바탕을 두고 있다. 고전적 조건 형성의 반응 행동은 외부 자극에 의해 이끌려 나오는(elicited) 것이지만, 반면에 조작 행동은 유기체가 방출하는(emitted) 것으로, 그가 고안한 상자 기구 안에서 쉽게 연구할 수 있었다. 스키너 상자는 동물(대부분의 피험 동물은 쥐였다)이 누를 수 있는 레버와 (음식이나 물 따위의) 강화물을 동물에게 제공하는 분배 장치로 이루어져 있다. 레버를 누르면 강화물이 주어지며, 레버를 누른 회수가 누적되어 사건 기록기에 자동으로 기록된다. "일반적으로 행동 과학에서 쓰이는 자료는 주어진 시간 내에서 어떤 행동이 발생할 확률이다. 실험의 결과를 분석할 때는 대개 반응의 빈도나 비율과 같은 확률을 다룬다. 조작 행동의 사례들이 하나하나 헤아려질 수 있을 정도로 반응의 기준을 구체적으로 정의할 수 없다면, 확률처럼 반응의 비율이란 개념도 무의미한 것이 될 것이다. 반응이 발생했음을 구체적으로 탐지하는 보편적인 방법은 오퍼랜덤(operandum)이란 장치를 사용하는 것이다. 이 장치는 반응이 발생했음을 감지하여 자동으로 알려준다." 어느 주말에 이 기구를 이용하여 실험하던 중 스키너는, 우연히 한 번만 레버를 눌러선 안 되고 여러 번 눌러야만 쥐에게 소량의 음식을 주는 식으로 강화를 주었다. 놀랍게도 쥐들은 이전보다 훨씬 더 높은 비율로 지렛대를 눌러 댔다. 이러한 우연한 발견이 있은 후, 스키너는 강화 계획을 다양하게 변화시켜서, 어떤 강화 계획이 최고 수준의 수행을 일으키는지 혹은 어떤 강화 계획이 소거(extinction)■에 대한 가장 큰 저항을 보이게 하는지를 연구하였다. 그의 비이론적 연구 방식은 베이컨의 전통을 따른 실증주의적인 것이었으며, 그는 자극과 반응 사이에 가설적 구성 개념을 끼워 넣었던 헐이나 톨만의 이론을 강도 높게 비판하였다. "이론에 의해 유도된 연구는 낭비적이기 십상이다. 한 연구가 어떤 이론에서 비롯되었다고 해서 그 연구의 가치가 입증되는 것은 아니다. 연구는 그 자체로 가치를 지녀야 한다." 그는 학습에 대한 자신의 조작적 접근을 확장하여 프로그램된 지시라든지, 언어 획득, 행동 수정, 그리고 사회 행동 등을 연구하였다. 스키너는 생을 마감하는 순간까지 인지 심리학의 모든 면을 혐오했다.

스키너는 펜실베니아의 서스케아나에서 태어났다. 그는 문학을 공부했으며, 심리학을 알기 전까지 작가로 지냈지만, 그의 작가 생활은 불운했다. 그는 1931년 하버드 대학에서 박사 학위를 받고 미네소타와 인디아나에서 연구한 후, 1947년에 다시 하버드로 돌아왔다. 그의 조작적 조건 형성 연구는 처음에는 무관심의 벽에 부닥쳤으나, 그것이 지닌 폭넓은 응용 가능성이 점차 제대로 평가받기 시작하면서 스키너는 당대에 가장 유명한 심리학자가 되었다.

정작 스키너 본인은, 자신이 자기 사상이 아닌 자신이 만든 상자에 그것의 원조인 것처럼 연결되는 것을 탐탁지 않아 했지만, 그 상자는 아직도 그의 이름을 달고 있다. 스키너 상자를 우유한 상자들이 모여서 스키너의 얼굴 윤곽을 만들고 있는 동시에 스키너는 상자 속에 갇혀 있는 모습이다. 검은 색과 흰색이 규칙적으로 배열된 기하학적 패턴들을 보고 있으면, 주관적인 색이 느껴진다. 흰색 모양들 사이로 희미한 파스텔 톤의 색깔이 나타난다. 이 현상은 스키너가 하버드에서 처음 교수가 되었을 때 연구했던 것이다. ☑

■ 기존에 강화를 통해 획득되었던 반응이 사라지는 현상.

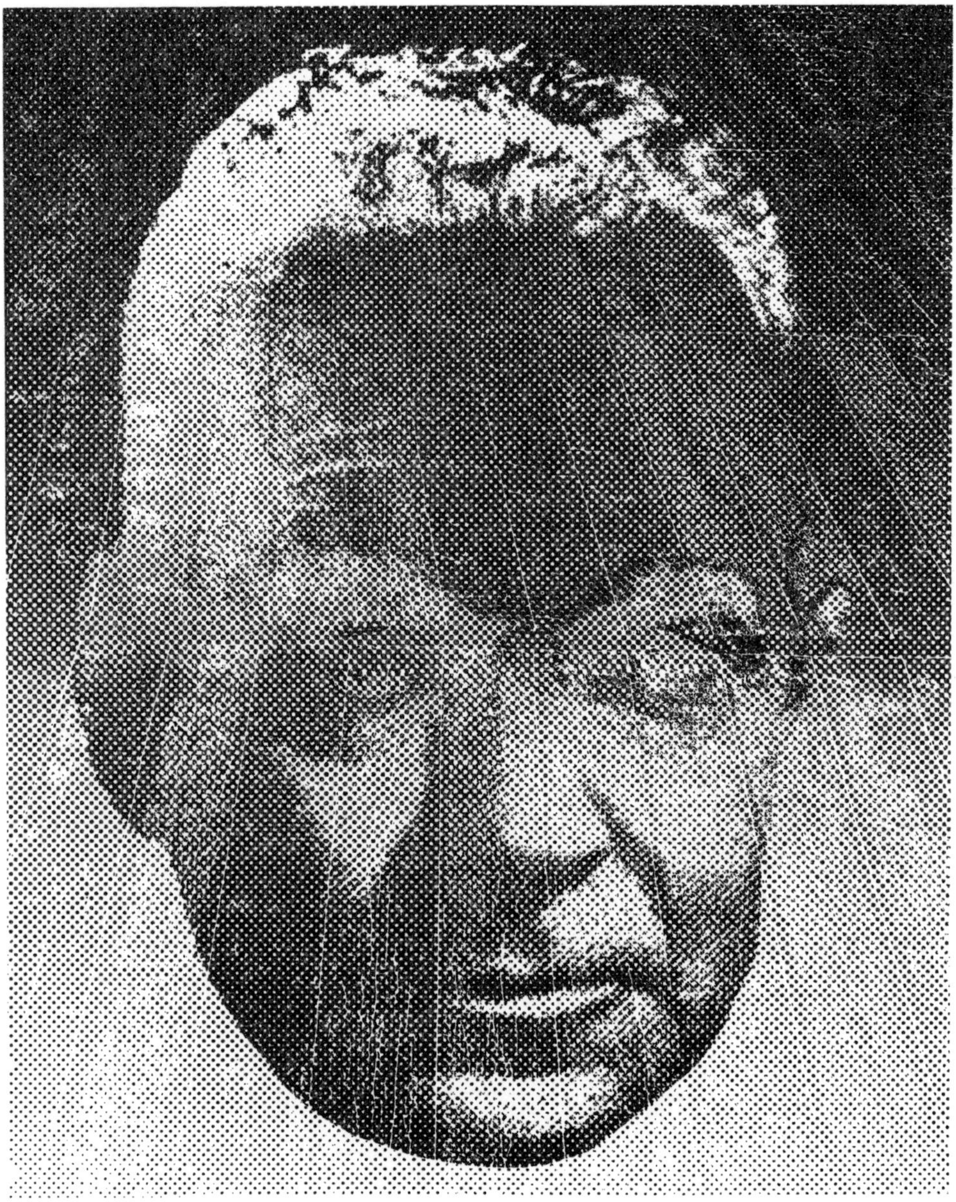

결 구배

제임스 제롬 깁슨(James Jerome Gibson, 1904~1979)은 지각을 전공하던 학생 시절에 이미 지각에 대한 새로운 접근 방식을 정의하고, 생태학적 광학이라 이름 붙였다. 그는 이러한 접근이야말로 '유기체가 어떻게 세상을 지각하느냐'라는 오랜 수수께끼에 대해 새로운 해답을 줄 수 있을 것이라고 생각했다. "시지각에 대한 생태학적 접근…… 이것은 한 지점에서 다른 지점으로 걸어가고 있을 때라든지, 또는 관심 있는 물체 주위에서 서성이다가 자세히 알아보기 위해 그것에 다가갈 때, 관찰자가 경험하게 되는 풍부한 자극 배열에서부터 시작한다. 이런 식으로 관찰 지점에 따라 시간에 걸쳐 조망 구조가 변화하는 가운데서 관찰자는 변하지 않는 정보를 추출하고, 숨겨진 표면과 숨거지지 않은 표면 사이의 연결을 알아차리게 된다." 적극적인 관찰자에게 풍부한 자극을 제공하는 것은, 바로 이러한 시간(운동)과 공간의 통합이다. 자신을 직접적 실재론자(direct realist)라 칭했던 깁슨은 리드의 전통을 따랐다. 깁슨은 코프카가 던졌던 기본적인 질문, 즉 "왜 사물들은 그것들이 보이는 것처럼 보이는가?"("Why do things look as they do?")를 수정하여 "왜 사물들은 실제로 있는 대로 보이는가?"("Why do things look as they are?")로 바꾸어서 물었다. 브룬스위크와 마찬가지로 깁슨 역시 생태학적 타당성에 관심을 두었지만, 그의 이론은 훨씬 더 급진적이었다. 그는 내적 표상의 존재를 부정함으로써 내적 표상과 연합된 전통적인 문제들을 비켜 나갔다. "내가 제안하고자 하는 단순한 공식은 고전적 지각 이론으로부터 근본적으로 벗어나 있다. 단순한 공식이란, 지각은 자극의 함수이며 자극은 환경의 함수이므로, 지각은 곧 환경의 함수라는 것이다." 따라서 그는 스키너처럼 행동의 생리적 토대에 별 관심이 없었다. 2차 대전 동안 심리학자로서 공군 조종사 훈련 프로그램에 참여한 후, 그는 실험실에서 행해지는 시각 연구의 가치를 의심하게 되었다. 실험실 연구는 관찰자들의 눈과 머리를 전혀 움직이지 못하도록 고정한 채로 너무나 단순화된 자극에 의존하여 이루어지는 것으로 보였다. 그는 시각 연구가 다루어야 할 것은 스크린 상의 빛이라든지 대상들을 그린 그림과 같은 단순한 자극들이 아니라 실제 공간상의 대상이라고 주장하였다. 깁슨에 따르면, 대상의 지각은 직접적인 것이며, 자극의 고차적 변수들과 지각의 고차적 변수들은 서로 등가적이다. 다시 말해서, 광학적 자극 흐름(optic flow) 속에는 불변하는 특징들이 있으며, 관찰자는 바로 그러한 불변하는 특징들을 단순히 집어낼(picks up) 뿐이다. 그는 정적인 광학적 배열(static optic array)의 결 구배(texture gradients)와 관찰자의 움직임에서 비롯된 광학적 배열의 변형, 즉 광학적 흐름(optic flow)과 같은 고차적 변인들을 연구하려 했다.

깁슨은 오하이오 주의 머스킹엄 밸리에서 태어났다. 그는 프린스턴 대학에서 심리학 박사 학위를 받았으며, 스미스 칼리지에서 교수 생활을 시작했다. 이곳에서 그는 코프카를 만났는데, 코프카는 깁슨의 초기 지각 연구에 큰 영향을 미쳤다. 『시각 세계의 지각』(*The Perception of the Visual World*, 1950)에서 깁슨은 음영을 사용한 재미있는 그림을 보여주고 있다. 이 그림은 한 방향에서 보면 움푹 들어간 홈처럼 보이고, 거꾸로 세워서 보면 툭 튀어나온 혹처럼 보인다. 이것을 모티브로 이용해서 깁슨의 초상화를 그렸다. 그림에서 얼굴과 배경은 모두 동일한 결 구배를 지닌 점들로 이루어져 있지만, 그림의 위 부분과 아래 부분은 서로 반대되는 명암 대비를 보이고 있다. 얼굴과 배경 위로 높은 생태학적 타당성을 지닌 결 구배가 드리워져 있다. 이 결 구배 패턴은, 코넬 대학을 둘러 싼 바다 속으로 움푹 들어가 있는 방파제의 널빤지를 나타낸다. 깁슨은 서른 해가 넘게 코넬 대학에서 연구 생활을 했다. ☑

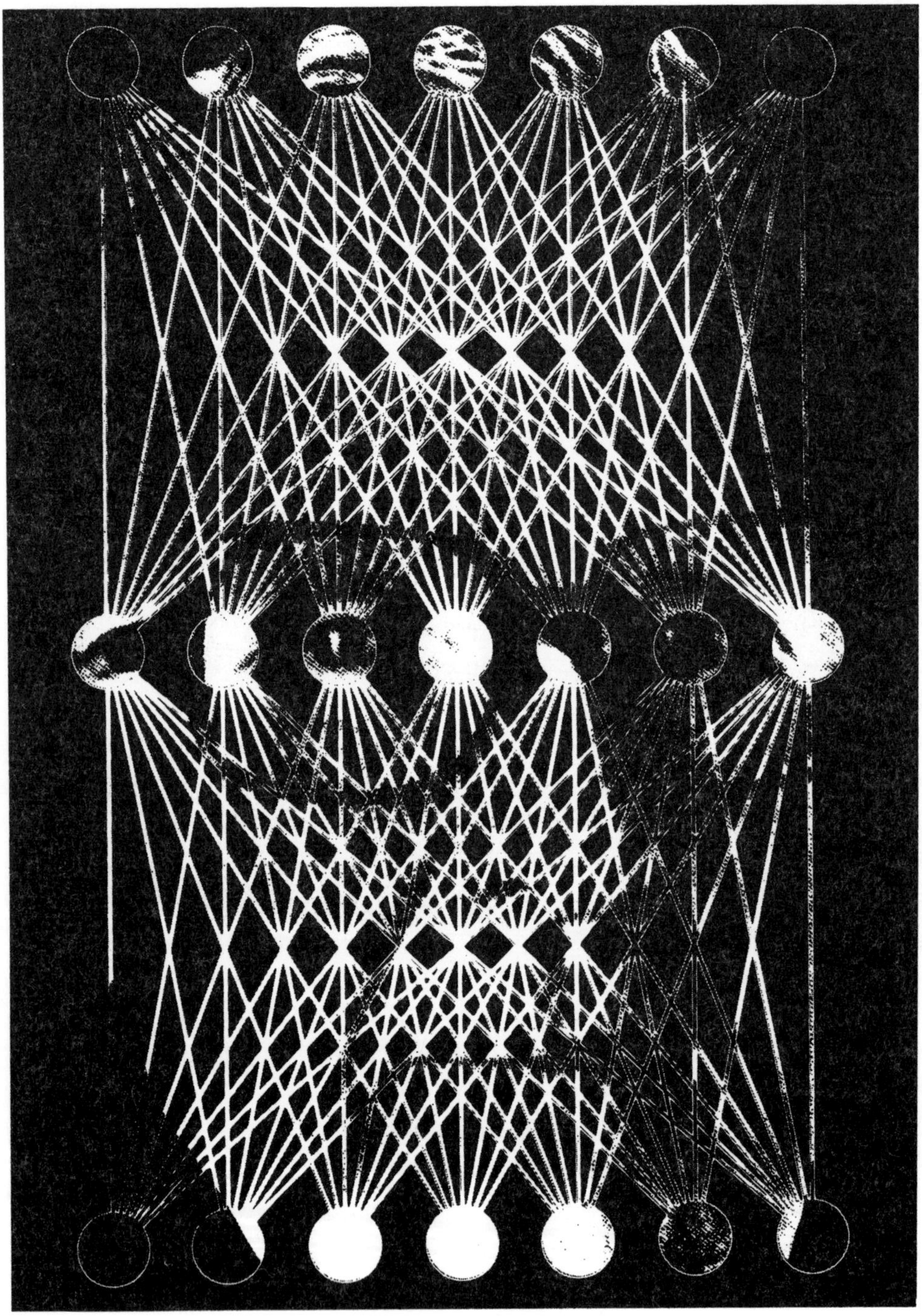

얼굴 연쇄(Face Sequences)

도널드 올딩 헵(Donald Olding Hebb, 1904~1985)은 대부분의 뇌 활동이 감각 기관을 통해 입력되는 정보와는 독립적으로 진행되며, 감각은 단지 뇌 활동의 어떤 측면을 증폭시키는 것에 불과하다고 제안하였다. 이 제안을 통해, 그는 경험과 뇌 과정 사이의 관계를 더욱 포괄적으로 정립하고자 했다. 래슐리가 쥐의 뇌에서 엔그램(engram), 즉 기억 흔적을 발견하려 했으나 별다른 결실을 거두지 못하자, 헵은 기억이 '세포 조합'(cell assemblies)이라 불리는 신경 세포 회로들의 활동으로 저장된다는 매력적인 대안을 제시하였다. 그는 이러한 생각을 『행동의 조직화』(*The Organization of Behavior*, 1949)란 책에 발표하였다. 이 책에서 그는 지각, 주의, 학습, 지능, 그리고 동기 등을 신경 생리학적인 관점에서 사변적으로 해석하였다. 그는 '세포 조합'들이 동시에 흥분하면 지각 학습이 일어난다고 주장하였다. '세포 조합'들이 함께 반복적으로 흥분하면, 연접부에 변화가 일어나며, 이러한 연접부의 변화는 그 연접부를 통해 연결된 신경들이 함께 흥분할 확률을 증가시키게 된다. 헵은 앞서 소개한 베인(Bain)과 매우 흡사한 가정을 하였다. 베인도 헵과 마찬가지로 연합 원리를 행동 적응성과 조화시키려 하였다. 그러나 헵은 그 동안 축적된 신경 생리적 지식의 이점을 누릴 수 있었다. "세포 A의 축색이 세포 B를 흥분시키기에 충분할 정도로 가까운 거리에 있고, 그리고 일관되게 반복적으로 세포 B를 활성화시키면, 어느 한 세포 또는 두 세포 모두에서 모종의 성장 과정이나 또는 신진 대사의 변화가 일어나게 되어, 세포 A는 점점 더 효율적으로 세포 B를 활성화시킬 수 있게 된다." 각기 다른 세포 조합들이 동시에 활동하게 되면, 이러한 활성화는 '상 연쇄'(phase sequences)라 불리는 더 복합적인 단위로 연결될 수 있다. "'상 연쇄'는 일시적으로 통합되어 연쇄적으로 일어나는 '세포 조합'들의 활동이다. …… 그 활동들의 계열에서 각각의 세포 조합 활동은, 첫째 외부 자극에 대한 감각으로 인해 촉발될 수 있고, 둘째 다른 세포 조합들의 흥분에 의해 촉발될 수도 있으며, 셋째 두 방식 모두로 인해 일어날 수도 있다. 그중 마지막 경우는 종종 조직적으로 일련의 행동들이 연속하여 발생할 때에 해당한다." 헵의 아이디어는 최초로 컴퓨터 시뮬레이션으로 시험받은 것들 중의 하나였다. 초기의 시뮬레이션 결과들은 그다지 성공적이지 못했다. 그러나 헵 이론의 핵심적인 개념들은 살아 남아서 신경 회로망과 병렬 분산 처리 연구에서 다시 주목받으며 등장하게 된다.

헵은 노바 스코티아의 체스터에서 태어났다. 그는 달하우지 대학과 맥길 대학에서 연구를 시작하였으며, 심리학 연구는 조금 늦게 시작하였다. 그는 하버드의 래슐리 밑에서 박사를 마쳤다. 그리고 몬트리올 신경학 연구소에서 펜필드와 함께 연구했다. 그는 래슐리의 영향을 받아 지각과 학습에 관심을 갖게 되었으며, 펜필드의 영향으로 각성(arousal) 분야에 관심을 가지게 되었다. 헵은 온타리오의 킹스턴에 있는 퀸즈 대학에서 연구한 후, 1942년 여크스 영장류 생물학 실험실의 실장으로 선인되었다. 그는 1947년에 다시 맥길 대학으로 돌아와 계속 연구하였다.

세 수준으로 된 신경 회로망의 중간층에서 헵의 얼굴을 볼 수 있다. 중간층에 있는 각 세포는 위층과 아래층의 모든 세포들과 연결되어 있다. 더 많은 층들로 이루어진 복잡한 신경 회로망은 '숨겨진 층'들(hidden layers)을 갖게 되는데, 입력 층이나 출력 층 그 어느 쪽도 이 '숨겨진 층'들의 활동에 영향을 줄 수 없다. ☑

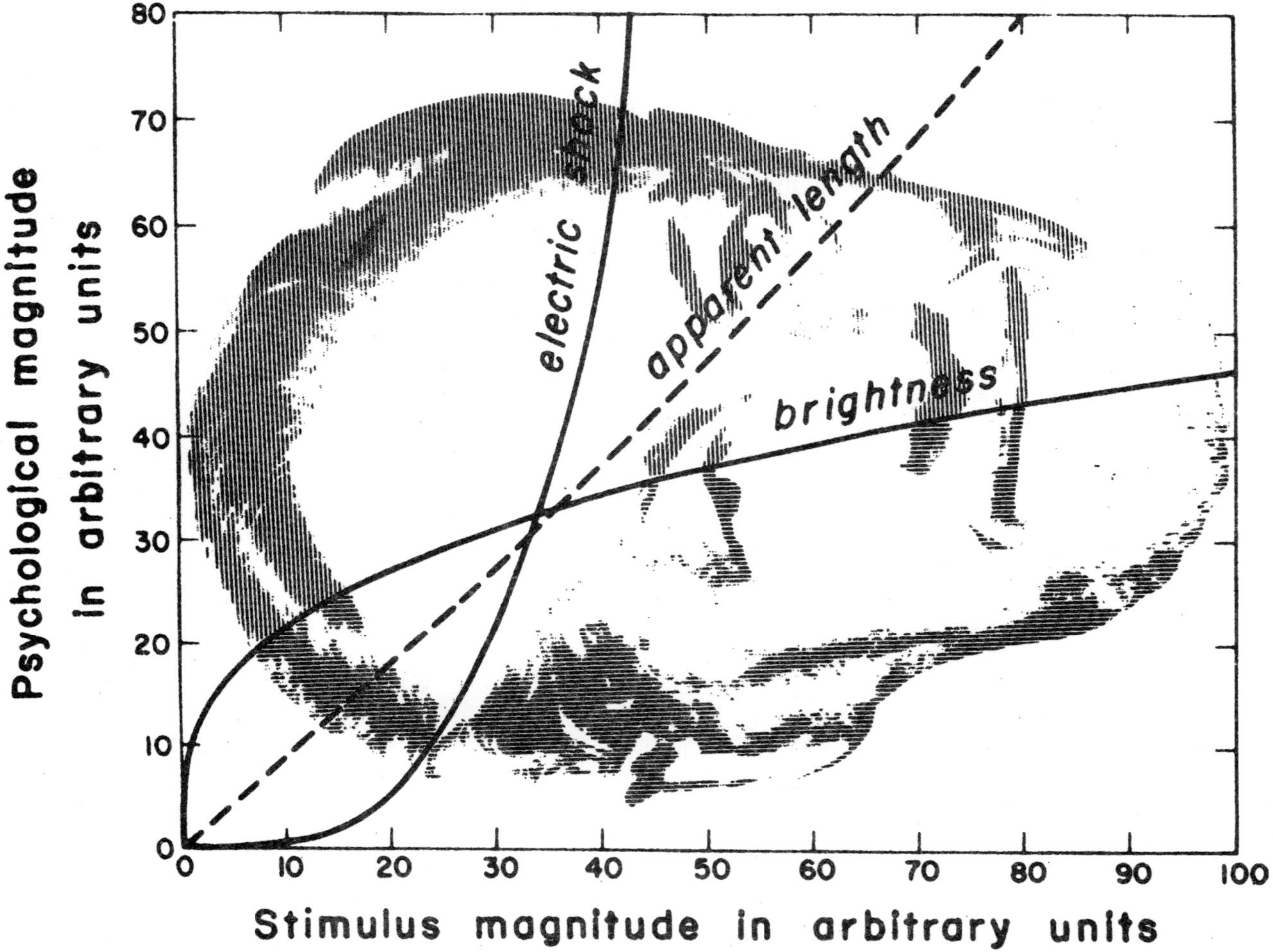
Psychological magnitude in arbitrary units
Stimulus magnitude in arbitrary units
electric shock
apparent length
brightness
0
10
20
30
40
50
60
70
80
90
100

제곱 함수(power functions)

스탠리 스미스 스티븐스(Stanley Smith Stevens, 1906~1973)는 페크너를 존경하는 마음으로 기억하면서도 동시에 페크너의 법칙을 무효화함으로써 『정신 물리학의 기본 요소』(*Elements of Psychophysics*)의 출판 100주년을 기념하였다. "페크너가 기념비적 업적을 이룬 지 100년이 되도록 계속되어 왔던 일관된 물음은, 아마도 정신 물리학을 처음 내세운 사람이 어떻게 그렇게 많이 알 수 있었던가 이며, 그리고 어떻게 그토록 잘못된 추측을 할 수 있었는가 하는 점이다. (페크너는 다른 일반적인 오류와 달리 지각의 오류는 지각된 강도와 독립적으로 일어난다고 믿었다)" 스티븐스는 페크너가 감각 크기를 수량화하는 데 사용했던 간접 범주 방법들을 탐탁지 않게 여겼고, 그 대신 플라토(Plateau)가 개척한 직접 비율 기법을 선호하였다. 그는 또한 베버의 법칙이 감각 차이와 자극 차이에 대칭적인 방식으로 적용될 수 있다는 브렌타노의 제안에 영향을 받았다. 스티븐스는 직접 감각의 크기를 추정할 수 있는 여러 방법들을 개발하였다. 즉, 어떤 자극의 강도가 시간상에서 변화할 때 어떤 특정 시점에서 그 자극의 강도를 숫자로 표현한다든지, 두 자극의 강도가 서로 다르다는 것을 판단할 수 있는 상대적인 비율을 구한다든지, 또는 각기 다른 감각 차원을 갖는 자극들의 강도를 짝짓는다든지 하는 등의 방법을 개발하였다. 이들 방법을 다양한 자극 차원에 적용해 본 결과 얻어진 곡선은 페크너의 로그 함수적 법칙에 들어맞지 않았다. 그래서 스티븐스는 그 결과를 기술할 수 있는 다른 제곱 함수적 법칙을 제안하였다. 페크너의 법칙과 스티븐스의 법칙은 각각이 기초하고 있는 가정에서 근본적으로 다르다. 페크너는 동등한 자극 차이는 동일한 강도의 감각 차이를 일으킨다고 가정했으나, 스티븐스는 동일한 비율의 자극이 동일한 비율의 감각 강도를 일으킨다고 가정하였다. "우리는 제곱 함수로부터 자극과 감각 반응 사이에 아름답다 할 정도로 매우 단순한 관계가 성립한다는 것을 알 수 있다. 우리는 그것을 일곱 단어로 줄여서 말할 수 있다. 동일한 자극 비율은 동일한 주관적 비율을 일으킨다(Equal stimulus ratios produce equal subjective ratios). 이러한 비율에 관한 진술은 정신 물리학 법칙의 핵심을 포착하고 있다." 그는 제곱 함수가 지각뿐 아니라 지각의 신경적 기초에도 적용될 수 있는 보편적 특성이라고 주장하였다. 즉, 자극 강도가 증가함에 따라 신경 신호는 로그 함수가 아니라 제곱 함수로 증가한다. 스티븐스는 과학 철학에도 큰 관심을 가졌다. 당시 물리학자들은 조작주의(operationism)■를 물리학 연구에 응용하고 있었는데, 스티븐스는 이러한 물리학자들의 움직임을 심리학자들에게 소개하여 조작주의를 심리학 연구에도 이용할 수 있도록 하는 데 이바지했다.

스티븐스는 유타 주의 오젠에서 태어났다. 그는 젊은 시절에 작가나 예술가가 되려는 꿈을 지녔지만, 그 꿈을 실제로 이루지는 못했다. 그는 유타와 스탠퍼드 대학에서 많은 과목을 수강한 후, 보링의 지도 아래 하버드에서 심리학 박사 학위를 받았으며, 그곳에서 거의 대부분의 연구 생활을 보냈다. 그는 1966년에 〈지각과 정신 물리학〉(*Perception and Psychophysics*)이라는 학술지를 창간하였다.

정신 물리학자들이 애호하는 차원들, 즉 심리적 강도와 물리적 강도의 차원 안에서 스티븐스를 볼 수 있다. 이중 심리적 강도는 강도 추정법에 의해 측정되었다. 세 개의 함수가 선형 - 선형 축상에 그려져 있으며, 그중 오직 하나(밝기)만이 로그 함수에 부합한다. 곡선 함수를 로그 - 로그 축상에서 그리면 직선 모양으로 나타나며, 직선의 기울기는 제곱 함수적 법칙에서 지수에 해당한다. 밝기 실선을 기준으로 스티븐스 초상화의 왼쪽은 세로선으로 그려져 있고 오른쪽은 가로선으로 그려져 있는데, 자세히 보면 둘 중 한쪽이 더 밝아 보임을 알 수 있다. 여기에 그려진 선분들의 물리적 길이는 서로 다르며, 이러한 선분들의 물리적 길이 차이는 심리적으로도 같은 정도의 길이 차이로 지각된다. ☑

■ 과학적 개념의 의미는 일련의 구체적 조작(operation)에 의해서 주어진다는 것이다. 이 견해는 물리학자 브리지만(Bridgman)이 최초로 주장한 것이며 미국의 심리학자들에게도 많은 영향을 주었다.

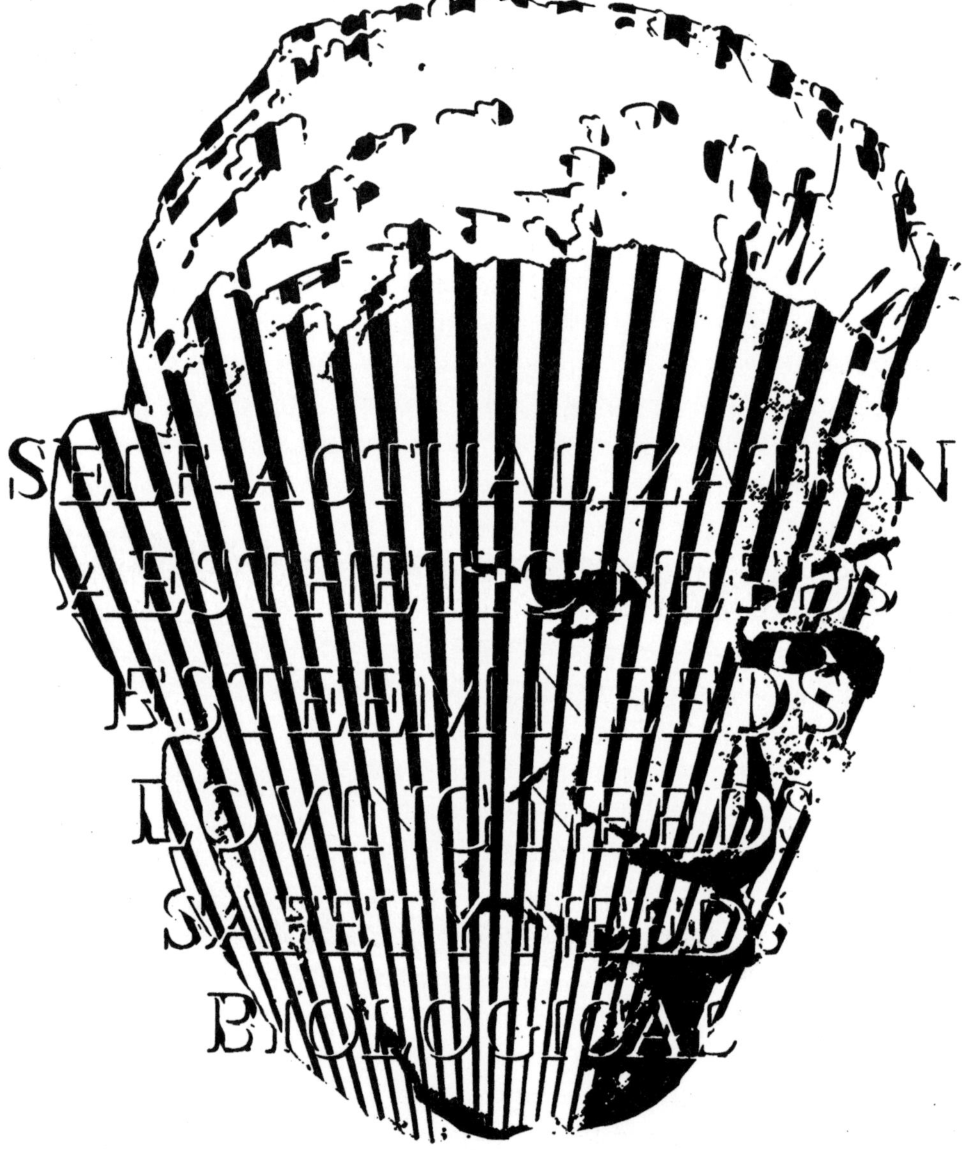
SELF-ACTUALIZATION
AESTHETIC NEEDS
ESTEEM NEEDS
LOVING NEEDS
SAFETY NEEDS
BIOLOGICAL

분리된 뇌

로저 월콧 스페리(Roger Walcott Sperry, 1913~1994)는 간질 환자를 수술하는 과정에서 대뇌 반구를 연결하고 있는 신경 경로를 절단한 후 지각과 인지에 변화가 생기는 것에 주목했다. 좌우측 중한 면에 하나의 고정점을 찍고 그 면에 시각 패턴들을 제시하여 한쪽 반구에만 투사한다면, 두 반구가 각각 수행하는 기능의 차이를 결정하는 것이 가능했다. "뇌의 좌반구와 우반구는 각기 전문화된 지능 형태를 갖는 것으로 알려져 있다. 좌반구는 매우 언어적이고 수학적이며, 분석적이고, 상징 기능이나 컴퓨터와 같은 순차적 논리를 잘 수행한다. 이와 대조적으로 우반구는 공간적, 비언어적, 통합적, 공간 지각적, 기계적인 종류의 과제와 같이 아직까지는 컴퓨터로 시뮬레이션되기 어려운 정보 처리에 능하다." 브로카 이래로 사람들은 좌반구 주도성에 주목하여 왔지만, 스페리는 우반구의 전문성도 또한 입증할 수 있었다. 이 연구는 국소성 연구에 커다란 자극제 역할을 하였는데, 종종 그 결과들이 대중적인 책들에서 과잉 해석되어 알려지는 일이 있기도 했다. 이들 대중 서적들은 심지어 기능적 전문성에 관해서 음양 오행설과 같은 고대 양분법과 관련짓기까지 했다.

스페리의 보다 초기의 연구는 신경 과학에서의 또 다른 기본적인 질문과 관련되어 있다. 즉, 뇌 속의 신경 세포들은 어떻게 적절하게 연결이 이루어지는가? 그는 양서류의 신경이 재생된다는 사실을 이용하여 이러한 물음을 연구하였다. 한 영원(newt, 양서류)의 시신경을 절단하자 신경이 원래의 연결을 다시 복구하였다. 이런 현상은 심지어 눈을 돌려놓았을 때에도 일어났다. "망막의 여러 지점들로부터 뻗어 나오는 시신경은 어떤 방식으로든 서로 구분됨에 틀림없다. 안으로 자라는 시신경이 서로 구분되지 않는다면, 각기 다른 기능적 연결을 정상적인 패턴으로 결코 재구축하지 못할 것이다. 각각의 시신경은 어떤 저마다의 특질을 부여받는 것이 틀림없는 듯한데, 아마도 그것은 틀림없이 화학적인 것인 듯하며, 각 시신경을 망막 상의 어떤 특정 지점에서부터 연원하는 것으로 특징짓는다." 이러한 논리를 따른다면, 넓적다리 피부를 어깨로 이식하여 어깨를 자극한다면 넓적다리에서 수축 반응이 일어날 것이다.

스페리는 코네티컷 주의 하트포드에서 태어났다. 그는 영어를 공부한 후, 오벨린 칼리지에서 심리학을 공부하고, 시카고 대학으로 옮겨 그곳에서 동물학을 공부했다. 그는 하버드와 시카고에서 교수 생활을 한 후, 1954년에 캘리포니아 공과 대학으로 옮겼다. 그는 1981년에 의학과 생리학 부문의 노벨상을 받았다. 그는 말년에 윤리학과 신경 과학의 관점에서 도덕적인 문제나 철학적인 문제들을 바라보았다. "내 관점에서 보자면, 가치란 가치 위계 안에 다시 가치 위계가 있는 그러한 여러 겹으로 복잡하게 조직화된 어떤 것으로 보인다."

스페리의 완전한 얼굴 초상화는 뇌량을 절개했을 때 볼 수 있는 뇌의 횡단면 그림과 겹쳐 있다. 뇌량은 대칭적인 좌우 대뇌 반구를 연결하는 신경 다발들로 이루어진 방대한 구조이다. ☑

As remarked above one of the characteristics of memory and perception is the recognition of identity or of similarity. To recognise a thing is surely to react to it, internally or overtly, as the 'same thing' to which we reacted on a previous occasion.

In the above sense mechanical devices can show some degree of recognition. A photocell can respond in the same way to apples having the same colour, a penny-in-the-slot machine to similar coins, and so forth. Men and animals are capable of this, but of much more. The progressive stages of recognition may be classified as:

(1) Those in which all the conditions of stimulation are identical, within the limits of discrimination of the organism;

(2) Those in which there are differences in the peripheral stimulation, but in which these may be 'corrected' by other sensory impulses so as to lead to the production of an identical pattern of central stimulation;

(3) Those in which such correction is inadequate or lacking, so that there are points of difference between the stimulation on two occasions, these points of difference being perceptible by the organism, yet the thing is recognised as the same in certain important aspects; and

(4) Those in which the differences extend to all direct sensory qualities and physical constituents, so that the sameness of the two objects is confined to some abstract characteristic such as triangularity, number, and other spatial or temporal relations or vague qualities such as intellectual difficulty.

정체성 재인

케니스 존 윌리암 크레이크(Kenneth John William Craik, 1914~1945)는 마음과 기계에 의해 수행된 조작들을 비교한 후, 지각과 수행은 환경의 심성 모형에 기초한다고 제안하였다. "외부 세계 존재를 가정하면서, 나는 사고의 상징 기호 이론을 개관했으며, 이 이론에서는 신경 체계를 외부 사건들을 모형화하거나 또는 비교할 수 있는 계산기로 간주한다. 그리고 나는 이 비교 처리가 사고와 설명의 기본적인 특징이라고 제안했다. 덕분에 신경 체계의 소유자는 항상 변함없이 동일한 경험적인 시도를 하게 되는 일이 없이 사건을 예언할 수 있다." 이러한 기계 은유는 특히 실험 심리학자들에게 매력적이었다. 크레이크는 비록 상대적으로 단순한 기계의 도움을 받을 수밖에 없었지만, 그의 통찰은 심리학 전반을 휩쓸고 지나간 인지 혁명의 핵심에 놓여 있다. 그는 아날로그 기계로 작업하였는데, 당시는 디지털 컴퓨터는 막 나타나던 시대였다. 그럼에도 불구하고, 그는 환경에 적응하는 데 있어서 자동 제어 체계의 중요성을 정확하게 인식하였다. "그러한 체계의 주요 부분은 우선 감각 기구로, 이 부분은 감각 기구가 산출해 내는 상쇄 원인에 미치는 통제 효과와 그 상쇄 원인의 성질을 관련짓는 법칙으로 이루어진다. …… 감각 기구의 근본적인 특징은 그것이 측정하려는 변화를 증폭시키는 능력, 또는 환원 원인을 구동시키는 데 사용되는 에너지 형태로 변환하는 능력을 가지고 있다는 점이다. …… 그 다음 부분은 계산 기구와 제어기로 부르는 부분으로 이 부분은 평형 상태를 복원하기 위해 효과기로부터 방출되는 에너지의 양과 종류를 결정한다. …… 마지막 부분은 동력 부위 또는 효과기로, 인간이나 동물들에서는 근육에 해당하는 것이며, 평형 상태를 복원하는 기능을 한다." 그는 반사 작용보다는 예언에 관심을 가졌는데, 이 점은 바틀렛과 공유하는 부분으로, 그의 이러한 관심은 행동주의에 대한 불만족을 반영하는 것이었다. 그가 죽은 후 컴퓨터의 속도와 복잡성은 크게 증가하여 더욱 인지적으로 보이는 과제까지 컴퓨터 시뮬레이션이 가능해졌다. 공학에서 출발한 개념, 즉 정보라든지 자기 조직화와 같은 개념들은 점차 증가하는 신경 생리학 지식과 통합되어 다시 컴퓨터를 뇌의 은유로 사용하는 결과를 낳았다.

크레이크는 에딘버그에서 교육받았으며, 그곳 대학에서 철학을 공부했다. 그는 케임브리지 대학의 바틀렛 밑에서 심리학을 연구했으며, 그곳에서 1944년에 응용 심리학 연구소의 소장이 되었다. 그는 케임브리지에 있을 초창기에는 시각 적응에 관해 연구하였다. 그는 눈이 시계-조절 도구와 같이 작동한다는 것을 증명하였다. 한 대담한 실험에서, 그는 자신의 오른쪽 눈으로 태양을 2분 동안 응시하였다. 그렇게 6개월에 걸쳐 계속 실험한 후, 망막 상의 암점으로부터 회복되는 과정을 도표로 만들었다. 2차 대전 동안 그는 기계를 만드는 데 천재성을 발휘하여 복잡한 과제 상황에서의 인간-기계 상호 작용을 연구하며 항공기 모사기를 설계하였다.

우리는 자연 패턴 인식자와 인공 패턴 인식자들이 부닺치는 문제들을 기술하고 있는 교재 안에서 크레이크를 볼 수 있다. ☑

시각 전도

이보 콜러(Ivo Kohler, 1915~1985)는 크레이크가 제안한 것과 같은 유형의 환경의 내적 모형들이 경험에 의해 수정될 수 있다는 증거를 공들여 얻었다. 그는 장기간 동안 다양한 굴절 광학 도구를 착용하였다. 그래서 그는 지각과 행동 모두가 새로운 공간 관계에 적응할 수 있다는 것을 알아냈다. 한 연구에서 그는 양안 거울 기구를 거의 네 달 동안 계속 착용했는데, 이 기구는 두 눈의 이미지들을 역전시키는 기구다. 이 기구를 처음 썼을 때에는 모든 것이 거꾸로 보였고, 시각 정보에 기초한 모든 행동은 서툴렀으며 자주 실수를 범했다. 며칠 후, 그리고 몇 주 후에 그는 더 이상 전도 거울의 영향을 받지 않고 행동할 수 있었다. 그는 물체들에 적절히 도달할 수 있었고, 심지어 스키와 같은 복잡한 기술도 구사할 수 있었다. 몇 주의 적응 기간을 통해 그는 시각 - 운동 과제 수행에 관한 자세한 프로토콜과 기록을 남겼다. 그 거울을 더 이상 착용하지 않았을 때, 그는 잔상들이 오랫동안 계속된다고 보고하였다. 세상은 한 번 더 변형되었지만, 그러나 회복은 적응 기간보다는 빨랐다. "이렇게 장기간 동안 진행되기는 처음인 이 실험은 매우 중요하다.…… 우선, 획득된 잔상은 최적의 강도다. 두 번째, 그것은 많은 기묘한 잔상을 일으킨다. 나는 이미 그것을 '상황적'이라고 언급했었다. 곡률, 왜곡, 일탈, 가현 운동 등등이 감각 중추에 흔적을 남긴다는 것이 알려졌을 뿐만 아니라, 이들 장애의 강도 차이도 밝혀졌다." 콜러는 헬름홀츠가 시작했던 실험들을 확장하고 있었다. 헬름홀츠는 눈에 보이는 목표에 도달하는 데 미치는 프리즘 왜곡 효과를 검토하였다. 최초의 실수는 연습으로 보정되었으며, 그후 왜곡되지 않은 시각으로 다시 바뀌어도 잔상은 일어났다. 깁슨도 또한 프리즘에 적응한 후의 곡률과 기울기의 잔상을 측정하였다. 19세기 말경에 조지 말콤 스트라튼(George Malcolm Stratton, 1865 - 1957)은 한 눈에 전도 안경을 쓰고 8일에 걸쳐 적응하였고, 그후의 잔상을 관찰하였다. 콜러의 실험은 시각 적응에 대한 관심을 다시금 불러일으켰으며, 많은 새로운 현상들 특히 응시 관련 색 잔상 효과에 관한 연구를 자극하였다. 그의 관찰은 일반적으로 색상 - 관련 잔상 연구를 자극하였다.

콜러는 인스부르크 대학에서 신학을 공부하면서 연구를 시작했지만, 곧 철학을 공부하게 되었으며, 그후에는 다시 심리학을 공부하게 됐다. 그는 인스부르크의 심리학 연구소에서 10년간 조교로 일한 후 소장이 되었다.

콜러의 방법들은 형태주의 심리학의 현상학적인 전통에 속해 있다. "물론 형태주의 심리학에 대한 나의 태도가 비록 다소간 애매하기는 하다. 나는 지각에서 소위 '체제화'라고 부르는 것을 부정하지는 않는다. 그러나 나는 우리가 어떤 종류의 자극에 계속 노출되면 체제화가 변화한다는 것을 알아냈다고 믿는다." 이러한 다의성이 콜러의 초상화에 표현되어 있다. 초상화의 모든 부분들이 전도되어 있지만, 하나의 형태로 체제화되어 정상적인 얼굴로 보인다. 이것은 또한 시각 전도 기간 동안의 시각의 현상적인 보고와 연합된 해결되지 않은 수수께끼를 반영하기도 한다. 다시 말해서 그 수수께끼란 시각-운동 적응 후에도 시각적으로 세계가 정상적인 모습으로 보이는지에 관한 물음이다. ☑

대비 민감성

퍼거스 윌리암 캠프벨(Fergus William Campbell, 1924~1993)은 새로운 시각 자극을 만들었다. 소리와의 유추를 통해, 소리에서 가장 단순한 자극은 특정 시간 빈도를 갖는 음이므로 단일한 공간 빈도를 갖는 패턴이 이상적인 시각 자극이라고 제안하였다. "가장 단순한 음신호는 순수한 사인파이며, 시각에서는 격자 무늬가 이에 해당한다. 그 무늬의 밝기는 단순 사인파 형식으로 변화한다." 헵은 빛의 반점이 가장 단순한 자극이라고 주장했으며, 이러한 주장은 시각 연구에서 신경 생리학의 초기 발견으로부터 지지 받았다. 고양이 시신경의 단일 세포의 활동을 미세 전극으로 기록한 결과 수용장이 원형이며 동심원과 같다는 것이 밝혀졌다. 그러나 후에 시각 피질 세포들은 선형 수용장을 갖는다는 것이 발견되었다. 그 수용장은 특정 각도로 기울어진 선이나 테두리와 같은 패턴 특징에 가장 민감하게 반응한다. 캠프벨은 이들 특질 - 분석 접근의 대안을 제시하였다. 그의 주장에 따르면, 복잡한 패턴은 특정 공간 빈도에 선택적인 채널들에 의해 처리된다. 이 견해에 따르면 하나의 선이라 하더라도 공간 빈도라든지 대비, 단면에 따라 달라지는 일군의 분석자에 의해 다시 분석될 수 있는 복합 자극이다. "감각 생리학의 근본적인 통찰은 하나의 감각 체계 내에 많은 병렬적인 경로들이 존재하며, 각각의 경로들은 각기 다른 유형의 자극 요소 정보를 전달하도록 전문화되어 있다는 것이다." 시각 연구자들은 이러한 채널 가설을 열광적으로 받아들였으며, 실제로 이 가설로부터 경험적으로 많은 결과를 얻었다. 한 때, 이러한 접근은 공간 빈도라는 용어로 자극을 정의하였으며, 그리고 공간적으로 선택적인 채널들에 의해 자극이 처리된다는 처리 이론도 제안하였다. 물리학자들은 렌즈의 광학적인 특징을 평가할 때, 조절 진이 함수를 결성하여 푸리에 분석 수학을 적용할 수 있도록 하는데, 시각 체계 역시 대비 민감도 함수를 이용하여 동일한 방식으로 검토되었다. 더욱이 채널들이 각기 독립적으로 작동하기 때문에 선택적으로 순응될 수도 있고, 특정 시각 전위를 산출할 수도 있으며, 전기 생리적 기록도 가능하다는 것을 시사하는 증거가 나왔다.

캠프벨은 글라스고우에서 태어나, 그곳에서 교육받았다. 그는 의학을 공부한 후, 옥스퍼드 대학에 잠시 머문 후 다시 글라스고우 대학으로 돌아와 안과학을 공부했다. 그후 그는 케임브리지 대학의 신경 감각 생리학 교수로 있었다. 그는 초기에 생리 광학에 관심을 두고 연구했으며, 영의 시력 측정기를 개선하여 망막 상의 질을 측정하였다. 그는 1978년에 왕립 학회 회원이 되었다.

캠프벨의 초상화는 그가 사용해야 한다고 주장했던 자극, 즉 사인파 무늬로 그려져 있다. 그가 개발한 대비 민감도를 측정하는 방법은 각기 다른 공간 빈도에서 대비역, 다시 말해서 격자 무늬의 가장 밝은 부분과 가장 어두운 부분 사이의 휘도차를 결정하는 것이었다. 초상화는 정상적인 독서 거리에서 역치보다 낮은 저공간 빈도로 나타냈다. 그래서 더 멀리 떨어져서 그림을 본다거나 또는 이리저리 흠식이며 그림을 본다면 초상화에서의 공간 빈도가 증가하게 되거나 또는 흐려지게 될 것이고, 이렇게 된다면 비로소 캠프벨의 미소짓는 모습을 볼 수 있을 것이다. ☑

Monitoring of several channels with response to one at a time.— The situation which we will now consider is much closer to real life than those which have gone before. In the present case the listener hears speech from a number of different sources, but ignores any messages which are not for him. He is therefore carrying out a combination of the two simpler tasks: he may listen to two messages simultaneously, but then can ignore one message and deal only with the other. As before, we are interested largely in central processes which may apply to psychology in general rather than to hearing alone. It is more difficult to be sure of the relative roles of sensory and central processes in this case than it was in the simpler ones, but some such distinction can be made by considering the types of score and the effect of instructions. There are comparatively few results from this type of situation on the effect of varying the amount of information presented to the subject. Many data are to be found, however, on the familiar question of the physical methods used to present the messages: and in addition there are results on the effectiveness of certain types of message in securing response.

The spatial arrangement of the sound sources is again important. It will be remembered that spatial separation is highly beneficial when only one message is to be answered, but not when both are to receive a response. In the monitoring situation, which combines both the other tasks, separation is on the whole desirable but not altogether so. Webster and Thompson found that six channels were handled better when fed through six loudspeakers rather than one, and also that provision of 'pull-down' facilities was helpful. Spieth, Curtis and Webster found that three loudspeakers were better than one. This was not because of differences in the quality of the sound produced by different echoes in different places, because separation was still useful when the channels were made artificially different in quality by putting different band-pass filters in the circuits.

채널 용량

도날드 에릭 브로드벤트(Donald Eric Broadbent, 1926~1993)는 인간 인지 정보 처리 모형을 발전시켰다. "한 신경 체계는 어느 정도는 단일 통신 채널처럼 작용하며, 그래서 그 체계가 제한된 용량을 갖는다고 간주하는 것은 중요하다." 그는 실제 장면에서 숙련된 행위를 검증하는 바틀렛의 접근을 채택하였으며, 크레이크의 기계 모형화 은유를 더 발전시켰다. 초기 연구를 위해 선택한 한 가지 과제는 동시에 두 메시지를 듣는 것이었다. 그는 선택의 문제가 지각보다는 주의에 적용된다는 것을 올바로 인식하고, 공학자가 라디오를 들으면서 전화 통화를 할 때의 정보 전달을 분석하는 것과 동일한 방식으로 인간 수행자를 고려할 수 있을 것이라고 제안하였다. 그의 모형에 따르면 감각 신호는 처음에는 매우 짧은 순간 동안 저장되며, 그 신호의 개연성과 중요성에 따라 여과되는데, 이러한 여과 과정에 주의 기제가 작용하여 제한된 용량을 갖는 채널로 어떤 신호를 처리할지를 선택하게 된다. 그는 정보 이동 모형과 이를 지지하는 경험적인 증거들을 〈지각과 통신〉(1958)에 발표하였다. 그 모형은 지각, 수행, 기억, 학습, 각성, 그리고 성격에 관한 여러 실험들에서 나온 증거를 묶었다는 데 가치가 있다. 후에 브로드벤트는 이 모형을 확대하였으며, 많은 다른 인지 과학자들 역시 이 모형을 확장하였다. 컴퓨터가 점차 복잡해서고 처리 속도가 증가하면서, 또한 실험 심리학에 디지털 방식의 계산 언어가 스며들면서 정보 처리 모형의 매력도 더불어 증가하였다.

브로드벤트는 영국 버밍햄에서 태어났다. 그는 당시 케임브리지 대학에 있던 바틀렛에게서 심리학을 배웠으며, 그후 응용 심리 연구소에 참가하여 1958년에는 그곳의 소장이 되었다. 그는 1974년에 옥스퍼드로 옮겼고, 1968년에 왕립 학회 회원으로 선출되었다. 그의 연구의 일관된 주제는 환경 스트레스가 인지 수행에 미치는 효과였다. 그는 한때 비행기 조종사였는데, 그의 관심 분야는 이러한 경험의 영향을 많이 받았다. 당시에 그는 스트레스 조건에서 또는 지루한 조건에서 행해지는 판단 실수를 매우 심각하게 의식하고 있었다. 그는 심리학 내에서의 주요 통찰이 응용 연구에서부터 비롯된다고 주장하며, 일상 생활 속에서 막 출현하는 기술, 특히 인간-컴퓨터 상호 작용을 실험 연구 주제로 삼았다. 그는 당시에 공격받고 있던 경험 심리학에 대해 한때 매우 완고하게 방어적인 입장을 취하였다. "우리는 친구들이 어떤 특정한 상황에서 무엇을 하고 무엇을 말하는지를 아는 것을 빼고는 우리 친구들에 관해 어떤 것도 알 수 없다. 어떤 사람이 이러한 절차 없이도 알 수 있으며, 그래서 어떤 다른 사람을 기계로보다는 좀더 사람으로 대하고 있다고 주장한다면, 그 사람은 모든 사람이 바로 현재의 자신과 같은 종류의 사람일 것이라고 가정하는 위험에 빠질 수 있다."

우리는 브로드벤트가 매우 자세히 검토했던 과제를 배경으로 그의 얼굴을 볼 수 있다. 또한 우리는 그림에서 갖가지 메시지들을 동시에 볼 수 있는데, 청각적으로 제시되기보다는 시각적으로 제시되어 있다. 볼 수 있는 메시지들 중에서 둘은 그 문제를 기술하는 교재에 담긴 내용이며, 세 번째로 보이는 것은 그의 정보 처리 모형이다. 관찰자의 채널 용량은 이런 신호들 때문에 초과되며, 그래서 처리는 한 번에 하나로 제한되게 된다. ☑

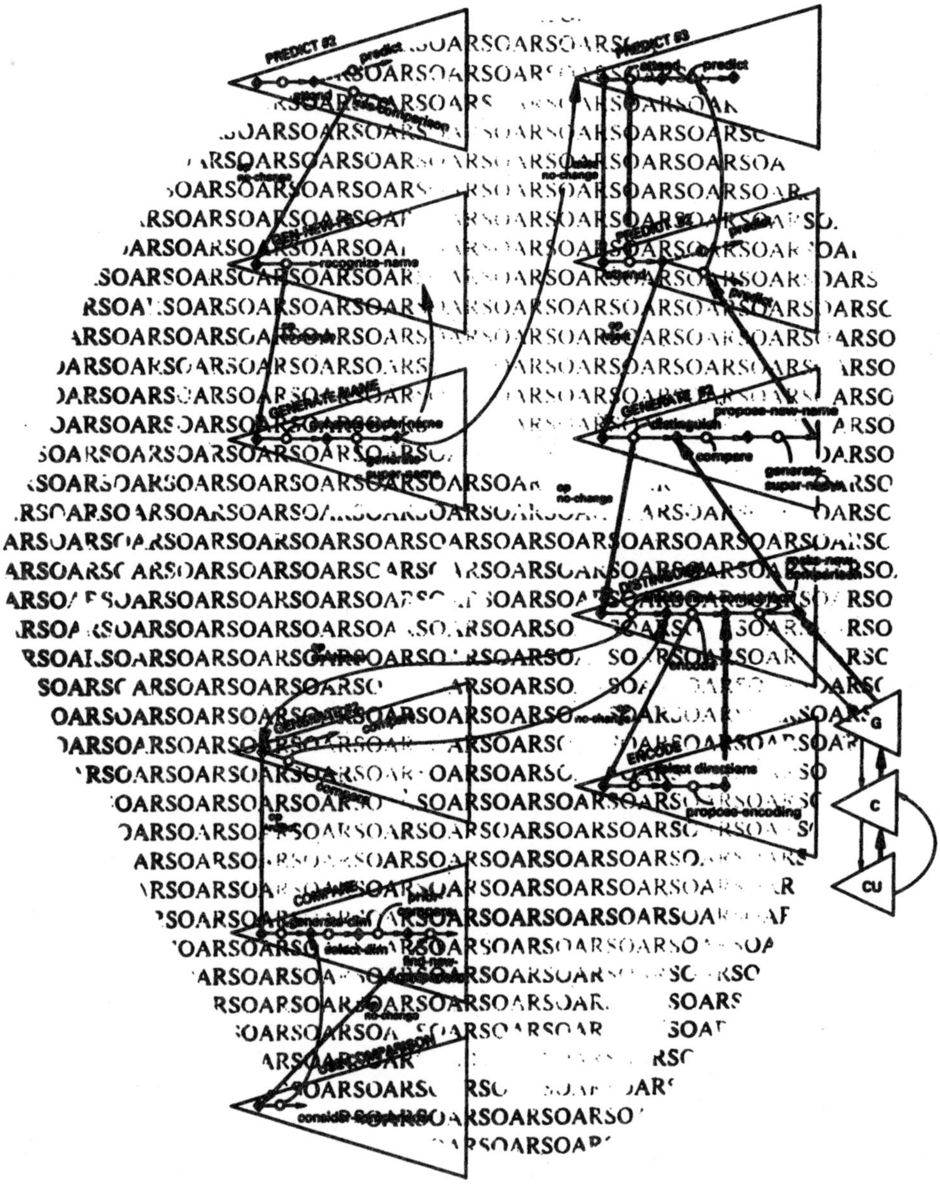

PREDICT #2
PREDICT #3
predict
attend
no-change
recognize-name
GENERATE-NAME
propose-new-name
distinguish
compare
generate-super-name
ENCODE
select directions
propose-encoding
COMPARE
select-dim
G
C
CU

지능 제작자

알렌 뉴월(Allen Newell, 1927~1992)은 컴퓨터를 사용하여 인지 기능을 모사한 선구자들 중의 한 명이었다. 데카르트는 인간 신체의 기계적인 동작을 흉내내는 기계를 보고 감명 받았다. 뉴월은 허버트 사이먼(1916~)과 공동으로 사람들이 지능적이라고 생각하는 과제들을 컴퓨터로 하여금 수행할 수 있도록 해주는 프로그램을 구현하였으며, 다시 말해서 그 프로그램은 마음을 흉내낸 셈이 됐다. 인공 지능은 1960년대에 심리학을 변화시킨 인지 과학의 초석이 되었다. 심리학을 변화시킨 다른 연구들로는 브로드벤트의 정보 처리 모형이라든지 삐아제의 인지 발달 분석, 기억 구조에 관한 실험, 언어 심리학, 계산 논리와 수학, 인공 두뇌학, 신경 회로망 모형 등을 들 수 있다. 연구자들은 디지털 컴퓨터를 이용하여 이들 많은 접근들을 연결시켰다. 디지털 컴퓨터를 몇 가지 주요 부분으로 나누어 보면, 입력부, 부호기, 중앙 처리부, 해독부, 그리고 출력부로 구분할 수 있다. 인간의 뇌도 비슷하게 구분하여 기술할 수 있다. 그들은 컴퓨터와 인간이 모두 기호를 조작하는 것으로 생각했다. 어떤 경우에는 신호가 전기적이며, 다른 경우에는 신경적이라는 사실은 그들에게 크게 중요하지 않았다. 뉴월도 전기적이거나 또는 신경적인 수준에서 방정식을 만들려 하지는 않았다. 뉴월과 사이먼이 함께 시작한 과제는 기호 논리적인 과제로, 1956년에 그들이 만든 프로그램 '논리 이론가'는 여러 원리들이 여러 가지의 선택적인 탐색 전략을 사용한다는 증거들을 발견하였다. 이런 수준까지 도달하기 위해 그들은 프로그래밍 언어를 처리하는 고차 수준의 일람표를 개발하였다. "이러한 접근의 핵심은 기본적인 정보 처리로 정의되어 있는 잘 명세된 프로그램을 이용하여 한 체계의 행동을 기술하는 것이다. 이 접근에서 이런 프로그램은 하나의 미분 방정식 체계로 고전적인 응용 수학 체계들의 역할을 대신할 수 있다." 더 빠른 컴퓨터의 개발로 더 광범위한 과제들을 다룰 수 있게 되었다. 그들은 '일반 문제 해결자'를 개발하였는데, 이것은 체스를 둘 수 있을 뿐만 아니라 다른 다양한 논리적인 게임들도 수행할 수 있었다. 더욱이 동일한 과제를 수행하는 동안 인간이 내놓은 프로토콜은 컴퓨터에 의해 작성된 프로토콜과 상당히 유사하여 두 체계가 서로 유사한 방식으로 상징을 사용하며 과제를 수행한다는 주장에 설득력을 부여하였다. 1990년에 뉴월은 『인지의 단일 이론』이란 책을 발표하여 여러 주장들을 거대한 규모로 종합하였다. 이 책에서 그의 인지 이론의 전달 수단은 소어(SOAR)라는 것이었다. "소어는 이미 인지 체계의 주요 기제를 갖추고 있다. …… 그것은 하나의 상징 체계와 하나의 목표 위계를 갖고 있는데, 근간이 되는 구조는 산출 체계로, 일종의 인식 - 행위 체계라고 할 수 있다. 소어는 주어진 과제를 해결하기 위해서, 다시 말해서 주어진 모든 과제들을 공식으로 나타내기 위해 문제 공간을 사용한다. 또한 소어는 구조의 일부분으로 묶음(chunking) 기제를 갖추고 있으며, 그것이 무슨 과제를 수행할 때이든지 묶음 기제를 사용하며 학습한다."

뉴월은 샌프란시스코에서 태어났다. 그는 스탠퍼드와 프린스턴에서 수학을 공부했고, 캘리포니아의 산타모니카에 있는 란드 사에서 인간 정보 체계에 관하여 계속 연구했다. 그는 카네기 테크에서 대학원 과정을 마쳤고, 그후 카네기멜론 대학에서 계속 연구하였다. 그의 조상화는 그의 위대한 업적인 소어로 나타내었다. ☑

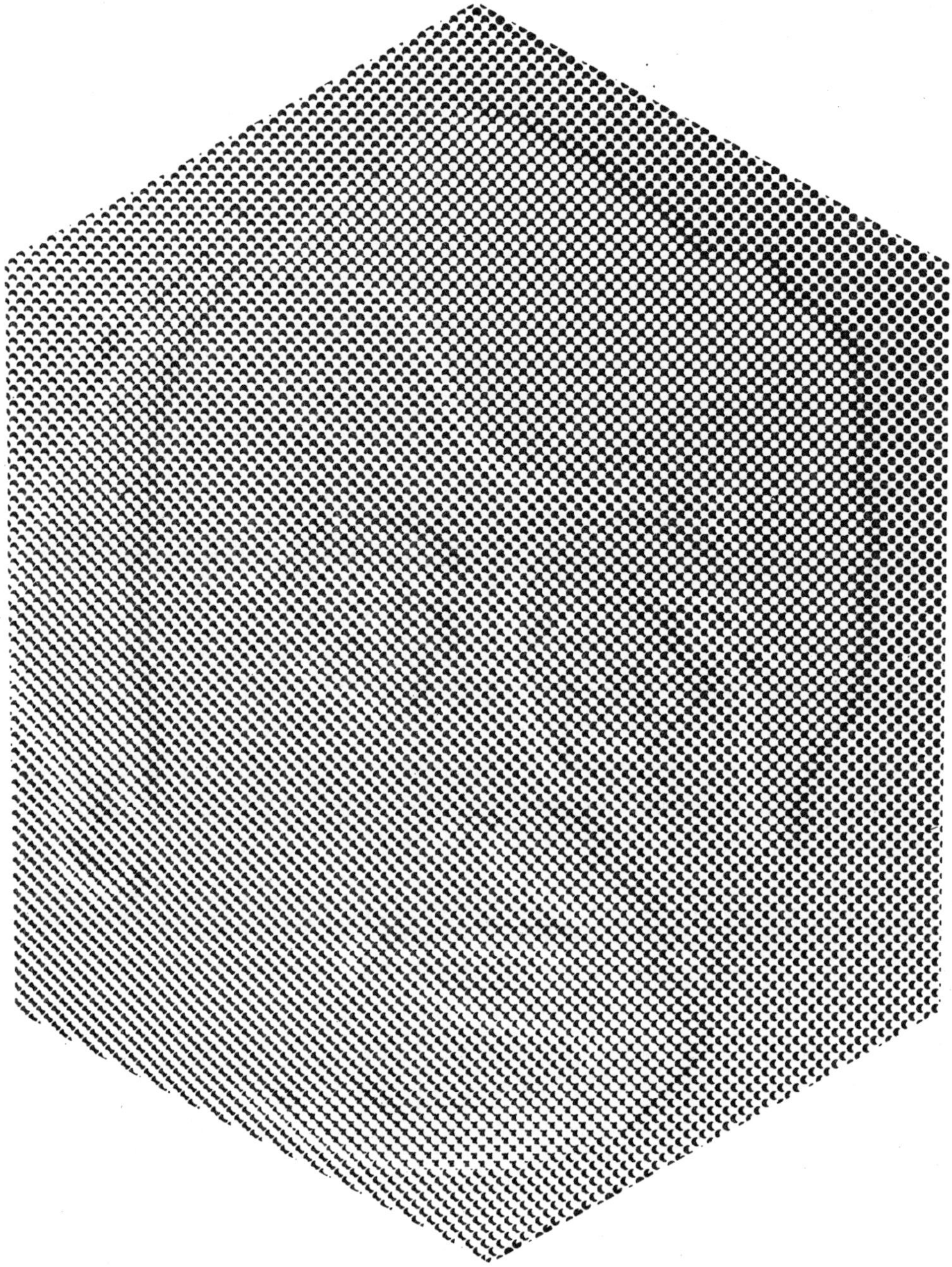

2와 1/2차원 스케치

데이비드 마(David Marr, 1945~1980)는 생리학, 심리학, 그리고 인공 지능에서 나온 여러 개념들을 연결하여 시각을 컴퓨터로 모사하는 새로운 접근을 개척하였다. 시각의 목적이 세계를 진실되게 기술하는 것이라고 주장했다는 점에서 그의 주장은 깁슨과 일치하지만, 마는 시각이 직접적으로 이루어질 수 있다고 믿지는 않았다. 다시 말해서 그는 하나의 장면이 여러 다른 추상 수준에서 상징적으로 표상된다고 제안하였다. 이전의 컴퓨터 시각 접근들은 도형의 외곽선이라든지 알파벳 기호 등과 같은 단순화된 장면들을 사용하였다. 마는 카메라에 잡힌 실제 장면의 이미지가 원래 장면의 물체들의 기술로 복구되기 위해 일련의 과정들을 거쳐 어떻게 처리되어야 하는지의 문제에 주목하였다. 초기 시각이라고 불리는 초기 단계에서는 이미지로부터 테두리라든지 선의 끝, 흐릿한 윤곽과 같은 패턴 시소자(primitives)를 추출해 낸다. 그후 이들 토큰들은 묶여져서 1차 스케치를 산출하게 된다. 두 개의 시야, 즉 입체시를 통해 들어오는 정보와 여러 순간에 입력되는 정보, 즉 운동 정보들을 이용하여 2와 1/2차원 스케치를 형성하게 된다. 2와 1/2차원 스케치란 카메라의 각도를 감안한 상태에서의 물체들의 표면 정향에 대한 기술이다. 예를 들어, 하나의 입방체는 어느 한 시점에서 볼 때 세 면들 각각의 정향을 지시하는 기호들을 가진 2차원 도형으로 나타낼 수 있다. 이 단계까지의 처리는 자료 주도적이며, 기억에 저장된 자료에 의존하지 않고 이루어진다. 물체 중심의 기술을 유도하기 위해서는 저장된 자료가 인출되어야 그 물체를 보는 시점과 독립적으로 재인할 수 있게 된다. 마의 시각을 이해하는 접근은 세 단계로 구성된다. "한 극단에서, 고차 수준은 그 장치의 추상적인 계산 이론을 말하는 것"으로, 이 이론의 특징은 그 장치가 어떤 한 종류의 정보에서 다른 종류의 정보로 맵핑하면서 작동한다는 것이다. 이 이론에는 맵핑의 추상적인 특질들이 정확하게 정의되어 있는데, 당시의 그 과제에서는 그 이론이 적절하다는 것이 입증되었다. 입력과 출력에 필요한 표상 선택과 입력에서 출력으로의 변형에 사용되는 알고리즘의 선택이 이 이론의 중심이 된다. 그리고 다른 극단에서는 알고리즘과 표상이 물리적으로 어떻게 현실화되는지의 자세한 세부 사항들, 다시 말하자면 구체적인 컴퓨터 구조를 일컫는다.

마는 우드포드 에섹스에서 태어나 케임브리지라고 불리는 두 곳(영국과 메사추세츠)에서 모두 일한 적이 있다. 케임브리지 대학에서 그는 뇌 기능의 수학적 모형을 개발하였다. 그곳에 있는 동안 그는 계산론적 접근의 이점을 깨닫게 되었고, 1975년부터 일하게 되었던 MIT의 인공 지능 실험실에서 관련된 적절한 기술을 배웠다. 비록 마는 알고리즘을 개발하여 표상의 초기 단계를 구현하였지만, 실제 그가 가장 큰 영향력을 미쳤던 것은 계산론적인 수준이었다.

마의 얼굴은 여기에서 패턴 토큰으로 윤곽이 표시되면서 나타나 있으며, 그의 초상화는 하나의 입방체 속에 붙여 있다. 입방체의 세 면들 사이의 경계를 표시하기 위해 패턴을 약간씩 다르게 처리했다. ☑

중원문화 아카데미 新書

1 한국근대 사회와 사상
• 일본 교토대학교 연구소 엮음

2 걸어다니는 철학
• 황세연 저

3 반듀링론
• F.엥겔스/김민석 역

4 헤겔 법철학 입문
• 꼬우즈미 따다시 지음

5 이성과 혁명
• H.마르쿠제/김현일 외 역

6 정치경제학 교과서 I-1
• 짜골로프 외/윤소영 엮음

7 정치경제학 교과서 I-2
• 짜골로프 외/윤소영 엮음

8 정치경제학 교과서 I-3
• 짜골로프 외/윤소영 엮음

9 이탈리아 맑스주의
• K.프리스터/윤수종 옮김

10 걸어다니는 경제사
• 황세연 편저

11 자본론에 관한 서한집
• K.마르크스와 F.엥겔스 저

12 지배와 사보타지
• 안토니오 네그리/윤수종 옮김

13 과학기술사
• 석동호 편저

14 저개발과 의약품
• M. 뮐러/우연재 옮김

15 맑스주의의 세 갈래길
• W. 레온하르트/하기락 옮김

16 역사적 맑스주의
• R.알뛰세르/서관모 옮김

17 경제학의 선구자들
• 일본경제신문사/김종호 옮김

18 근현대 사회사상가 101
• 이마무라 히도시/안효상 옮김

19 맑스를 넘어선 맑스
• 안토니오 네그리/윤수종 옮김

20 교육과 의식화
• P.프레이리/채광석 역

21 정치경제학 교과서 II-1
• 짜골로프 외/윤소영 엮음

22 정치경제학 교과서 II-2
• 짜골로프 외/윤소영 엮음

23 소외된 인간
• H.포피츠/황태연 역

24 사회를 어떻게 볼 것인가?
• 황세연 편저

25 헤겔연구②
• 임석진 외저 (절판)

26 칸트 철학입문
• W.O.되에링/김용정 역

27 노동조합 입문
• 양원직 편저

28 마르크스에서 쏘비에트 이데올로기로
• I.페처/황태연 역

29 소유의 위기
• E.K.헌트/최완규 역

30 변증법의 현대적 전개①
• W.뢰트/임재진 역

31 변증법의 현대적 전개②
• W.뢰르/임재진 역

32 모순의 변증법
• G.슈틸러/김재용 역

33 헤겔연구③
• 임석진 외저 (절판)

34 국제무역론
• 久保新一/김선기 역

35 칸 트
• 코플스톤/임재진 역

36 자연과학의 철학적 기초
• H.라이헨바하/김회빈 옮김

37 철학 입문
• 황세연 편역

38 맑스주의의 역사 ①
• P. 브르니츠키/이성백 옮김

39 맑스주의의 역사 ②
• P. 브르니츠키/이성백 옮김

40 21세기와 자본론
• 황태연 저

41 정치경제학 비판을 위하여
• K.마르크스/김호균 역

42 4차 산업혁명과 미래사회변혁
• 황태연 저/허상수 엮음

43 혁명운동의 문제들
• S. P.노보셀로프/이창휘 옮김

44 마키아벨리의 고독
• 루이 알뛰세르/김민석 역

45 들뢰즈와 가타리
• 로널드 보그/이정우 옮김

46 과학적 사회주의
• G.그로서/송주명 옮김

47 맑스-레닌주의 철학의 본질
• F. V. 콘스탄티노프/김창선 역

48 정치경제학
• 짜골로프 외

중원문화 아카데미 新書

중원문화 아카데미 新書

중원문화 아카데미 新書

145 현대철학과 굴뚝청소 ①
• 고사카 슈헤이 지음

146 현대철학과 굴뚝청소 ②
• 고사카 슈헤이 지음

147 미학강의 (1)
• M.S.까간 지음

148 미학강의 (2)
• M.S.까간 지음

149 무신론자를 위한 철학
• 강대석 지음

150 언어와 이미지의 심리학자들
• 니콜라스 웨이드 지음/이상훈 이병택 옮김

151 일본의 양심이 본 한국병합
• 운노 후쿠쥬 지음/연정은 옮김

152 익산교육 100년
• 신규백 엮음

153 코로나19 이후의 미래
• 이경상 지음

154 역사 유물론의 궤적
• 페리 앤더슨 지음

155 우리말 바르게 말하기 작은 사전
• 최홀 지음

156 스텝식 논문 작성법
• 하나이 히토시외 지음/송주명 옮김

157 세계 오천년 역사이야기 (1)
• 진필상 지음

158 세계 오천년 역사이야기 (2)
• 진필상 지음

159 세계 오천년 역사이야기 (3)
• 진필상 지음

160 세계 오천년 역사이야기 (4)
• 진필상 지음

161 세계 오천년 역사이야기 (5)
• 진필상 지음

162 세계 오천년 역사이야기 (6)
• 진필상 지음

163 칸트철학입문
• W. O. 되에링 지음/김용정 옮김

164 남영동(보급판)
• 김근태 지음

165 서양철학사 입문
• 강대석 지음

166 철학사전
• 임석진외 지음

167 철학대사전
• 윤병태외 지음

168 세계철학사 전5권 세트
• 러시아과학아카데미 엮음

김종엽 저/420쪽/고급양장 신국판/
정가 28,000원

인격의 철학, 철학의 인격

한 철학자의 눈에 비친 인격에 대한 고찰!

저자는 여러 철학자들의 사유에 내재된 진정한 개성과 삶의 관점을 드러내 인격적 정체성이 무엇인지를 밝히고자 했다.

이 저서는 인격적 정체성을 사물과 구별되는 존재의 세계에서 설명하려는 실천적 과제를 안고 있습니다. 더불어 그것을 비판하는 논점과도 논쟁할 것입니다. 인격적 정체성을 정당화하려는 철학적 노력은 단순히 물리적 세계에 역행하는 무모한 시도가 아닙니다. 인격적 정체성에 대한 질문은 개별적 실존이 어떻게 변화무쌍한 삶의 실현과정에서 자기 자신과 동일함을 유지하며, 또한 동일함에 이를 수 있는지를 묻습니다.

세계철학사(전5권) 세트와 철학사전과

본 사전은 『세계철학사(전5권)』을 읽는 독자들을 위해 만들어졌음을 먼저 밝힌다. 아직도 각종 모순이 중첩되어 있는 이 땅에서 자연과 사회 및 인간 사유의 일반적 발전 법칙을 탐구하여, 올바른 세계관을 수립하고 각종 모순을 인식하고 해결하는 데 초석이 되도록 편찬되었다. 따라서 이 사전은 진보적 철학의 비중을 대폭 높였으며 특히 한국철학에 있어서 새로운 민중적 시각을 통해 재정리하고자 했다. 또한 이 사전은 철학의 근본문제를 비롯하여 여러 문제, 사회관, 인생관, 가치관, 역사관 등의 문제와 기타 철학의 발전과 긴밀히 연결된 사회과학과 자연과학의 논점도 동일한 입장에서 다루었다.

임석진외 30인 지음 | 1200쪽 2컬러 양장본 케이스 | 정가 380,000원

출판사에서 직접 구입하시면 더 싸게 구매하실 수 있습니다.

본서는 철학자들을 위한 철학서가 아니라 사회변혁에 앞장서고 있는 자연과학(의학, 공학, 생물학)에 종사하는 사람들과 현장 노동자들을 위해 저술된 도서다. 철학의 과학적인 역사가 철학상의 사건이나 사실의 단순한 외면적인 기술이나 확인, 또는 잇달아 발생한 여러 철학체계의 열거에 그쳐서는 안 된다는 것은 자명한 사실이다. 이에 감수자들인 이 책의 집필자 집단은 철학의 여러 문제를 서술함에 있어, 철학의 진정한 과학적 역사는 과학으로서의 철학, 또는 사회적 존재를 반영하는 독특한 형태의 사회적 의식으로서의 철학의 발전의 합법칙성을 분명히 하는 것을 그 기본방침으로 삼고 있다.

러시아과학아카데미 엮음 | 임석진 박사 감역 | 황세연 편역 | 고급 양장 전5권 고급케이스 |정가 700,000원